"十三五"职业教育保险系列规划教材

# 保险专业销售技术

（第3版）

夏雪芬　周　灿　主　审
常　伟　张　倩　主　编
谢汀芬　包　敏　左小川　副主编
李江陆　陈子洁　编　者

電子工業出版社
Publishing House of Electronics Industry
北京 · BEIJING

**图书在版编目（CIP）数据**

保险专业销售技术/常伟，张倩主编. —3版. —北京：电子工业出版社，2020.9
ISBN 978-7-121-39361-7

Ⅰ. ①保…  Ⅱ. ①常…  ②张…  Ⅲ. ①保险业务－销售－高等学校－教材  Ⅳ. ①F840.4

中国版本图书馆CIP数据核字（2020）第143394号

责任编辑：刘　殊
文字编辑：袁桂春
印　　刷：三河市华成印务有限公司
装　　订：三河市华成印务有限公司
出版发行：电子工业出版社
　　　　　北京市海淀区万寿路173信箱　　邮编：100036
开　　本：787×1 092　1/16　印张：18.5　　字数：413千字
版　　次：2015年2月第1版
　　　　　2020年9月第3版
印　　次：2020年9月第1次印刷
定　　价：54.00元

凡所购买电子工业出版社图书有缺损问题，请向购买书店调换。若书店售缺，请与本社发行部联系，联系及邮购电话：（010）88254888，88258888。

质量投诉请发邮件至zlts@phei.com.cn，盗版侵权举报请发邮件至dbqq@phei.com.cn。

本书咨询联系方式：（010）88254199，sjb@phei.com.cn。

# 前言 Introduction

我国保险业近 20 年来年均增长速度超过 15%，是快速发展的行业之一。伴随着经济的转型发展，我国保险营销模式也处于转型升级期，过去“低投入、低素质、粗放式”的发展模式已经无法持续，需要从人力驱动向服务驱动转变，从劳动密集型向知识密集型升级，以经营客户为中心的专业化、规范化、信息化模式是未来的发展方向。因此，只有拥有专业化的保险销售技术的保险销售人员才能在全球化、信息化、金融大众化时代塑造核心竞争力，才能赢得发展空间。助力保险销售队伍专业化转型升级，是保险职业学院组织团队开发《保险专业销售技术（第 3 版）》的应有之义。

保险职业学院（前身为中国保险管理干部学院）自 1986 年以来就开办了保险专业教育，是我国改革开放以来最早从事保险教育的高校之一，为保险行业输送了数以万计的保险专业人才。经过 30 多年的办学积淀，保险职业学院的品牌已得到行业和社会的深度认可。学院专业建设成果斐然，拥有系列国家级教研教改成果，如精品课程“保险学概论”、精品资源共享课程“保险原理与实务”；主持金融专业国家级教学资源库保险实务课程建设项目，出版国家规划教材多部；保险实务、国际商务等专业系中央财政支持专业，并建有保险实务中央财政支持实习实训基地。学院省级成果包括保险实务特色专业、营销与策划精品专业、保险实务省级重点实习实训基地，并拥有保险实务、营销与策划、金融保险三个省级教学团队。学院为全国金融职业教育教学指导委员会委员单位、中国保险学会常务理事单位、湖南保险学会副会长单位、湖南保险行业协会常务理事单位。

本书编写人员均为从事多年保险教育和行业培训工作的人员，深知保险高职教育和行业培训需要理论性与实践性高度结合的教材。因此，我们本着针对性、实用性、新颖性、前瞻性、生动性、可操作性等原则，对保险专业销售人员所应掌握的各项专业技术技能既进行深入理性的剖析，又进行活泼通俗的阐述，在保证理论适度和体系相对完整的前提下，对实战性技术技能内容进行重点阐述和介绍，并提供了丰富、新颖、生动的案例和资讯。本教材适合作为大中专院校教材，尤其是高职教育教材。同时，我们希望该教材能够成为中国保险市场上庞大的保险销售人员队伍和保险营销组训、讲师等培训人员的良师益友。

本教材采用以项目—任务为主线、教师为引导、学生为主体的项目式编写模式，强调“教、学、做、练一体化”的设计理念，案例丰富，操作性强。本教材内容包括：初识保险专业销售技术、分析客户投保行为、探究保险销售模式、熟悉保险销售流程、应用保险销售技术、分析保险产品、设计与制作保险建议书、培养保险销售人员素质与能力八大项目。项目1由常伟、肖举萍编写，项目2由常伟、周灿、张旭升编写，项目3由张倩、陈韬、李江陆编写，项目4由张倩、常伟、陈子洁编写，项目5由张倩、李江陆编写，项目6由谢汀芬、张旭升编写，项目7由包敏、谢汀芬、肖举萍编写，项目8由左小川、肖举萍、周灿编写。全书由常伟整体构思并统稿。编写人员均为从事多年保险教育和行业培训工作的教授、副教授及高级经济师。本书由保险职业学院夏雪芬教授担任主审。

在本书的编写过程中，我们得到了保险职业学院副院长夏雪芬、保险系主任周灿、中国人寿电子商务公司长沙区域分公司负责人余三明等领导的关心和支持。此外，我们还参考了不少学者的论文、著作及大量网络资讯。在此，一并致以诚挚的感谢！

由于编者水平有限，本书错误与疏漏在所难免，敬请各位读者批评指正。

编　者

# 目录

# 项目 1

# 初识保险专业销售技术

## 学习目标

**知识目标**

- 理解保险专业销售技术的概念；
- 掌握保险专业销售的基本原则；
- 了解保险专业销售技术的内容。

**技能目标**

- 能区分专业销售与非专业销售；
- 能解释保险专业销售的基本原则。

## 案例导读

**保险专业销售的关键**

1. 关系决定成交，保险销售人员要学会人情练达

一个人的需求就像一座冰山，这座“冰山”共有三层：“冰山”的上面是显性的利益，如产品、价格、质量等；第二层是隐藏的利益；最深处是深藏的利益，也是真正影响大客户销售人员成交的因素，那就是情感、感受和信任。当然，客户不会明确表露对隐藏利益的需求。如果他对产品或服务缺乏信任，通常用“冰山”上面的理由来搪塞。

2. 保险销售人员宜采用顾问式销售策略

顾问式销售策略的成功要点在于站在客户的立场上，针对客户提出的问题，给出恰当的解决方案，而且你的方案一定要比客户所想的要好。在复杂的风险管理决策中，客户的保险知识和经历少，自己往往不能做出正确判断，所以需要保险顾问提供帮助。

3. 保险销售人员要进行自我管理

保险销售人员要进行自我管理，首先，要明确目标，即要求能结合公司的产品和市场营销策略，来分析并确定自己的目标市场和重点客户；其次，要有行动计划，即要求销售人员制定达成目标需要采取的销售行动，如客户开发和拜访、促销和展示会等；再次，要进行过程管理，按行动计划执行；最后，销售人员需要进行自我激励和学习。

（资料来源：节选自百度知道网站 2017 年 9 月 19 日发表的文章“顾问式销售技巧过程中何为最关键”，https://zhidao.baidu.com/question/560951300449367844.html，节选时有删改。）

辩证性思考：

1. 什么是保险专业销售？它和顾问式销售有何不同？
2. 保险专业销售有哪些原则？
3. 保险专业销售包括哪些内容？

# 任务1　认识保险专业销售技术的概念

## 一、专业销售

专业销售即销售人员通过标准的销售流程、实用的销售工具、有效的销售方法来进行销售活动，并保持不间断客户服务的过程。“专业销售”的“专业”体现在销售人员在销售方面具有执着的从业精神、丰富的销售知识、熟练的销售技能和高品质的销售服务。

一般来说，销售模式可分为交易销售、关系销售和顾问销售三种类型。

（1）交易销售往往表现为诱导、误导客户，不如实告知，急功近利，强硬销售。

（2）关系销售注重情感营销，讲究沟通艺术，让客户先成为朋友，再变成客户或成为销售人员的客户转介绍者。

（3）顾问销售注重对客户的财务、生活及消费需求进行科学分析和评估，并致力于解决问题，做客户的生活规划师、理财咨询师和消费顾问师。

这三种销售模式在利益出发点、销售手段和销售目标等方面体现出较大差异，具体区别如表1-1所示。

表1-1　交易销售、关系销售和顾问销售的区别

| 销售模式 | 利益出发点 | 销售手段 | 销售目标 |
|---|---|---|---|
| 交易销售 | 自身利益 | 销售技巧和话术、短期刺激 | 扩大销售，赚取收入 |
| 关系销售 | 客户感性利益 | 愉悦客户，情感沟通 | 建立客户关系，合理盈利 |
| 顾问销售 | 客户理性利益 | 理性分析客户需求，提出问题解决方案 | 客户满意，互利共赢 |

有一点必须认同，就是只有客户利益导向型的保险销售行为才能长期赢得和维持忠诚客户，才能塑造销售人员良好的专业销售形象。所以，以专业精神从事的关系销售和顾问销售都属于专业销售的范畴。

## 二、保险销售

保险销售是以保险产品作为销售客体的销售活动。保险销售因其所销售产品的特殊性而具有较大的挑战性。

保险产品的特殊性体现在以下三个方面。

1. 保险产品的不可感知性

保险产品是一种具有风险管理或经济保障功能的特殊产品，是一种无形产品。保险产品的不可感知性特征对保险产品的销售具有重要影响。保险销售人员不能通过陈列、展示等形式直接激发客户的购买欲望或供顾客检查、比较和试用。对购买者而言，保险产品是抽象的。解决这一问题的基本思路是“化无形为有形”，即为无形的保险产品增加有形的、可以感知的成分，使顾客能够通过保险服务场所、服务人员、服务设施及保险宣传资料等各种有形的、可感知的“证据”判断保险产品的质量及效果，从而促使其做出购买决策。

2. 保险产品的异质性

保险产品不像一般有形产品可以实行机械化或标准化生产，因此，其质量缺乏稳定性。不同的保险服务人员所提供的同一保单项下的服务，会由于服务人员的素质、专业水准及个性等方面的差异，在质量上有所不同。即使同一个保险服务人员，因心理状态变化等因素的影响，在不同时间和地点所提供的保险产品也会有不同的质量水平。保险产品质量的不稳定性，给保险销售工作带来很大困难，尤其不利于建立稳定的客户群。因为质量的不稳定性，会使客户的忠诚度减弱，流动性增强。解决这一难题的办法包括加强对保险销售人员的培训，加强保险售后服务，加强客户满意度调查及采取对客户抱怨的有效处理和补救措施，加强保险企业的品牌建设等。

3. 保险产品的价格刚性

保险产品的价格是根据经验生命表中的生存率和死亡率（寿险商品）、损失率（非寿险商品）、投资回报率及保险公司的经营费用率来拟订的，非常客观，一经制定，其变化的可能性较小。而且，在销售时讨价还价的空间很小（个人寿险不存在还价），买方只能做买或不买的决定。

## 三、保险专业销售技术

技术，是指进行某种活动的知识技能和操作技巧。技能，是指掌握和运用某种技术的能力。技巧，是指巧妙的技术或熟练地运用技术的能力。

所以，保险专业销售技术是指基于销售客体，即保险产品的特殊性而应掌握的体现专业化品质的保险销售技能、技巧。

# 任务2 理解保险专业销售的基本原则

保险专业销售行为是在现代营销理念指导下的销售行为，而现代营销理念强调客户需求导向、专业化整体营销手段及合理赢利，同时，保险经营的根本原则是最大诚信原则。因此，保险专业销售应遵循四个原则：以客户需求为中心、以诚实信用为基础、以专业服务为手段、以达到多赢为目的。

## 一、以客户需求为中心

与交易销售相比，保险专业销售强调对保险消费者需求的关注。

需求=客户+需要+经济能力

因此，找准具有消费能力的目标客户群体，分析客户的风险管理和经济保障需要，为客户解决问题，向客户提供价值，是专业的保险销售人员最应该注重的问题。只有围绕客户需求提出解决问题的方案，客户的需求得到满足，客户才会满意，而一个满意的客户可能变成忠诚客户。一个忠诚客户会给保险销售主体带来无尽的价值：一是重复购买，二是扩大购买，三是购买新产品，四是介绍别人购买，五是降低销售成本。这就是保险专业销售应把“以客户需求为中心”作为首要原则的原因。

## 二、以诚实信用为基础

保险行业是一个以信用作为基础的行业，保险产品具有无形性，消费者购买的其实是保险经营主体的一种承诺。保险经营活动的特殊性决定了它必须坚持最大诚信原则，而作为保险销售人员，赢得客户和信誉的基础是诚实守信。

法国大文学家大仲马曾说过这么一句话：“当信用消失的时候，肉体就没有生命。”在保险行业中，部分销售人员做出对客户进行虚假宣传、夸大收益等销售误导行为，不但损害客户利益，也给保险行业抹黑，注定会断送自己的保险职业生命。

## 三、以专业服务为手段

保险专业销售在销售手段上与交易销售及原始的人情销售的差异，在于向客户提供专业化服务，包括售前的保险宣传咨询服务、售中的风险管理及保险方案拟订服务，以及售后的保单保全、理赔协助和相关附加超值服务等。例如，人身保险产品售中的风险管理及保险方案拟订服务，保险销售人员应在客观分析客户的风险点的基础上准确把握客户的保险需求点，如家庭遗属生活保障需求、疾病医疗保障需求、子女教育保障需求、养老保障需求和资产保值增值需求等。在把握客户的保险需求点的基础上，再为客户提供科学的解决问题的方案。专业的保险销售人员其实充当了几个角色：风险管理师、生活规划师、福利规划师、保险顾问师、金融理财师等。交易销售和原始的人情销售往往采取强硬销售和利用人情关系勉强达成销售，可能造成客户购买的保险产品不适合客户的个性化需求的情况，从而损害客户的利益。以专业服务为销售手段的保险专业销售能更大程度地保障客户的利益。

## 四、以达到多赢为目的

交易销售及原始的人情销售行为，出发点在于销售人员的利益。而保险专业销售以客户需求为中心，通过专业化服务的方式提出解决问题的方案，这样的销售行为其实达到了“一箭多雕”的结果：一是为客户进行了风险管理和理财规划，满足了客户的利益；二是扩大了保险销售人员自身的销售业绩，提高了收入水平；三是为保险公司创造了良质保单，必然提高保险公司的续保率，提升保险公司及保险营销机构的品牌形象等。可见，专业化的保险销售行为会达到多赢的效果，并使保险销售进入良性循环。

# 任务3 知晓保险专业销售技术的主要内容

保险专业销售技术的主要内容包括客户投保行为分析、保险销售模式探究、保险销售步骤与技巧、保险产品分析、保险建议书的设计与制作、保险销售人员素质培养与自我管理。

## 一、客户投保行为分析

客户投保行为分析包括保险需求与保险客户分析、客户投保心理分析、客户投保行为分析等，主要阐述哪些人可能成为投保人，他们的投保行为受哪些因素的影响，他们为什么投保，他们可能买什么样的保险，他们可能在什么时候和什么地方投保等问题。了解客户的投保行为，才能更好地满足客户的需求。

## 二、保险销售模式探究

保险销售模式探究对传统型模式和创新型模式分别进行阐述。针对传统保险销售模式而言，依据渠道划分主要介绍员工直销、个人代理人销售、银邮兼业代理销售和专业保险经代销售等模式；针对创新型保险销售模式而言，依据资源平台主要介绍交叉互动销售、邮寄销售、电话销售、网络销售和保险超市等模式；另外，依据运营技巧，对保险产品说明会及客户联谊会等模式进行介绍。

## 三、保险销售步骤与技巧

保险销售步骤与技巧主要对保险销售过程中可能经历的各环节进行探讨和阐述，包括对开拓准客户、拜访准客户前的准备、接洽准客户、保险销售面谈、异议处理、促成保险签单、售后服务等保险销售环节的阐述和对保险销售谈判技巧的探讨。

## 四、保险产品分析

保险产品分析包括对保险产品的概念、保险产品的构成要素、保险产品的特征、保险产品的分类等内容的概述，对人寿保险、健康保险和意外伤害保险等人身保险产品和企业财产保险、家庭财产保险、运输工具保险、责任保险等财产保险产品及其营销实务的阐述和分析。

## 五、保险建议书的设计与制作

保险建议书的设计与制作包括对保险建议书的文本内容、文本形式、类型等内容的概述，对风险管理建议书、几种常见的财产保险建议书的设计与制作、个人及家庭人身保险建议书的设计原则、个人及家庭人身保险建议书的风格类型、团体人身保险建议书的设计与制作等内容的重点阐述和典型案例介绍。

## 六、销售人员素质培养与自我管理

销售人员素质培养与自我管理主要对保险销售人员的素质与能力、保险销售人员培训和销售人员自我管理等进行阐述。素质方面：职业道德素质是保险销售人员首要具备的素质，包括热忱的态度、敬业精神、诚信等；专业素质包括知识素质和专业销售能力要求，知识素质包括保险知识、保险相关知识等，而专业销售能力包括智力，社交能力，自我管理能力，观察能力，理解、判断和决策能力，语言表达能力，应变能力等方面的要求；形象素质要求主要指保险销售人员应有健康的体魄，注意服饰仪容和肢体语言；心理素质要求主要指保险销售人员应具有爱心、信心、耐心、诚心、恒心等。培养培训方面，主要阐述理念培训、产品知识培训、销售技术培训等。自我管理方面，包括对销售人员形象管理和活动管理两大方面。销售人员个人形象管理包括对销售人员个人形象塑造的意义、个人形象色彩诊断与设计、个人形象风格款式诊断与设计及商务礼仪的介绍；活动管理包括目标管理、时间管理、客户管理和情绪管理等内容。

总之，保险销售人员只有逐步掌握专业销售的核心内容，形成个人成熟的销售风格，建立专业的销售模式，树立保险销售的基本信心，才能在保险销售这条充满机遇和挑战的道路上走得更稳、更远。

### 延伸阅读 1-1

**需求导向型保险专业销售**

要实现需求导向型保险专业销售，为客户提供真正“量身定制”的保险方案，核心还是人。需求导向型保险专业销售对保险代理人多方面素质都提出了较高的要求。

首先，保险代理人需要有足够的专业深度，熟悉各类保险产品及保险条款。

其次，保险代理人需要有过硬的沟通能力，能与客户进行充分的沟通，取得客户的信任，从而了解客户真正的需求点和痛点。

最后，保险代理人需要有较高的职业道德水平，在为客户设计方案时，不以自身佣金为导向，而是真正站在客户的角度为客户着想，设计出符合客户需求且性价比高的方案。

（资料来源：节选自《中国商论》期刊2019年第1期陆晶、邓偲偲的文章“浅谈需求导向型保险销售”，节选时有删改。）

## 同步练习

1. 何谓保险专业销售技术？
2. 保险专业销售应遵循哪些基本原则？
3. 保险专业销售涉及哪些方面的内容？

## 综合实训

请分别列举现实生活中交易销售、关系销售、顾问销售的案例。

# 项目2

# 分析客户投保行为

## 学习目标

**知识目标**

- 了解需求与需求的层次；
- 理解保险需求的特征；
- 知晓客户投保的心理过程；
- 了解投保客户的性格类型；
- 掌握个人客户投保的决策过程；
- 掌握团体客户投保的决策过程。

**技能目标**

- 能分析客户的保险需求类型；
- 能判断保险客户的类型；
- 能判断客户投保的心理类型；
- 能分析客户投保的心理过程；
- 能分析个人客户的投保行为；
- 能分析团体客户的投保行为。

## 案例导读

### 好丈夫买保险

王女士：我暂时还不打算买保险，以后再说吧。

保险代理人：有什么事情吗？

王女士：下周是我先生的生日，我打算办个生日宴会。

保险代理人：您真是一位好妻子。

王女士：我想给我先生一个惊喜。安排生日宴会、送生日礼物得花不少钱，所以……

保险代理人：这个的确是应该的，您用心准备的生日宴会，您先生一定会很喜欢的。对了，您打算送您先生什么生日礼物呢？

王女士：还没有想好，你认为什么样的生日礼物最让男人感到特别和有价值。

保险代理人：让我说吗？

王女士：是啊，说说看。

保险代理人：从我的职业角度讲，您不如就送个保险单，再来一段内心独白。

王女士：送保险不好吧？ 是不是有点不吉利？

保险代理人：……

**辩证性思考：**

1. 王女士是否有保险需求？为什么？
2. 制约王女士购买保险的原因是什么？王女士属于什么心理类型？
3. 影响客户投保行为的因素有哪些？
4. 销售人员该如何说服王女士？

# 任务1　分析保险需求与保险客户

## 一、分析保险需求

### （一）需求

需求是指人们的各种渴求和欲望。人们的需求是多方面的，并且随着客观条件的变化而变化。美国心理学家马斯洛把人们的需求划分为五个层次，如图2-1所示。

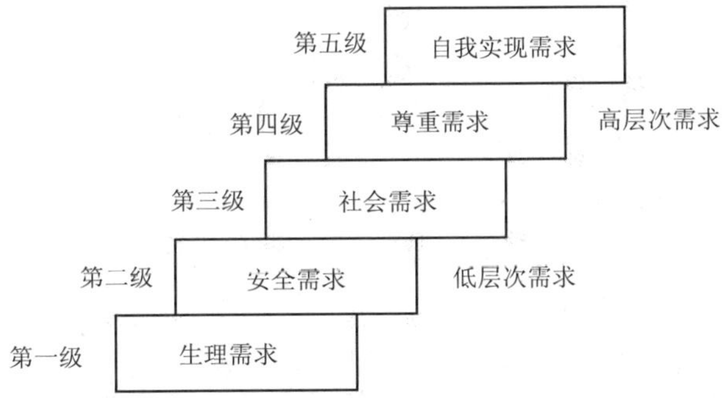


**图2-1　马斯洛需求层次模型**

1. 生理需求

生理需求是维持人们生存和发展的一种基本需求，具体表现为对食品、衣物、睡眠等的需求。衣食住行，人人需要，所以生理需求是人们最基本的需求。这些需求只能通过完成工作而获得货币，以货币来购买所需的物品而得到满足。一旦这些生理需求得到基本满足后，人们的注意力就会集中到高一层次的需求上。

2. 安全需求

安全需求是人们对自己的生命、身体及自己所有的财产平安完整的渴望。人人都渴望自己的身体和生命不遭受意外伤害，不遭受疾病的侵袭，都希望自己的财产完好无损，不遭受毁损。安全需求以生理需求为基础，又为其他需求创造前提条件。安全需求有多种具体表现，如希望免受野兽的袭击；希望避开极热、极冷的气候；希望摆脱狂风、暴雨、火灾、地震等威胁；希望有一个安定有序的社会环境；希望有一份稳定收入的工作；希望有基本的生活保障等。

3. 社会需求

社会需求是人们对自己与他人的友谊、他人对自己的认同的需求。人们都愿意与他人进行社会交往，这种交往经常通过交谈和建立友谊来达到。同事之间、邻里之间感情融洽、团结互助、相互信任。希望得到爱情，希望建立友谊，喜欢别人并希望得到别人的喜欢，并有所归属，得到承认。社会需求具体表现为和睦、互助、互信、爱情、友情等。

4. 尊重需求

尊重需求是人们对被别人尊重或尊敬的渴望。尊重需求具体表现为两个方面：一是渴望自己有能力、成就、自由，能独立；二是渴望自己有名誉、地位，受人尊敬和重视。

5. 自我实现需求

自我实现需求是指人们希望成为自己所期望的人物，完成与自己能力相称的工作，发挥自己潜在的能力，实现自己的理想与抱负。自我实现需求具体表现为自我满足、自我发展、自我创造。当前面四种需求都基本满足后，自我实现需求就变得突出起来。

### （二）保险需求的含义

马斯洛需求层次划分的意义在于：低层次需求满足之后，便进入高层次需求，越是低层次的需求，越是基本的需求，也越迫切，人类的安全需求是较基本的低层次需求。这是因为人类在向大自然索取以及在组织和进行这种索取的活动中，虽然总是希望在安全的环境中进行，以实现自己的预期目标，但实际情况是，在人类生存和发展的过程中，常会出现各种各样的风险，有自然风险，如火灾、水灾、风灾、地震等形成的风险；有社会风险，如偷窃、抢劫、战争、罢工等所导致的风险；有经济风险，如由于经济管理不善、市场预测失误而带来的风险；有政治风险，如政治矛盾、种族冲突所引发的风险。这些自然的、社会的、经济的和意外的变化给人们有目的的活动和期望带来冲击，有时会打破或中断人们的生产和生活，使人们达不到预期目的。为了获得好的生存环境，促进自身的发展，人们在社会经济活动中始终有一种对安全的追求。

对安全需求的满足有多种渠道，如企业建立风险准备金、个人储蓄存款、进行防灾防损工作、进行保险、提供社会保障等。其中最为有效的途径是保险，于是安全需求就转化为保险需求，但并不是所有的安全需求都能转化为保险需求。

保险需求是人们为转移风险而产生的保险渴求和欲望，是促成投保行为的内在动力。人们在一定条件下形成一定的保险需求，由一定的保险需求引发投保动机，由投保动机支配投保行为。

### （三）保险需求的特征

1. 保险需求具有客观性

保险需求的客观性是指人们在一定现实条件下必然产生一定的保险需求，不管人们是否认识到它，它都是存在的。保险需求源于风险存在，风险的存在是客观的，不以人们的意志为转移。风险存在的客观性决定了保险需求的客观性。但在现实经济生活中常常出现以下三种情况。

（1）没有意识到保险需求。以人身保险为例，几乎每个人都有购买人身保险的需求，但有时自己意识不到。有人认为自己没有结婚不必买保险，没有意识到风险无处不在、无时不有，更没有意识到人身保险不仅有保障家庭的功能，还有保障自身的功能；有人认为自己非常健康，会长命百岁而无须买保险，岂不知长寿也是一种风险，老年时生活费和医疗费日益增加，劳动能力却逐步下降，从而更需养老保险；有人认为自己有足够财富而无须买保险，没有认识到偶然出现的一把大火、国家经济崩溃引起的恶性通货膨胀都可能使其财产荡然无存。当一个人身患绝症需巨额医疗费而苦无着落时，当一家的主要劳动力惨遭不幸、家庭经济陷入危机时，人们才意识到一直存在但又一直被忽视的保险需求。

（2）公民的保险心理障碍使客观的保险需求难以变成现实的保险需求。目前，我国公民的保险意识比较淡薄，表现在：一是存在怕吃亏心理，认为保险公司办理保险业务无非是变着法子赚钱，参加保险无便宜可占；二是存在侥幸心理，认为自然灾害、意外事故无非是个别现象，只要自己小心防范，就不会招灾惹祸；三是存在不信任心理，认为保险公司靠不住；四是存在唯利自信心理，认为参加保险不如到银行存款划算；五是存在迷信心理，把保险看成不吉利的事情，仿佛保了险灾害就将降临。存在这些心理的人，往往把理应实现的保险需求，或者转化为不找保险公司找银行，不靠保险靠儿孙；或者顺其自然、听天由命，吞咽各种风险为其所酿制的苦酒。

（3）人们已经意识到了保险需求，但由于保险公司的宣传工作做得不好，保险需求变不成投保行为。保险需求的客体是保险产品。保险产品是一种特殊产品，表现为印有保险条款的保险合同，是极其抽象的东西，因此，引起投保的欲望要比购买一般有形产品困难得多。人们如果不能很好地理解其中所表达的意思，就不会主动买保险，所以保险公司有针对性的宣传必不可少。从形式上看，保险公司的宣传既包括在各种媒体上所做的广告，也包括员工们的街头咨询、业务人员面对保险需求者的耐心解释；从内容上看，保险公司的宣传既包括公司总体形象方面的宣传，如以各种方式让人们知道“投保到人保，人保最可靠”“平安保险保平安”“太平洋保险保太平”等，也包括类似商品指南性的具体细致的宣传，如讲解某一类风险应投什么样的保险，某一险种具有什么样的特点等。如果在宣传内容上“抓大舍小”就会造成宣传上的偏差，从而不利于保险需求向投保行为的转化。

2. 保险需求具有多样性

危及人类的风险是多种多样的，在自然风险中，有水灾、火灾、飓风、海啸、雷电、冰雹、地震等；在社会风险中，有盗窃、抢劫、罢工、暴动等；在人身风险中，有生、老、病、死、残等。风险的多样性，决定了保险需求的多样性。保险需求的多样性具体表现为以下两种。

（1）社会对保险产品有多种需求。为了满足各种保险需求，就需要有各种保险产品与之相适应。目前，世界上已开办的险种有几千种，我国保险业务恢复虽然时间很短，推出的保险也近千种，而且对于人身险来说，已经能够像定做衣服一样量体裁衣，即根据保险需求设计险种。

（2）同一保险需求主体对保险产品也有多种需求。例如，某人既需投保意外伤害保险，还需投保医疗保险和养老保险；某企业既需投保财产保险，还需投保利润中断险等。

3. 保险需求具有差异性

保险需求的差异性是由保险标的所遭受风险的种类和程度、经济状态、地域、文化程度、性别年龄、对保险的感知认识程度、道德水平等差异造成的。保险需求的差异性表现为人们对保险的种类、强度和数量等方面的不同需求。每个人都对人身保险有需求，但身体健康者和体弱多病者对医疗保险的需求程度不一样；先富起来的居民保险需求较为旺盛，尚未解决温饱、为一日三餐而发愁的居民则希望保险给予扶持；普通的工薪阶层参加人身保险的金额不会很高，而一些收入颇丰的个体业者、明星人物的保险金额则可能很高，甚至对身体的某一个部位投保金额就高达数十万元；同样是企业，经济条件好的可能选择几种保险来投保，经济条件差的可能只投保基本财产保险。总之，保险需求主体之间的保险需求千差万别，表现出明显的差异性。

4. 保险需求具有层次性

既然人们参加保险源于安全需求，那么保险需求也可以安全为标志划分层次。就个人（人身保险）而言，保险需求可以分为五个层次：一是生理安全保险需求，包括基本生活（衣食住行）等方面的保险需求；二是劳动安全保险需求，包括劳动工具、意外事故等方面的保险需求；三是职业安全保险需求，包括失业、待业等方面的保险需求；四是经济安全保险需求，包括财产、养老、医疗等方面的保险需求；五是心理安全保险需求，包括婚姻、教育、社会交往等方面的保险需求。就企业而言，保险需求可分为四个层次：一是财产安全保险需求，包括固定资产、流动资产方面的保险需求；二是收益安全保险需求，主要指利润损失的保险需求；三是责任安全保险需求，包括客户责任、产品责任、雇主责任、职业责任方面的保险需求；四是信用安全保险需求，包括投资、出口、履约保证等方面的保险需求。保险公司可以根据保险需求的层次性，进行分层次开发。

5. 保险需求具有渐进性

人类的保险需求具有渐进性，在低层次的保险需求得到满足之后，就会向高层次的保险需求迈进。人们的收入水平、文化程度、面临风险大小等因素不同，决定了他们对保险需求的差异，而且随着他们收入水平的提高、面临风险的加大、保险意识的加强，他们对保险的需求也不会停留在原有的水平上。例如，一个人最关心的是老有所养、病有所医的问题，当这些基本保险需求得到满足之后，就会转向子女教育保险、婚姻保险等更高的层次。当然，高层次保险需求的发展，并不排斥低层次保险需求的存在。例如，企业最先考虑的必定是有形财产的保险问题，当企业经济承受能力加强后，又会在此基础上把目光投向利润损失、产品责任等高一层次的保险上。

总之，随着社会生产力水平的不断提高和科学文化的不断发展，人们的保险需求总是在不断产生和渐次扩大的。当扩大的保险需求与有限的保险供给不相适应时，就迫使保险公司增加险种、扩大规模，于是保险业在保险需求的促进下向前发展。

6. 保险需求具有波动性

保险需求总是受经济大环境影响，呈现某种形式的动态变化。在经济繁荣、物价波动较小的时期，保险需求增长较快；在经济萧条、通货膨胀时期，保险需求也呈疲软状态。保险需求的动态变化还体现在险种的寿命周期上，一个险种从设计到受益直到退出历史舞台，一般都要经过导入期、成长期、成熟期、衰退期、退出期五个阶段。险种寿命周期各阶段社会普及率大体如表2-1所示。

**表2-1 险种寿命周期各阶段社会普及率**

| 生命周期阶段 | 导入期 | 成长期 | 成熟期 | 衰退期 | 退出期 |
|---|---|---|---|---|---|
| 社会普及率 | 小于10% | 10%～50% | 50%～70% | 70%以上 | 0 |

7. 保险需求具有选择性

同其他商品的买卖不一样，保险产品的销售永远是买方市场。人们根据自身的保险需求选择自己认为合适的险种投保，特别是人们掌握越来越多的保险知识和信息以后，这种选择就变得更加明显。在保险需求中，有机会选择、险种选择、价格选择、标的选择、责任选择、信誉选择等。

（1）机会选择是指满足安全需求途径的选择。例如，一个企业为解决财产安全问题，它可以采取风险自留即企业自我承受风险损害后果的方法，也可以以交纳少量保费为代价换取保险保障。

（2）险种选择是指为满足某一保险需求对险种的优选。保险的供给具有多样性，同样是意外伤害保险，有长期和短期之分、有普通和特殊区别、有单独开办的和附加于基本险之上的。同样是医疗保险，可以是住院医疗保险，可以是门诊医疗保险，也可以是普通医疗保险，还可以是大病医疗保险。这就为投保人为满足某方面的保险需求进行选择提供了条件。

（3）价格选择是对保险费率的选择。由竞争等原因所致，同一险种的保险费率不一定相同。例如，同是一年期企业财产保险，不同保险公司拟定的费率可能不同，假如其他条件都一样，投保人当然首选保险费率低的公司投保。

（4）标的选择是指对保险保障对象的选择。一个企业是只对固定资产进行投保，还是对全部财产都投保。一个家庭，投保了家财险，那么投不投人身险，投保人身险是投保仅以生存和死亡为给付条件的人寿险，还是投保以疾病、分娩为给付责任的医疗保险。

（5）责任选择是指保险责任能否满足需要。例如，一个人既担心万一自己遭遇不测会给家庭带来毁灭性的打击，又担心自己年老丧失劳动能力之后的生活问题，他选择单一的意外伤害险或养老保险都难以满足其需要，而选择生死两全险或养老附加意外伤害险比较合适。

（6）信誉选择是指选择信誉好的保险公司作为签约方。尽管各家保险公司注意推出自己的特色险种，但保险公司推出保险产品的雷同性还是十分明显的。很多险种即使名称不同，内容也是大同小异。这样，满足某种保险需求就有保险公司的选择问题。例如，一家企业想进行财产保险，其所在城市有中保财险分公司、太保财险分公司、平安财险分公司可供选择，最后选择哪一家，关键是信誉。

保险需求的选择性，促使保险公司不断推出适销对路的新险种，也促使保险公司不断提高自身管理水平，以便为更多的投保人所认可。

8. 保险需求具有隐蔽性

安全需求的产生是以风险存在为前提的，风险难以识别，从而导致与未被识别风险联系在一起的安全需求无法显露出来，而只是一种潜在需求。保险营销的一项重要工作，就是将这种潜在的保险需求转化为现实的保险需求，把保险需求变为购买动机并采取购买行为。方法是，站在客户立场上，运用系统的观点和方法，帮助他们识别其所面临的各种风险，同时诱发购买动机。

9. 保险需求具有非迫切性

保险需求的非迫切性表现在两个方面：一是保险需求可能是若干年以后的事情，也就是说，购买保险是为了满足相当长一段时间之后才产生的需要。例如，养老保险，年轻时投保交费，老了的时候才开始享受，这种未雨绸缪的事情并不迫切。二是风险的发生具有偶然性，发生的概率毕竟很小，所以买不买保险并不是十分要紧的事情。人们常有这种想法："这些年没参加保险不也过来了吗？"

保险需求的非迫切性，需要保险销售人员多做解释工作，让人们有危机意识，有紧迫感，不能临时抱佛脚，闲时不烧香。要年轻时为年老时着想，健康时为有病时着想，平安时为有难时着想，成年人为孩子着想。

### （四）保险需求的类型

1. 按需求存在的表现方式，保险需求划分为两类

（1）现实保险需求。现实保险需求是指人们已经意识到并有支付能力的保险需求。

它的数额是测算一定时期内在整个行业营销努力下和一定环境条件下，一个国家全部保险公司所能获得最大营销数额的依据。同样，一家保险公司当年可能达到的营销规模，也须建立在以现实保险需求数额为根据的全国营销数额的基础之上。应当明确，当年保险营销总额一般会小于保险需求总量。这是因为，由于营销工作不到位，致使保险需求没有全部转化为投保动机，完成投保行为；由于保险公司没能提供满足某类保险需求的保险产品，或者已推出的保险产品不大符合人们的保险意愿，只能部分地满足保险需求，于是一部分现实保险需求就以潜在的保险需求的形式沉淀下来。

（2）潜在保险需求。潜在保险需求是指人们尚未认识到或虽已认识到但无法实现的保险需求。后一种情况前已述及，前一种情况则是由风险的客观性与人们认识风险的有限性造成的。由于人们的认识能力欠缺，有时对一些风险意识不到。例如，前些年，人们把吸烟当作一项好的习惯，认为抽烟能消愁解闷、消除疲劳，但他们不知道抽烟有害健康、抽烟致癌。因此，防范由于吸烟的风险引发的保险需求，也只能以潜在形式存在着。潜在保险需求在一定条件下可以转化为现实保险需求。

2. 按需求持续的时间长短，保险需求划分为两类

（1）长期需求。有人类社会存在就有风险存在，有风险存在就有保险需求的存在，从这个意义上讲，保险需求是无限期的。但具体到某一保险需求主体，保险需求又是有期限的。一个企业从它诞生那天起到最后关闭，即在它的整个寿命周期内有保险需求；一个人从出生到死亡，一生中一直存在保险需求。企业的寿命周期、人的一生可能 80～100 年，期限虽长但毕竟不是无限的。这种长期性的保险需求，可以通过每年投保来加以解决，也可以通过购买长效还本财产险或终生生存、终生死亡保险来得到满足。

（2）短期需求。某些风险并不是普遍存在的，只涉及某些标的或只有从事某些特殊活动才会存在，因此产生了短期保险需求。例如，卫星发射有风险，但其发射过程很短，一经结束，卫星发射的保险需求就消失了。例如，人们外出办事或旅游，只有坐飞机才有航空旅客意外伤害的保险需求，乘坐其他交通工具或飞机到达目的后，这种保险需求也就不存在了。

3. 按需求的层次，保险需求划分为三类

（1）低层次保险需求。低层次保险需求也可以说是基本保险需求。它包括满足人们基本生存条件的各种保险需求，如企事业单位的财产安全、家庭及个人的家财安全、人的生命和身体的安全等。

（2）高层次保险需求。在低层次保险需求得到满足之后，人们即开始追求更高层次的保险需求。例如，企业投保营业中断险、雇主责任险，父母为子女投保子女教育婚嫁金险，朋友间赠送生日贺卡险、金婚险等。

（3）特殊保险需求。特殊保险需求往往发生在人身保险中，某些人为显示自己的富有和高贵或其他原因，以自己的生命或身体中的某一部位高保险金额投保就属此列。例

如，我国曾有人投保了 1 000 万元的人身意外伤害保险；好莱坞明星伊丽莎白·泰勒有一双紫色的眼睛，她为自己的眼睛一直保持着 100 万美元的保险金额；法国香水制作家艾费·利昂，为其鼻子在劳埃德保险公司投保，保险金额为 500 万美元。

4. 按需求的内容，保险需求划分为四类

（1）财产保险需求。这是人们由于担心所拥有的、所占有的、有保管义务的物质财富遭受风险损失而产生的保险需求。

（2）人身保险需求。这是人们因担心自己的身体或生命遭受老、病、死、残等风险而产生的保险需求。

（3）责任保险需求。这是人们担心自己难以承受因违背法律、合同或道义上的规定，而造成他人财产损失或人身伤害所引起的民事损害赔偿责任的保险需求。

（4）保证保险需求。在投资、贸易等活动中因义务人不履行合同义务而遭受经济损失引起的保险需求。

5. 按需求的主体，保险需求划分为两类

（1）团体保险需求。团体是指企业、行政事业单位等。团体保险需求的特点是需求集中、金额较大。团体保险需求主要存在于人身保险需求中，而以学生平安保险为最。在我国保险业务恢复之初，企业为其全体职工投保意外伤害保险的情况也较为多见。

（2）个人保险需求。个人保险需求的特点是量小分散，但若把其集中起来，积少成多，总额则是相当可观的。近几年来，在人身险方面，各家保险公司广招销售人员，做分散性业务，结果促进了个人寿险业务的迅猛发展。与个人寿险相比，一家一户的家财险则还处于拓荒阶段。

## 二、分析保险客户

保险客户的范围很广，包括一切可能购买保险产品的组织和个人。保险客户是保险营销工作的对象。保险企业的生存和发展离不开客户的支持和信任。保险营销活动要做到有的放矢，就必须了解和分析保险客户。

### （一）现在客户、潜在客户和将在客户

根据客户与保险企业发生利害关系的程度，可将保险客户划分为现在客户、潜在客户和将在客户。

1. 现在客户

现在客户是已和保险企业发生直接而确定利害关系的客户。例如，已经投保的企事业单位和个人。现在客户是保险企业经营业务的主要对象。他们从保险企业得到的服务，直接影响着保险企业在他们心目中的形象，影响着他们对保险企业的信任与支持，现在就影响着保险企业经营的经济效益。因此，处理好保险企业与现在客户之间的关系，增

进保险企业与现在客户的感情，进一步提高他们对保险的认识，是开展保险公共关系活动最重要的内容。

2. 潜在客户

潜在客户是指将来有可能与保险企业发生利害关系的客户。例如，还没有意识到要去保险公司投保的工人、农民。在我国，国内保险业务恢复只有十几年时间，人们对保险的认识还很不全面，全民保险意识的提高还需大量的宣传教育工作。保险企业的潜在客户是保险企业扩大业务经营规模的主要对象。因此，对潜在客户保险意识的培育，是一件具有预见性和战略性的工作，是保险企业开展公共关系活动时不可忽视的一个方面。

3. 将在客户

将在客户是介乎于现在客户和潜在客户之间的那部分客户，并正向现在客户转变。例如，感到自己需要办理人身或财产保险，但还没有最后拿定主意到保险公司办理投保手续的人们。保险企业的将在客户，是保险企业业务工作当前要争取的对象。只要营销工作做得艺术、恰当，将在客户就可以转化为现在客户。

综上所述，可以看出，保险企业将非客户转化为现在客户是一个连续发展的过程。潜在客户—将在客户—现在客户，这一过程的每个环节都需要保险业务人员做认真细致的营销工作。

### （二）零散型客户与组织型客户

根据客户的组织状态，可以把保险客户划分为零散型客户与组织型客户。

1. 零散型客户

零散型客户是指没有固定组织机构的公众，其中又可以分为流散型、聚散型、周期型、固定型客户。

（1）流散型客户的特点是流动性大，如街上的行人、旅店的旅客、景点的游客等。保险销售人员可以充分运用这类客户传递信息广泛、迅速的特点，向他们散发保险广告单等，扩大保险影响范围，提高保险企业的知名度。

（2）聚散型客户的特点是因某件事或某项活动而临时聚集，而又很快分散的客户，如报告会、展销会、运动会、博览会的参加者们。因此，保险销售人员也可以利用这类客户传递保险信息。

（3）周期型客户是指按一定规律定期形成的客户，如学校放假时的学生，保险销售人员可以有计划、有目的地进行保险信息传播，可以举办中小学生保险夏令营。

（4）固定型客户是指成员相对稳定而又未形成组织的客户，如保险报刊的读者、广播电视栏目的听众和观众。保险公关人员应根据这类客户相对固定的特点，进行保险宣传。例如，在广播电台、电视台等开设“保险之窗”“吉祥鸟”等形式多样的栏目，向这些固定型客户介绍保险知识、宣传保险。

2. 组织型客户

组织型客户是指有稳定组织机构的客户，包括社区型组织客户、集团型组织客户和权力型组织客户。

（1）社区型组织客户是指社区内的工农商企业、同行业、社会团体组成的客户。

（2）集团型组织客户是指司法部门、新闻机构、文化艺术团体、学校等社会机关团体所组成的客户。

（3）权力型组织客户是指由有某种行政权力的政府部门及各类管理机构所构成的客户，如人民银行、国家财政部门等。

组织型客户对保险企业的经营影响很大，是保险企业营销工作也要重视的客户。

### （三）顺意客户、逆意客户和独立客户

依据客户对保险组织和行为的态度，可以把保险客户划分为顺意客户、逆意客户和独立客户。

顺意客户是指对保险企业的政策和行为持赞赏和支持态度的客户，相反则为逆意客户。独立客户是指对保险企业政策、行为持中间态度，或态度不明朗，或未表态的客户。

保险销售人员的工作，就是要转变客户的态度，努力把逆意客户、独立客户转化为顺意客户，为保险事业的发展打好群众基础。

## 延伸阅读 2-1

**购买人寿保险的五大理由**

很多人在被推荐人寿保险的时候都会拒绝，那么人们为什么要购买人寿保险呢？

（1）为意外买单。永远不知道明天和意外哪一个会先来。对家庭而言，最大的风险是意外，尤其是家庭顶梁柱的意外。身为子女，是父母的最大保障；身为父母，是年幼子女的最大保障。

（2）为健康买单。生老病死，这个顺序倒过来就是购买保险的顺序。作为人生第二大风险，疾病给家庭造成的影响不可小觑。在治疗一个小病也能花掉上千元的今天，我们对于疾病越来越没有信心和底气。人的一生患重大疾病的概率高达72%以上，且重大疾病的平均治疗花费一般都在30万元，没有保险，还真是病不起。

（3）为养老买单。我国是一个未富先老的国家，又是一个急剧快速老龄化的国家。我国现在60岁以上人口为2.1亿人，占总人口的比重达到15.5%。随着人口预期寿命的增加，老年人领取养老金的年限也相应的增长，而且养老金支出是刚性增长的，社保养老金的支出面临巨大压力，不买商业养老保险，老有所养还真有点难。

（4）为子女教育买单。据统计，现在一个小孩在国内读到大学毕业，教育开支达数十万元，如果子女出国留学，仅留学费用就在30万～60万元不等。由于物价上涨和学

费调整，教育费用还在不断膨胀。为人父母，不但要让儿女健康成长，更要让他们受到良好的教育。但越来越贵的教育费用，让许多家庭疲于应对，甚至成为孩子成长道路上的绊脚石。当你的孩子准备就读高等教育的学校，你是否为他准备好了足够的资金？

（5）为自身财富买单。贷款买房、买车，都市里的“负翁”越来越多，在能正常工作取得报酬的时候，背着贷款的日子虽有压力，却也过得有滋有味。但万一自己出了问题，谁来还那几十万甚至上百万元的银行贷款？是白发苍苍的父母？是承诺爱她一生的爱人？还是稚嫩柔弱的子女？

为了把风险转移出去，应该增加一张人寿保单。只要人还活着，还健康，就代表着财富能源源不断被创造出来，保障了人本身就是保障了他的财富。此外，人寿保单还有避债和避税的功能，人即便不存在了，保险金也可以不受债务纠纷以及收税的困扰，从而实现财富的顺利传承。

（资料来源：节选自沃保网 2018 年 11 月 12 日的文章“购买保险的五大理由以及原则介绍”，http://btpicc.vobao.com，节选时有删改。）

# 任务2 分析客户投保心理

保险企业的客户是多种多样的，不管是组织客户还是非组织客户，内部客户还是外部客户，他们都是由单个的人构成的；保险企业与客户建立业务关系或进行业务宣传时，总是通过人与人的交往来进行的。每个人都是有血有肉、有认识有感情的社会性的人，因此，了解保险企业客户心理的构成，是做好保险营销工作的前提之一。

## 一、投保客户性格类型

不同性格的人在购买保险产品时会有不同的表现和行为。他们会在收集信息、评估商品、准备购买及使用商品的过程中充分表现出其差异性。按性格特点，可将投保客户分为八种类型。

### （一）独立型

这种类型的投保客户，其行为多表现为“我行我素”，不受任何观念束缚。他们往往有较好的经济基础，购买能力较强，选购险种的范围较广，喜欢对各种险种进行比较，在与保险销售人员接触时较为主动，易于沟通，有一定的购买技巧。

### （二）从众型

这种类型的投保客户，其行为多表现为“随大溜”，易受周围人的影响。他们性情随和，一般没有特殊癖好，消费观念属于大众型，比较容易受广告与其他促销手段的影响。例如，看到周围几家邻居都为其孩子买了平安险，于是也决定为自己的孩子买这种保险。

### （三）保守型

这种类型的投保客户，其行为多表现为“墨守成规”，对自己过去习惯使用的商品和服务比较留恋，对保险产品本身这一较为新鲜的事物接受较慢，不易受周围人及广告和其他促销手段的影响。

### （四）节俭型

这种类型的投保客户，其行为多表现为“实用主义”，注重保险产品的实际价值，希望获得“以小博大”的经济利益，因此，他们往往在购买保险产品和储蓄哪个更合算方面精打细算。

### （五）谨慎型

这种类型的投保客户，其行为多表现为“货比三家”。他们较为理智，行动较为谨慎，不轻易相信广告和销售人员的推荐，而相信自己的经验和判断。

### （六）计划型

这种类型的投保客户，其行为多表现为“量入为出”，不盲目从众，而是根据自己的实际进行选择，生活有计划、有安排，做事有条不紊，不易受即时性的促销手段的影响。

### （七）冲动型

这种类型的投保客户，其行为多表现为“随心所欲”，做事主要是凭感觉或一时的冲动。他们的购买决定或者是为保险销售人员的“真情”所感动，或者是为保险促销活动所打动而做出的。

### （八）趋时型

这种类型的投保客户，其行为多表现为“捷足先登”。他们思想开放，易于接受新鲜事物，并有很强的购买欲望和一定的经济基础。他们往往是最先购买和已经拥有保险的人群。

## 二、客户投保的心理类型

在各种因素作用下，人们的投保心理也有所不同。其中既有促进保险需求的心理，又有制约保险需求的心理。

### （一）促进保险需求的心理类型

按购买保险产品的目的不同，可以将促进保险需求的客户心理分为三种。

#### 1. 保障心理

对大多数投保者来说，其购买保险产品的主要目的是获得安全保障。这一点是由保险产品本身的特殊性决定的。例如，人们购买养老保险是希望到年老退休时，能够获得相对稳定的收入来源，以保障晚年生活。人们购买家庭财产险是希望一旦家庭财产发生了不测，就可能得到一定的物质补偿。保险产品的这一特殊性，使得大多数人要求获得保障的心理能够得以满足。

2. 实惠心理

对有些投保人来说，其购买保险产品不仅是希望获得保险产品本身所具有的安全保障这一基本需要，而且希望通过保险的"以小的投入避免大的风险"的特性，获得更大的实惠。因此，这些人在购买保险产品时，通过各种比较（如各保险公司所提供的同一种险种的比较、购买某个险种与进行某种类型的储蓄的比较），以期寻找最为经济实惠的满足方式。

3. 投资心理

有些投保人购买保险产品，是将这一行为看作一种投资，希望通过这种投资获得一定意义上的保值增值的目的。

### （二）制约保险需求的心理类型

按不愿购买保险产品的原因看，可以将制约保险需求的客户心理分为五种。

1. 忌讳心理

我们民族有一种特殊的心理习性，也可以说是一种民族亚文化。比起其他民族，我们总是愿意听到好听的、吉祥的话语，而特别忌讳伤亡、疾病、意外事故、灾难等，对这些不吉利的事情甚至不愿意提及，避而远之。但保险总是与这些事情联系在一起的，因此一些刺耳的话总是免不了要提到。人们特别是中老年人在忌讳心理支配之下，往往在思想上就认为保险不吉利，难以接受，这在很大程度上制约着保险销售的成功。如果保险销售人员能巧妙地处理好这个问题，将对其销售工作大有裨益。

2. 短视心理

保险产品有别于一般的产品，它看不见、摸不着，除了一纸合约，客户手中并无实质性的东西。所以，人们对保险总免不了多一份担心。况且长期寿险还要在很长一段时期内分期不断付钱，其利益一般很少在短期内享受到，而大多数人都不免着眼于享受即时的、眼前的、看得见的利益，在做未雨绸缪的长远打算时显得犹豫不决。对于企业来讲，短期行为来源于急功近利的思想。有的企业负责人受这种思想的影响，一味追求短期效应，认为参加保险，交纳保险费会影响自己任期内的经济效益，往往斤斤计较眼前得失，把险情和困难留给下一任领导。有的则认为买了保险，如果自己任期内不出险，钱就白花了；如果自己任期内发生了灾害事故，虽然保险公司给予赔付，自己也推卸不掉应负的责任。实际上，这种只顾眼前利益的短视心理，会给企业带来后患，一旦发生灾害事故就叫苦不迭。

3. 侥幸心理

有的人认为，自然灾害、意外事故毕竟只是个别现象，怎么就会偏偏落到自己头上？像健康状况良好的青年人，很少受疾病或死亡的困扰，与他们谈论保险，他们会认为杞人忧天，与其为一些遥不可及的事情做准备，还不如目前吃喝玩乐更好。还有的人认为“福祸无门，唯人自招”，只要自己处处小心，事事防范，就不会招灾惹祸，何必去参加保险呢！显然，这种侥幸心理害人不浅。在现实生活中，灾害和意外事故随时都有可能发生。不怕一万就怕万一，哪怕这万分之一摊到自己头上也是百分之百。在保险实务中，这种例子举不胜举，留给受害者的只是无尽的悔恨和遗憾。

4. 怕吃亏心理

在人寿保险中，保险的受益人大部分并不是保险的投保人，所以，一些投保人会认为自己投钱而别人受益很不划算。在现实中，我们经常会听到像“我现在买少儿平安保险，将来领钱的却是我儿子，我又没有享受到”，或者“我死后保险公司才赔偿，对我来说还有什么用”等诸如此类的话。有的投保人在购买保险的时候，总将保险与储蓄、炒股做比较，把本金产生收益的最大化作为自己的第一考虑因素，十分计较购买保险比之于储蓄、炒股、买债券是否划算。还有人买了保险因没有保险事故发生而得不到补偿，就认为自己吃了亏，心理不平衡，后悔参加保险，也就不愿意继续购买保险。这些思想都在某种程度上忽略了保险的保障功能，没有考虑到保险会在家庭、个人陷于危机的时候雪中送炭。

5. 不信任心理

目前，社会上很多人对保险公司有一种不信任的感觉。有人认为，保险公司卖保险是为了赚钱，交保险费是白给人家集资，自己得不到什么好处，而保险公司永远不会吃亏，所以不愿意买保险。有人基于以往在高度计划的条件下对保险的认识，认为保险公司是国家变相地向企业和个人摊派、集资，从人们手里多挖一些钱罢了，真遇上严重自然灾害，如地震、洪水等，保险公司都不一定存在了，买保险根本无用。还有人忧虑，保险公司属于商业企业，在市场竞争中很可能因为经营不善而陷入经济危机，倒闭了怎么办？这时候保险公司都倒闭了，保险岂不是白买了！

这些心理因素在很大程度上抑制了人们的保险需求，为保险的普及增加了无形的障碍。之所以产生这些心理，是因为人们对风险和保险的认识不足，对它们缺乏了解，甚至产生误解。我国正处于转型时期，旧的思想观念还在相当程度上左右着人们的心理，使人们仍然在旧的思路上徘徊。计划经济体制下，企业和个人的风险基本上都由国家财政负担，灾害事故的发生自然就难以对人们的心理造成深刻冲击效应。因此目前一些人对风险逐步由自己承担的心理准备不足，陷入一些心理误区。因此，保险公司要大力加强对保险的宣传工作，让保险深入人心，让老百姓有效的保险需求真正实现，充分发挥保险作为“社会稳定器”的作用。

## 三、客户投保的心理过程

客户投保的心理过程由客户对保险的认识、客户对保险企业的情感和客户投保的心理选择等过程构成。

### （一）客户对保险的认识过程

客户对保险的认识过程，包括客户对保险的感觉、知觉、记忆、思维和想象过程。

（1）客户对保险的感觉过程，是指客户对保险的某个特点、某种职能的认识。例如，朋友投了家庭财产保险，家里失火，得到了保险公司的赔偿，从而认识到保险公司可以补偿家庭财产因火灾引起的经济损失。客户对保险的感觉，虽然是片面的、肤浅的，但它是客户对保险认识的开始，是保险给公众留下的初次印象。

（2）客户对保险的知觉过程，是指客户对保险特性、职能的全面认识。例如，不仅认识到保险可以补偿火灾引起的财产损失，还可以补偿人身损害、提供防灾防损服务等。

（3）客户对保险的记忆过程，是指客户对保险曾经给自己留下的印象能够回忆和再认。例如，听到某保险公司给某企业赠送消防器材的消息，能意识到这是保险防灾防损功能的体现。

（4）客户对保险的思维过程，是指客户对保险本质的认识。例如，认识到保险的本质是组织经济补偿，投保的意义在于遇到意外事故后能得到保险企业的赔偿。

（5）客户对保险的想象过程，是指客户对保险未来发展或者保险企业未来的经营，或者对自己投保后是否能得到合理、准确、迅速理赔的预测。例如，某人投保时临柜人员热情、主动，办理手续时快捷、准确，使客户对保险公司产生了信心，感到自己将来万一出了什么意外事故一定会得到经济补偿。

客户对保险的认识过程，伴随着投保行为的各个阶段，投保前、投保时、投保后。而在客户对保险的认识过程中，感觉与知觉过程的作用非常重要，它是人们对保险整个认识的开始。在业务操作中，表现为保险给客户留下的第一印象，或者保险从业人员给客户留下的印象，或者某项理赔给客户留下的印象，也可能是客户看到某篇有关保险的报道后所获得的信息。因此，保险从业人员应全方位地提高服务质量，加大宣传面，给客户以良好的第一印象和初步认识。

### （二）客户对保险企业的情感过程

保险客户的情感，是指保险客户对保险是否能满足自己需要的体验。例如，投保前和投保时，保险从业人员的态度是积极的；投保后，客户得到保险公司提供的优质服务，对保险的需要得到满足，对保险公司就会产生热爱、信任的积极情感。相反，如投保时或投保后，保险企业没满足客户合理的需要，客户就会对保险企业产生消极情感。积极情感是对保险企业的支持和关心，保险营销工作就是要培养客户对保险的积极情感。

### （三）客户投保的心理选择过程

客户投保行为的心理选择过程，即客户确定投保目标，为实现投保目的，自觉地支配、调节投保行为的心理过程。例如，认识到投保的意义去投保，客户投保后，得到保险公司的优质服务，保险合同期满后，仍续保；假若客户没得到优质服务，或者看到了保险公司在其他事故理赔上出现的失误，保险合同期满后，就可能停止投保，更有甚者还会中途退保。客户投保行为的心理选择过程，实质是客户对自己投保行为的有意识的调节和支配，它是构成客户投保行为心理过程的一个重要方面。

客户对保险的认识、情感和心理选择，共同构成了客户投保行为的三个要素。这三者之间的关系是相互联系、相互影响的。保险客户对保险认识的过程是情感过程和心理选择过程的前提；反过来，客户对保险企业的情感，以及对保险行为的调节，又影响客户对保险的认识。保险从业人员的职责之一就是提高客户对保险的认识，培养客户对保险的情感，使客户的心理选择过程，即客户对投保行为的调节向有利于保险事业发展的方向转变。

### 延伸阅读 2-2

**对各类型投保客户进行分析**

专业的保险销售应该对多类型客户进行有效分析，由客户对保险的不了解、不认知、不感兴趣，转移到保险是现代生活的必需品，以进一步增强客户的投保意识、转变客户的投保观念，扩大对保险投资的比例。

（1）智慧外露型客户。他们不仅会观察国际、国内的政治风云、军事动态、经济形势、社会变化，对地利优势、经济、历史文化也有所了解，这类客户为显示自己的智慧才能，经常性的在一些公共场合夸夸其谈，在别人谈话时也经常插话打断，以炫耀自己“我懂、我会、我知道”，对一些问题慷慨激昂地发表自己的立场观点，以便赢得大家的赞许，显示自己丰富的知识、睿智精明的素质。

（2）经济富裕型客户。经济富裕型客户多数是有一定的经营能力、经营方法，头脑较灵活，做事有主见，在当今经济社会发展中能当先锋、做表率，是经济发展的领航者。

（3）沉默寡言型客户。沉默寡言型客户表现为不爱说话，显得特别老实，好像对什么事情都不在乎，别人批评教训也不强烈反抗。其实不然，接触后会发现，这类客户做事非常细心，不急不躁，非常有主见，涉及自身利益问题会据理力争，绝不让步，提出的问题古怪，难以解答。

（4）豪爽外向型客户。豪爽外向型客户多数性格直爽，快言快语，办事干练、细心，抗拒心理脆弱，容易接近，若与他多交谈一会就能了解其意图和目的，让人信任。他们做事有一条原则，就是心中有谱，带着目的性和保险销售人员接触，如果不购买保险不会拐弯抹角，会直截了当，非常直白。

（5）抢先争新型客户。他们依靠新思想、新行为方式、超前行动，赢得先机、争得主动、依新取胜。这类客户的共同特点包括强烈的求知欲，对新事物有新鲜感、认同感，善于思考问题、分析问题，做事态度认真、大方有礼貌，敢闯、敢试。

（资料来源：节选自《中国保险报》2019 年 6 月王金鹏的文章“多类型保险客户开发技巧”，节选时有删改。）

# 任务 3　分析客户投保行为

保险客户可分为个人客户和团体客户，两类客户的投保行为具有不同特点。

## 一、个人客户投保行为分析

个体客户包括个人购买者和家庭购买者。后者可能是家庭中某位成员做代表。每位购买者在年龄、职业、收入、教育程度、道德信仰等诸多方面千差万别。因此，保险市场销售人员必须区分不同购买者群体或细分的小市场，这样才能根据他们的需求和购买行为去满足他们。如果一个细分市场足够大，保险企业可以设计专门的险种并制订市场营销计划来占领这个细分市场。

### （一）影响个人客户投保动机和行为的因素

影响个人客户投保动机和行为的因素有多种。

1. 经济因素

经济因素是影响个人客户投保动机和行为的最重要因素。下面将选择经济因素中的险种与费率、风险损失和收入水平来介绍。

（1）险种与费率。保险经过长时期的发展，每个保险企业都能为人们提供 100 多个保险险种。每位保险购买者根据自身需要的险种及其费率来选择保险企业。例如，一个保险需求者原来打算购买 A 企业的汽车保险，后因得知 B 企业该种保险的费率最低或比 A 企业的费率低，那么，他一般会改变主意去购买 B 企业的保险。

（2）风险损失。实际上，保险业是因为风险损失的存在而存在并发展起来的。人们购买保险是因为存在风险损失而保险企业又能提供这种风险的担保。

（3）收入水平。人们的收入水平决定他们的消费水平。购买保险的种类及保险金额，主要取决于购买者的收入水平。一般来说，收入水平越高，人们购买保险的种类及保险金额越多。

尽管经济因素是影响个人客户投保动机和行为的最重要因素，但是随着社会整体经济水平和人们收入水平的提高，保险险种日益增加，经济因素的影响会越来越小，非经济因素将发挥日益重要的作用。

2. 社会文化因素

社会文化因素主要包括文化、家庭、社会阶层和相关群体等，它们对个人客户投保行为会产生深刻的影响。

（1）文化。文化是人们需求和行为最基本的因素之一。人们的文化层次和社会风俗不同，他们认识事物的方式、结果和价值观念就有差异，消费需求也会具有不同的特点。虽然保险是一种特殊产品（无形），但人们对它的需求与购买行为在很大程度上也受文化因素的支配。

现代市场营销学认为，每个社会的文化还可分为若干不同的亚文化群，即民族亚文化群、宗教亚文化群、种族亚文化群、地理亚文化群等。不同民族、不同宗教、不同种族及不同地理区域的人们，其文化背景、消费心理和购买行为是有一定差异的。

（2）家庭。购买者的家庭成员对其购买决策有着重要影响。家庭成员的影响分为三类：一是父母、祖父母等长辈的影响；二是配偶的影响；三是兄弟姐妹或子女的影响。一般来说，配偶和子女的影响力较大。家庭中男性一般重视人身保险、汽车保险，女性则重视财产保险和子女保险等。

（3）社会阶层。每个国家都存在社会分层现象。每一分层称作一个社会阶层，在这个阶层里，每位成员具有相似的价值观、消费心理和行为。美国社会学家曾把美国人分为六个社会阶层，即上上层、上下层、中上层、中下层、下上层和下下层。

- 上上层。这个阶层一般都有显赫的家族背景，拥有巨额财产。
- 上下层。这个阶层主要由在职业上或经济界获得成就的人组成，他们一般收入很高。
- 中上层。这个阶层的主要成员是律师、教授、科学家。他们的文化层次较高，也有较高的收入。
- 中下层。这个阶层主要由教师、职员、公务员等组成。他们是美国社会的主体，是一个巨大的保险市场。
- 下上层。这一阶层主要是“蓝领”工人，他们多数从事体力劳动，文化程度不高，他们对家庭财产和养老保险兴趣很大。
- 下下层。这个阶层主要由一般工人组成，也包括那些失业人员，他们是社会的底层，收入水平和文化程度都较低。

上面的划分虽然是针对美国这个特定社会和市场而言的，但对一般市场营销具有重要的借鉴意义。例如，中国虽然没有明显的社会阶层划分，但不同职业、不同收入水平和不同文化程度的消费者群，其保险需求心理、动机和购买行为也不一样。保险企业分析不同社会阶层的购买动机和行为，对于细分市场、确定保险险种和费率等，具有十分重要的意义。

（4）相关群体。社会中每个消费者，其消费心理和行为习惯都受家庭和社会的影响。社会的影响，主要是指相关群体的影响。最密切的相关群体有亲友、邻居、同事等，而关系一般的有各种有关的社会团体、普通朋友等。此外，影响较大的相关群体还有社会名流、上级领导、文体明星等。

3. 个人因素

个人因素是个人客户投保动机和行为的决定性因素。每个人的职业、性别、年龄、生活方式等，对他的保险购买决策有着重要的影响。

（1）职业。不同职业的人的保险需求也不一样。从事危险工作的人，可能比其他人更需要人身意外保险。另外，收入较高者往往比收入较低者购买更多的保险险种和更高的保险金额。

（2）性别、年龄。不同性别、不同年龄的人对保险的态度也不一样。例如，前面提过，男性比女性更重视人身保险。年龄较大者比年轻者更重视养老保险。保险企业也常常根据不同性别、不同年龄划分细分市场，并提供不同的险种服务。例如，中国人民保险公司针对育龄妇女细分市场，推出母婴平安保险。

（3）生活方式。来自相同的亚文化群体、相同的社会阶层甚至同一职业的人也会有不同的生活方式。例如，同样是做教师工作，文化层次和社会地位也相近，但有的人喜欢安乐型生活方式，即与家人有很多时间在一起，不爱运动，社交活动较少等。有的人却喜欢活跃型生活方式，即工作成就欲望强，喜欢运动旅游，善于社交等。生活方式的不同能够诱发保险需求、动机和行为的差异。

判断生活方式主要考虑人们的活动、兴趣和价值观念等因素。生活方式更具体地表现出人们的心理特征和行为特征，这可为保险企业分析个人客户投保动机和行为提供重要的依据。

4. 心理因素

人们的保险购买决策还受到诸多心理因素的影响，如动机、感觉、价值观等。

（1）动机。动机是指一种具有强烈的压力而迫使人们不得不去满足的需求。这种需求不是生理性的，而是心理性的。前面介绍过，著名心理学家马斯洛将人类的需求排列成几个层次，即马斯洛需求层次。依其重要性的大小，分别是生理需求、安全需求、社会需求、尊重需求和自我实现需求。马斯洛的层次需求理论可以帮助我们分析保险购买者的动机，并促使其变成购买行动。例如，某人购买医疗保险的动机源于他的安全需求。

一般来说，人们总是先努力满足最重要的需求，在得到满足后，人们便会被激励去满足下一个层次的需求。例如，一个连温饱都没有满足的人不会对保险有任何兴趣，但是当温饱满足后，他将考虑满足安全需求，产生购买动机。

（2）感觉。人们的心理活动以感觉为基础。即使人们有了某种动机，但具体行动取决于他们对环境的感觉如何。由于人们对环境的感觉不同，两个有同样动机的人，可能其行动也大不相同。例如，有的人喜欢能说会道的保险销售人员，选择购买他销售的保险；而有的人则不喜欢这类保险销售人员，视他为不真诚并拒绝购买他销售的保险。

人们对同一环境产生感觉的差异，是每个人的视觉、听觉、嗅觉、触觉与味觉反应方式和结果不同所致的。保险企业应认真研究人的感觉的规律，为制定广告宣传和其他促销策略提供坚实的心理依据。

（3）价值观。人们的价值观是指人们对生活的态度，即对某事物的看法、对产品和服务的看法及行动倾向。价值观导致人们对保险是喜爱还是厌恶，是购买还是观望。此外，不同价值观的人对每种保险的态度也不一样。人们价值观的形成主要靠后天的学习和经历。

后天学习主要指向他人学习与受他人影响，而且后者更为重要。因为人的生理需求以外的需求在很大程度上受他人的影响。后天经历主要指人们的生活经历，这些经历影响着价值观的形成和发展。在后天经历中，风险事故的影响力最大。

### （二）个人客户投保决策参与者

在投保人的投保决策中，有许多人参与了决策过程，并在其中扮演着不同的角色。这些主要的参与者有以下几种。

（1）倡议者，首先提出建议购买保险产品的人。他可能是家庭中的某一位成员或某几位成员，如母亲提出为孩子购买少儿保险，女儿提出为父母购买养老保险等。

（2）影响者，对所提出的建议发表个人意见，影响该建议是否被采纳的人。他也可能是家庭中某一位成员或某几位成员，如父亲赞成或反对为其孩子购买儿童保险，从而对该倡议产生影响。

（3）决策者，对倡议有决定权的人。在有些家庭，决策者可能是妻子，而在有些家庭决策者可能是丈夫，也有很多家庭决策者是夫妻双方。

（4）投保人，与保险公司或保险代理人签订保险合同，并支付保险费的人。

（5）被保险人，保险合同的真正受益者。

### （三）个人客户投保决策过程

从表面上看，个人客户投保决策过程似乎十分简单，选定险种，付钱签订保险合同，过程就算结束。实际上，除团体客户为个人客户统一购买保险外，个人客户购买保险时，从选择险种、确定保险人到购买方式等都要经过比较复杂的决策过程。个人客户投保决策过程分为五个阶段：确认需求、收集信息、险种评估、购买决策和保后评价。

#### 1. 确认需求

购买过程是从保险需求开始的。人们由于受外界刺激或受他人影响，产生保险需求之后，他们才考虑购买问题。如何确认保险需求对每个保险投保人都是十分重要的。如前所述，个人客户保险需求有三种：长期需求、短期需求、特殊需求。保险企业对这些需求应设计相应的条款，确定合理的费率，满足不同需求。

2. 收集信息

人们有了保险需求，便为满足自己的需求收集保险企业及相关险种的有关信息，为购买决策奠定基础。某人收集某一险种的信息的不同，很可能导致其购买决策的差异。人们收集保险信息分为两种方式：一是主动收集信息；二是被动收集信息。主动收集信息，指人们为了满足某种保险需求而主动收集有关各种信息。被动收集信息，指人们在日常工作和生活中不自觉地接受各种保险信息。被动收集信息可能刺激人们的保险需求。

保险企业应认真分析人们接触的信息源，以及它们对人们保险需求的影响。保险信息源一般可分为以下四类。

（1）人际来源，指家庭、朋友、邻居等。

（2）商业来源，指广告、销售员、经销商（代理人或经纪人）等。

（3）公众来源，指大众媒体、消费者协会等。

（4）经验来源，指经历的风险事故及其保险补偿。

上述信息源的重要性和影响力因保险种类和购买者特征不同而异。一般商业来源起着告知的作用，而人际来源起着评估的作用。通过收集信息，购买者知道了市场上有哪几家保险企业，它们提供的保险有哪些特征等重要情况。

3. 险种评估

通过主动或被动地收集信息，购买者可以从获得的信息中分析所需要的险种与企业的情况，并做出评估。在一般情况下，购买者对险种的评估要经过下面三个阶段。

（1）分析市场上提供的险种是否符合自己的需求，如保险责任、保险金额、保险费率及保险期限等是否符合需求。不同的购买者对同一种保险需求的侧重点可能不一样，但他们都十分注重险种是否具有满足自己需求的条文。

（2）分析保险企业或它的代理人是否符合自己的心意，如保险条款、费率和服务质量等是否令自己满意。

（3）分析保险费率及付款方式是否符合自己的要求。每位购买者对保险费率的心理反应是不一样的。同时，每位购买者对不同付款方式的反应也是不一样的。购买者一般根据费率及付款方式来选择保险企业。

4. 购买决策

在险种评估阶段，购买者对各种保险和企业进行认真分析，并形成购买意向。接下来就是进行购买决策。影响购买决策的主要因素有下列五个。

（1）保险企业的服务质量，指险种、费率、付款方式及理赔等。

（2）他人的影响，指家庭、朋友、领导者及社会团体等。

（3）保险企业的广告宣传、促销活动等的影响。

（4）购买者对风险的预测，指购买者对风险发生的可能性及损失大小的估计。

（5）特殊因素，指购买者的特殊保险需求和保险企业的态度等。

还有一些其他因素也对购买决策产生影响，只是重要性不如上面五个因素。购买者在上面一些因素的作用下做出购买决策，以决定购买哪个企业的保险、如何付款等具体行动内容。

5. 保后评价

人们购买保险后，一般是在发生保险事故或到期领取保险金时，才能评价保险服务的质量。保后评价一般有三种结果：满意、比较满意或不满意。

不同购买者的保后评价的标准是不一样的。因此，尽管一些人购买了同一企业的相同的保险，但他们中间有的人可能对获得的服务满意，有的人比较满意或不满意。那些满意的购买者将来还会继续购买该企业的保险，而那些比较满意或不满意的购买者有可能不再购买该企业的保险。

如何判断购买者保后的满意程度呢？购买者的满意程度是保险的期望与保险的直观功效相互比较的结果。如果期望与功效相符，则购买者是满意的；如果期望与功效相差一点，则购买者是比较满意的；如果期望与功效相差较大，则购买者是不满意的。

保险企业应采取适当的措施来尽量减轻购买者的保后不满意程度。例如，在宣传保险时尽量实事求是，在理赔或支付保险金时尽量公平合理等。

## 二、团体客户投保行为分析

保险销售人员在面对团体客户时，需要分析团体客户的市场特点、影响团体客户投保行为的因素、团体客户投保决策参与者、团体客户投保决策过程。

### （一）团体客户的市场特点

与个人客户市场相比，团体客户市场具有下列一些特点。

（1）购买者较少。由于团体客户数量远远少于个人客户数量，所以保险企业用于联络团体客户的保险销售人员少于用于联络个人客户的保险销售人员。例如，某一团体客户购买了 1 000 份的团体家庭财产保险，这时保险企业面对的是一个团体客户。如果保险企业不通过团体的购买者，那它将面对 1 000 名个人客户。

（2）购买保险金额较大。每个保险企业都拥有一些较大的保险客户。这些客户往往交付巨额保险费，以获得对巨额财产的保障。

（3）保险销售人员与团体客户关系密切。因为团体客户人数较少，而且多数购买者购买的保险金额较大，所以保险销售人员能经常与团体客户保持联络，而且关系密切。

（4）团体客户多数比较集中。大多数具有一定规模的团体客户，都集中在城市或城镇。此外，政府机构一般设在城市或城镇，而且需求弹性较大。个人客户总需求受费率变动的影响并不大，乘飞机旅游者不会因为保险费增加几元而不购买人身意外保险，他们也不会因为保险费下降而多乘几次飞机。但是团体客户对费率的变动很敏感，他们往往因为费率不合意而改变保险决策。因此，团体保险总需求受费率变化的影响较大。

（5）需求波动性大。团体保险需求与个体保险需求相比，前者的波动性较大。经济景气，团体保险需求增长较快；经济不景气，团体保险需求会急剧下降。对每个保险企业来说，如果失去一个较大的团体客户，则该企业的保险业务将受到很大影响。

（6）影响购买决策者多。个人客户进行购买决策时，不受他人影响，或者只受少数几个人的影响。团体客户进行购买决策时，会受到更多人的影响。因此，争取团体客户，不仅要靠广告宣传与促销，更要靠人员销售。

（7）其决策过程往往要经历主要决策者审议、上级主管审批、专人负责执行等较为规范化的过程。

在具体执行中，还要就所选择的保险企业、保险代理人的资格审核、保险险种的确定、费率、保险金额、售后服务等做进一步的决策。

除了上面几个特点，团体客户市场还具有直接购买、优惠购买和附加服务等特点。

### （二）影响团体客户投保行为的因素

团体客户在进行购买决策时受到许多因素的影响，但主要有下面五种因素。

#### 1. 政治经济因素

团体客户受当前的政治经济因素的影响极大，如经济景气与否、政治安定与否都对团体购买决策有着重大的影响。在一个法律制度完善的国家里，企业必然会依法购买各种财产险、职工医疗保险、养老保险等各种险种。相反，企业就会抱着侥幸心理，无视或忽视保险。因此，政治经济是影响企业团体是否投保的一个重要因素。

利率水平也会直接影响企业的保险意识、保险决策与保险购买。通常，企业会根据各项保险费用的承受能力决定应该投保的险种和保险金额。利率水平的高低对企业制订保险计划有着直接影响，特别是对长期保险项目（如企业财产险、职工养老保险等）的影响。

#### 2. 组织因素

每个企业都有其组织目标、政策、作业程序、决策程序、组织结构和制度。企业目标、政策、程序、组织结构和制度必然对组织的投保决策有着直接的影响。一个企业的组织目标明确、政策灵活、决策程序清晰等对团体投保人的行为将产生积极的影响；反之，则会对投保决策起延迟作用。

#### 3. 团体自身特点

有的团体在进行经济或社会文化活动时，面临的风险较小，这类团体的保险需求并不强烈。对这类团体，保险企业应积极激发它们的保险需求，并提供适合它们需求的险种和服务。与前面一类团体相对应，有的团体的活动面临较大的风险，它们的保险需求比较强烈。当某一团体从事的活动的风险变化时，该团体的保险需求及购买决策也会发生变化。

#### 4. 人际因素

团体客户往往受到上级领导、同业团体的领导及本团体有关主管部门多层次的影响。人际关系中各个参与者的权力大小、地位高低、情绪好坏及说服能力的强弱会在一定程度上影响决策方向和决策内容。

5. 个人因素

虽然团体购买决策受许多因素的影响，但最终决策还是由一个人拍板。有的团体购买决策由最高决策者来确定；有的团体购买决策由某个部门主管来确定。由于每个决策者的年龄、文化及对风险的态度是不相同的，所以他们进行购买决策的方式和结果也不一样。

此外，团体客户受自然条件、科技与贸易等因素的影响。保险企业必须注重分析那些有影响力的因素，以制定正确的营销策略。

### （三）团体客户投保决策参与者

在团体投保行为发生过程中，有许多人对投保决策有影响力。

1. 受益者

团体投保行为的发生，主要是为了满足实际使用者的需要。因此，在购买决策的制定上，必然要听取他们的意见和要求。他们在享受保险服务过程中，可以感受到实际服务与理想状态是否有差距。他们在享受保险服务过程中，可能有两种直接的反应：满意或不满意。当他们将满意或不满意的信息反馈给决策者和购买者时，就会影响下一轮的购买决策。

2. 影响者

在团体投保行为中，有一些人，如组织中的管理人员、员工等，虽不是最终的决策者，但他们对投保决策有很大的影响。他们通常协助选择险种、确定期限，并提供对不同方案的评估信息。

3. 采购者

采购者是指企业授予正式权力去购买保险的人。通常，采购者对所要投保的保险公司、险种性质、数量、保费、期限、服务等交易条件有直接的发言权和选择权。

4. 决策者

决策者是指拥有选择和决定供应者权力的人。一般情况下，决策者往往就是采购者，但在交易量大而复杂的情况下，往往由最高决策人或项目经理担任最后的“拍板人”。

5. 信息控制者

信息控制者是指有可能控制外界有关销售信息流入企业内部的人，如接线员、秘书、看门人等。因为外界传递各种信息的人，如销售人员，都可能首先通过他们与企业内部有关人士取得联系；如果他们拒绝让销售人员等进入，那么就有可能阻碍有关信息流入企业内部。

### （四）团体客户投保决策过程

团体保险购买决策过程与个体客户决策过程基本相同，也经历确认需求、收集信息、险种评估、购买决策和保后评价等。

1. 确认需求

团体的保险需求可能由下列因素产生：团体尚未购买保险或保险期限已到；团体增加新的财产或开始新的风险性活动；团体最高决策者认为或受到他人影响而要增加新的保险；新成立的团体。

保险企业应认真分析上面几种因素。团体保险需求也可以分成长期需求、短期需求和特殊需求三种，前面已有论述，这里不再重复。

2. 收集信息

团体有了保险需求，他们将收集有关的信息。信息的内容主要包括险种的种类、费率水平、保险企业的情况及保险代理人的情况等。信息的主要来源有下列四类：上级主管部门的信息，如上级统一保险通知、保险指南等；保险企业销售人员或代理人、经纪人的电话访问和亲自访问；商业信息，如新闻广告、邮递广告等；经验信息，如该团体或其他团体经历的风险事故及其保险。

3. 险种评估

团体客户根据自己的需求和所收集到的信息来进行险种评估。对险种的评估，团体客户一般要考虑下列因素。

（1）保险条款。条款是否符合本团体的保险需求和要求，如保险责任、除外责任、费率等。

（2）保险企业。比较不同保险企业提供的相同险种，看它们之间还有什么异同，并分析各自的优点和不足。

（3）保险费率。分析某险种的费率是否符合购买者意愿，其他保险企业相同险种的费率如何。

4. 购买决策

通过对险种的评估，团体客户对各保险企业及其提供的各个险种有了比较明确的认识，接下来就要进行购买决策。购买决策主要解决三个问题，即购买什么险种、选择哪家保险企业和选择哪家代理人。一般影响团体购买决策的主要因素有：团体从事活动的风险特性，如火灾风险、运输风险等，其性质各不相同；上级主管部门，如总公司、企业的主管部、委、局等；保险企业外勤人员、代理人的劝说；团体购买决策者个人因素，如其文化程度、职权和心理因素等。

5. 保后评价

团体在购买保险之后，一般都对险种、保险企业的服务及保险效果进行评价。同个人客户一样，团体客户的保后评价一般也有三种结果：满意、比较满意、不满意。由于有些团体客户要支付数额较大的保险费，所以他们比个人客户更关心保后服务。

保险企业应重视保后服务，无论是防灾、防损还是出险后的理赔，都要尽量做到让客户满意。

## 延伸阅读 2-3

### 引导客户的作用

保险销售人员不应该总是用“说”来谈客户，最重要的是要好好地引导客户，将自己的思想传递给客户，多提出引导性的问题，将客户引导到自己的思路上来，让客户产生信任感。引导客户有如下作用。

（1）建立差异。从经济学的角度来说，稀缺更有价值。在一般的销售人员都在吹嘘自己的产品有多么优秀时，想通过提问来与客户交流的这种行为就变得更为稀缺。所以，推销产品的最佳方式之一就是关心客户，通过提问来表达对客户的关心。

（2）转移焦点。提问是以客户为中心的表现，焦点在客户，而不是在自身，这样的行为受客户欢迎，容易赢得客户信任。

（3）获得资讯。成功的销售是建立在充分的资讯上的，提问可以从客户身上获得无偿的回报。在需求探询阶段，用提问来展示专业的销售素养，赢得客户的信赖。

（资料来源：节选自新浪财经 2018 年 6 月 30 日的文章“销售高手与客户的对话”，https://wenku.baidu.com/view/a45a84ce58f5f61fb73666bc.html，节选时有删改。）

## 同步练习

1. 保险企业如何赢得客户的情感？
2. 保险客户的性格类型有哪些？
3. 团体客户与个人客户投保的决策过程有何异同？

## 典型案例分析

### 保险销售人员小施的遭遇

小施做了五年医生，随丈夫工作调动来到了某市，找了几个月也没找到合适的工作，后来一个朋友介绍她进入了一家保险公司。经过培训学习，她觉得自己应该可以胜任这份工作，决定在这一行好好做下去。第一次进行陌生拜访时，她去一家公司里寻找客户，推开一家电子公司的门，里面坐着几个人，她走到最外边的一位先生旁边，介绍了自己后就开始提到保险，那位先生眼皮都不抬地说：“出去吧，没看到我现在正忙着吗？”小施觉得自己的脸一下子红了，头脑中一片空白，拿着名片快步走出房间。在路上，她越想越气，你以为自己了不起啊，想买我还不卖给你呢。想着想着又伤心起来，以前自己当医生时，多少人找上门来求自己去看病，如今这些人怎么可以用这种态度来对待自己。

回到公司后，她把情况给主管一讲，主管开导她并答应陪她去拜访一次。于是，第二天她和主管来到电子公司的另一个房间，主管选取最里边一位先生介绍了自己，那位先生也说："我很忙，你以后再说吧。"主管说："张先生，看您工作牌知道您是负责电子管销售的，这么年轻就有这么高地位，我有很多客户以前都提到您这个牌子的电子管质量好，可能有一些还会再次成为张先生的客户呢！您今天忙就不打扰了，您看这周三还是周五比较方便，我再来拜访您。"

仔细阅读上述案例并组织学生分组讨论下列问题。讨论完毕后要求每组派出一名代表对本组讨论结果进行评述，时间不超过5分钟。各组评述后由教师进行总结点评。

1. 为什么客户会提出异议？他们是否没有保险需求？
2. 影响客户投保行为的因素有哪些？
3. 她的主管运用了哪些技巧？
4. 客户投保的决策过程是怎样的？

## 销售工具

1. 保险需求调查问卷

**保险需求调查问卷**

| | |
|---|---|
| 一、您的个人信息<br>1. 姓名：____________<br>2. 年龄：____________<br>3. 性别：__________ A. 男 B. 女<br>4. 婚否：__________ A. 已婚 B. 未婚<br>5. 电话号码：_______________<br>6. 家庭住址：__________________________<br>7. 工作单位：__________________________ | 二、您是否经常外出（包括出差、外勤、旅游）（ ）<br>A. 经常外出<br>B. 很少外出 |
| 三、您对户外活动的参与情况（ ）<br>A. 经常参加<br>B. 很少参加 | 四、您是否驾车（ ）<br>A. 驾车<br>B. 不驾车 |
| 五、您对自己健康状况的满意程度（ ）<br>A. 身体很好<br>B. 目前身体尚可，但也担心患病<br>C. 身体不太好<br>D. 身体很差 | 六、您的个人收入（ ）<br>A. 5 000元/月以上<br>B. 3 000～5 000元/月<br>C. 1 500～3 000元/月<br>D. 1 500元/月以下 |
| 七、您的年收入是如何支配的（ ）百分比/金额：<br>A. 日常消费（包括衣、食、用、交通、通信等）<br>B. 储蓄/投资<br>C. 大宗支出（如住房贷款与购车贷款） 其他（请注明）______ | |

八、您与家人已有社会保险的情况（社保养老、社保医疗等）：

| | 单位/企业提供社保 | 自己交费买社保 | 无社保 |
|---|---|---|---|
| 1．本人 | A | B | C |
| 2．父亲 | A | B | C |
| 3．母亲 | A | B | C |
| 4．其他 | A | B | C |

九、您对下列保险的功能都有哪些需求？（　　）

A．意外保障

B．健康保险

C．养老保险

D．理才/投资

E．保值/储蓄

F．避税

您所选择的上述保险需求中，最重要的三个依次是：（　　）

十、（如果有保障类保险需求）您对保障类保险有哪些需求？（　　）

A．意外身故保险金

B．意外伤残保险金

C．意外伤害的医疗

D．意外伤害的收入补偿

您所选择的上述保险需求中，最重要的三个依次是：（　　）

十一、您目前拥有的商业寿险产品有哪些？

| | 公司名称 | 产品类型 | 保额/保费 |
|---|---|---|---|
| 1．本人 | | | |
| 2．父亲 | | | |
| 3．母亲 | | | |
| 4．其他 | | | |

再次感谢您对×××和我们的业务代表的信任！我们将根据问卷的结果对您及您家庭的保障情况进行认真细致的分析，并为您提供量身定制的理财和保障方案。

2. 保险个人准客户资料卡

**保险个人准客户资料卡**

| | | | | | |
|---|---|---|---|---|---|
| 客户姓名 | | 性别 | | 付款方式 | |
| 学历 | | 年龄 | | 年均收入 | |
| 职业 | | 性格特征 | | | |
| 购买产品 | | 购买日期 | | | |
| 住址 | | | | | |
| 备注 | | | | | |

## 综合实训

借助销售工具中的“保险需求调查问卷”，陌生拜访2～3个客户，分析所访客户的性格类型，然后填写“保险个人准客户资料卡”，思考如何引导客户完成保险产品的销售。

# 项目3
# 探究保险销售模式

## 学习目标

**知识目标**

- 了解保险销售模式变革；
- 了解传统保险销售模式；
- 了解新型保险销售模式。

**技能目标**

- 掌握不同保险销售模式的适用性分析；
- 强化发展与变革理念，探究行业动态。

## 案例导读

**互联网保险的第二战场，复杂人身险线上转化突围**

改革开放以来，我国保险市场改革发展取得了举世瞩目的成就，在全球的份额持续快速提升，展现了巨大的市场潜力和强大的赶超实力。面向未来，互联网保险无疑将成为一支实力突出的生力军。

**一、互联网保险爆发式增长后遭遇瓶颈**

（一）互联网保费收入负增长，行业发展进入冷静期

中国保险行业协会的公开数据显示，互联网保险在2012—2015年的4年间经历了爆发式增长，保费收入增长近20倍，互联网保险渗透率于2015年达到了9.2%。然而从2016年开始，互联网保险保费规模增长明显放缓并开始减少，渗透率连年下滑，到了2018年，渗透率仅有5%，究其原因，主要是受保险业政策影响，给互联网保险行业发展带来短期阵痛，但从长远发展来看，政策调整后的互联网保险行业能够更加健康地发展。

（二）网销健康险逆势增长，长期保险发展迟缓

2018年互联网保险累计保费1 888.4亿元，其中人身险保费1 193亿元，占比63.2%，连续两年保费同比负增长，主要原因是早期的互联网人身险以理财型保险为主，受理财保险监管新政影响，呈现断崖式下滑。

细分不同险种来看，寿险业务2018年保费收入为675亿元，同比减少124.2亿元，降幅15.5%。而健康险逆势高速增长，2018年保费收入同比增长108%，成为互联网保险领域发展的唯一亮点。

不过目前健康险发展仍然以短期医疗险为主，终身重疾险、定期寿险等更有利于保险公司发展的长期险却难以在互联网渠道打开市场，因此如何由短期险转向长期险发展或许是所有保险公司未来最迫切需要解决的问题。另外，如何借助科技手段，有效地将人身健康与投保人特征分析结合起来，行业也在积极探索中。

## 二、复杂人身险线上转化突围

如果把互联网保险看作保险行业销售与服务的阵地，第一战场毫无疑问是以短期保险、场景保险为代表，从运费险到百万医疗，从碎屏险到互联网车险，无一例外，都是极其简洁的产品，件均保费从几分钱、几元钱到几百元不等，它们或者以主商品的附属形式存在，或者以货架形式展现。而对于产品结构相对复杂、件均保费高于千元的人身险产品，则很难在互联网上成交，尤其是长期期交的保障型人身险产品，依然依靠线下代理人队伍的销售，互联网保险是否只适合短期、简单、场景类保险？第二战场是不是存在？有没有发展的逻辑在里面？最近一年多的时间，市场其实是做出了尝试，在一定程度上也给出了答案。

（一）人身险市场需求快速增长——保险产品迅速升级迭代

近几年来，健康险业务取得了非常亮眼的成绩。相对于以死亡为给付条件的寿险，健康险聚焦“健康”似乎更容易为消费者所接受，因此近些年来，不少险企都将健康险作为转型的重点产品。

健康险快速发展的同时，也暴露了一系列的问题，亟待产品供给侧改革：

一是长期健康险占比超七成。站在保险公司的立场上，最受险企青睐的莫过于长期健康险业务，可以为险企带来源源不断的保费收入，增强其稳健发展能力。

二是大型主体公司追求较高死差益。对于一些险企而言，利用重疾险，往往能实现较高的死差益，从而在很大程度上摆脱对于利差的依赖，防止出现利差损，降低现金流风险。部分传统大型险企，利用代理人渠道优势，严格限制理赔条件，严格定义病种释义，有意降低理赔率，从而实现更高的预期死差益。

三是长期健康险稳定性，部分险企重点发力长期健康险，面对激烈的市场环境，在定价上牺牲了部分长期价值空间，产品的长期稳定性不免产生了风险。

四是健康产品迭代快、条款复杂难懂，健康保险涉及众多疾病定义、赔付条件、责任免除、理赔资料审核等复杂条款，消费者与保险公司存在信息不对称、专业不对称，稍不留意就陷入消费误区，引发客户投诉或诉讼。

五是销售人员专业程度参差不齐，易产生有意或无意的销售误导，损害保险消费者利益。

因此，站在消费者的立场上，保险公司应该在健康险产品创新、健康保险条款通俗化、销售人员专业性服务、销售渠道多元化建设、销售成本控制等领域加快升级迭代，切实满足保险消费者需求，保护消费者利益。

（二）代理人渠道亟待转型升级

传统代理渠道模式下，管理层级冗余，成本居高不下，处于金字塔底层的新人每售出一张保单，往往只能获得保险公司为该保单支付的全部销售费用的50%，而剩余的50%则以各种名目给到了处于其上层的管理团队。持续高成本运作，可能增加消费者的成本。

多数基层保险代理人员普遍专业能力不足，对复杂保险产品的理解不专业，导致销售误导现象频发；无法针对客户的个性化需求，量身定制保障方案，导致消费者不满意、社会不认同的现象普遍存在。

随着保险科技的发展，获客、签约、支付过程将更加容易，保险代理人的角色将发生巨大改变。到2030年，活跃代理人进入退休阶段，为提高生产率，人工智能技术开始取代人工，保险代理人的数量必会显著缩减，代理人的角色将转变为过程促成者和产品教育者，将使用智能私人助理优化工作，使用AI机器人为客户发现更合适的保险产品。

（三）保险科技创新开始赋能人身险市场

用户对保险产品的需求提升，但保险产品相对复杂、种类繁多，并且各家公司的产品条款、核保规则、理赔标准有较大差异，形成信息严重不对称。而为消费者服务的保险中介机构水平参差不齐，在一定程度上和消费者利益不一致，尚未从整体上形成专业公正的服务形象。市场上为用户提供高水平的风险分析、投保、核保、理赔服务的资源严重稀缺。

互联网保险销售渠道主要分为官方自营渠道和第三方渠道。相比于官方自营渠道，第三方网络平台拥有更多的用户场景，而专业保险中介能够为用户提供高质量的服务，两者都不仅是销售方式的转变，更是赋予更多互联网保险的核心意义。

特定互联网场景能够一定程度激发用户保障需求，例如，在航旅出行场景下用户购买意外险的意愿更强；在众筹平台下用户对健康保障有更直观的认识，健康险的转化率会相对提升。

因此，拥有优质场景的第三方平台开展保险经纪代理业务具有天然优势，进一步精细化运营、加强与保险公司合作、提升服务质量来维护客群黏度是发展之道。如果脱离了场景，只依靠流量，那么必然会陷入流量争夺陷阱，导致价格越来越贵，转化率却跟不上，同时竞争逐渐趋于同质化，大家都在拼价格、拼费用，却不能给客户带来有价值的服务。相反，如果有了合适的场景，用户对于保险产品的需求更加显性化，因此转化率会好很多，也在保险产品定制开发方面有了竞争力。

互联网保险不仅是通过互联网渠道销售保险产品，产品创新才是互联网保险的核心特质。互联网保险以用户为中心，依托于互联网海量的用户数据，能够重塑传统保险公司原有的产品设计方法、定价方式及承保风控模式。

从保险类型及产品创新来看，以健康险、寿险为主的传统险种也正在经历着互联网的重组再造。在产品设计环节，都在追求最为简单的条款、个性化的产品、碎片化的场景，还有对于长尾客户的普惠需求开发。在定价方面，则追求千人千价的精准定价，并且在风控环节多数据源对接，提高风控的可靠性，以及反欺诈能力，降低不合理的赔付支出。复杂性健康保险，尤其是长期重疾保险和百万医疗保险，因为条款复杂、术语专业、投保要求多、增值服务多，需要在售前、售中、售后提供全面的服务，才能提升客户体验、提升转化效率。

基于AI技术的保险产品售前咨询、保险顾问，以智能客服为代表的AI应用越来越普及；售中的投保核保、保单管理，售后的便捷理赔及客户服务已经开始小范围投放，尤其在理赔核赔环节，对接医疗数据、光学字符识别（Optical Character Recognition，OCR）的使用，大大降低了客户服务的周期，提高了服务的精准度。而在客户服务体系建设上，围绕大健康的增值服务，如预约就医、导诊、电话医生、视频医生、体检、慢病管理等，也被越来越多保险公司采纳。因此，基于AI技术的销售模式创新及服务模式创新，将成为保险企业提高核心竞争力的必由之路。

未来已来，互联网保险的第二战场开始形成，但不可否认的是，互联网不是万能的，互联网作为一种技术、一个媒介、一类渠道，更重要的是一种思想，每时每刻都在探索着更高效率、更便捷的服务、更低的成本、更高的用户满意度，永远以客户为中心，为客户持续带去超出预期的体验！保险行业在复杂的长期人身险领域，是可以借助互联网开辟出一片天地的，但互联网也有局限，如在高净值客户服务、客户关怀等方面，很难做到面对面线下服务那么细致全面。线下代理人渠道、银保渠道，不会因互联网的出现而消亡，反而很可能借助互联网与科技的力量，改进人性的更温暖、更直接的客户触达服务方式，持续升级，最终呈现百花齐放的局面。

（资料来源：节选自亿欧网“保险科技”2019年12月23日发表的文章“互联网保险的第二战场，复杂人身险线上转化突围”，https://www.iyiou.com/p/120815.html，节选时有更新和删改。）

**辩证性思考：**

1. 科技如何促进保险行业的发展与变革？
2. 互联网保险的优势与劣势分别有哪些？
3. 互联网保险可能呈现怎样的发展趋势？

## 任务1　了解保险销售模式

销售模式，是指把商品通过某种方式或手段，送达消费者的方式，市场上运用较多的销售模式分别为直销、代销、经销、电话销售、网络销售、交叉销售等。

保险销售是将保险产品功能充分向销售对象进行说明，并引导销售对象与保险机构达成保险合同的一种行为。目前保险行业销售模式主要包括以直接销售（直销制）和间接销售（中介制）为主的传统型销售模式，以及涵盖电话销售、网络销售、交叉销售等方式的创新型销售模式。其中，传统型保险销售模式曾长期占据我国保险市场的主流地位，直接销售主要是员工直销或网点直销，间接销售包括个人代理、银邮兼业代理和专业保险经代模式等；而创新型保险销售模式近年发展迅猛，对于传统型保险销售模式带来不小冲击，如“互联网+”保险的实力与潜力均不可小觑。随着保险科技被越来越广泛地应用，保险销售模式的创新步伐也会越来越快，有望与传统型保险销售模式形成科学融合、良性共生的发展态势。

选择合适的保险销售渠道并不断优化，对于保险公司的经营管理至关重要，直接制约和影响着保险销售策略制定和执行的效果。我国保险市场竞争日益激烈，一系列新理念、新思路、新方法和新工具不断涌现，催生销售模式的进化与迭代。采取合适的保险销售模式，可以不断扩大承保数量，拓宽承保面，实现保险业务规模经营，满足大数法则要求，保持偿付能力，实现保险公司的经营目标和发展愿景。

## 一、财产保险销售模式

财险公司保险销售主要是采取电话销售、网络销售、交叉销售、员工直销、个人代理、兼业代理、专业中介代理等模式。

### （一）员工直销模式

员工直销模式是指保险公司不通过任何中间商，直接由该企业雇用专门销售人员向客户提供各保险险种的销售和服务。直销渠道面对的客户群体是标的比较集中或标的单位价值量比较大的机关单位或企业，属于集团性消费。

直销渠道在前期需要投入大量的网点建设费、人员培训费及经营管理费，短时间内难以回收成本，不适合刚起步的中小型公司，适合一些财力雄厚、实力较强的财险公司，后者凭借其丰富的销售机构管理经验及业务素质高、专业技能较强的销售团队为客户提供专业理财顾问和风险管理服务。

### （二）个人代理模式

最适合该渠道销售的首先是个险类产品，如车险产品（尤其是家用车产品）；其次就是人身意外伤害保险、家庭财产保险等针对个人或家庭的保障型险种。

### （三）兼业代理模式

我国保险兼业代理市场经过多年迅速发展，在拓宽保险市场、沟通保险人与投保人、满足投保人多样化的保险需求上做出了巨大贡献。但由于保险公司长期以来粗放式的经营方式，对保险兼业代理渠道的监控较弱，使得一些机构不法经营，扰乱了市场秩序。

### （四）专业中介代理模式

经过数十年的发展，保险专业中介依然难成气候，与其错误的市场定位及发展战略有关。大多数专业中介机构不注重对市场环境整体调查，也缺乏对行业政策的研究，靠模仿国外和行业成功经验的经营方式，无法形成自身的核心竞争力。有限资源的高度分散且大部分处于低效与无效状态是保险专业中介弱小的重要原因。

### （五）新型销售模式

随着科技的不断发展，财产保险销售模式打破了传统的单一模式，到了不停创新的阶段，以网络、电话等媒介为手段的新型销售模式迅速形成。全球经济、金融服务一体化进程加快，销售环境的变化，为财产保险销售渠道发展提供了新的环境和机遇。

但值得关注的是，近年，电销财险业务呈现断崖式下滑。早期，由于价格优势等政策扶持，财险电销车险保费收入自 2010 年的 188 亿元快速增长到 2016 年的近千亿元。电销培养了客户比价意识，助推了市场费用，但市场乱象衍生，也让市场费用失控。随着监管部门出台 174 号文件，电销车险数据自此开始衰落。

就网络销售而言，2019 年，互联网车险呈现负增长。据中国保险行业协会数据显示，2019 年上半年，互联网车险业务呈现负增长状态，互联网车险业务保费收入共 144.66 亿元，同比负增长 18.12%，与 2018 年恢复性增长态势相比，下降了近 40 个百分点（2018 年同比增长 20.03%）。

## 二、人身保险销售模式

当前，人寿保险业采取的销售模式呈现出以个人销售模式为主导、兼业代理逐渐兴起、专业代理艰难发展、新兴销售模式不断出现的特点。

### （一）个人销售仍然占据主导地位

个人销售模式经过多年的发展，目前，已经成为绝大多数保险公司最主要的销售模式。由于我国寿险销售制度建立的时间比较短，法律法规建设相对滞后，监管体系正在逐步完善之中，个人销售制度存在一些问题。

（1）个人代理人法律地位不明确。《保险法》规定，保险公司与个人代理人之间是委托与被委托的关系，个人代理人在保险公司授权范围内从事销售保单和收取保险费的业务，不存在雇佣与被雇佣的关系。然而，保险公司在实际管理中，普遍采取了介于员工与代理人之间的管理模式。这种法律关系的模糊，引发了一系列问题，如个人代理人不能享受国家规定的社会基本保障。

（2）存在误导客户的行为，产生诚信危机。个人代理人实行佣金制。代理人按照销售保费提取佣金，没有固定的收入来源，容易导致一些代理人为了自身利益，违背最大诚信原则，误导客户。

（3）代理人队伍整体素质有待提高。由于销售制度建立之初，保险监管缺失，大部分公司均采取“人海战术”，通过代理人队伍快速扩张以达到保费快速增长、扩大市场份额的目的，代理人队伍从业门槛低，给行业发展带来一定负面影响。

### （二）兼业代理销售模式的兴起

进入 21 世纪，以银行保险为代表的兼业代理销售模式逐渐兴起，并迅速成为人寿保险公司销售的重要渠道。随着我国金融机构经营业务的不断融合，银行与保险公司呈现金融集团化发展的趋势，银行与保险公司的合作将进一步深化，将出现银行与保险相互持股，银行自行设计推出自身的保险产品也成为一种趋势。

### （三）专业代理艰难发展

专业代理公司自产生以来，一直在夹缝中艰难发展。一方面专业代理公司面临保险公司个人代理人销售队伍的压力，另一方面面临银行代理等新兴销售模式的挤压，生存空间狭窄。因此，专业代理公司并没有成为各家公司主要的销售模式。

## 三、保险销售模式变革

近年来，伴随着社会结构转型、国民财富增长和数字经济发展，客户需求的底层逻辑已悄然发生深刻变化。由过去盛行的“人海战术+产品运作”，到现在更加注重“队伍建设+客户经营”，这使得行业在粗放式发展阶段所采取的要素驱动和效率驱动模式，已经表现出增长乏力、后劲不足的问题，唯有深刻洞察底层逻辑变化，才能赢得主动。未来，坚持“以客户为中心”，聚焦自身能力构建，走精细化、高质量发展之路，才是行业激活增长动能，实现韧性前行的前提基础。

### （一）需要打造无缝隙的客群覆盖与触达能力

传统模式下，客户触达方式较为单一，覆盖客群相对固化，而且范围较窄，需要保险公司突破传统思维，构建多层次、多元化的客户触达方式，解决“客户从哪里来”的问题。在互联网消费浪潮之下，互联网保险以客户需求为中心的产品设计理念，配合高流量的消费场景，加上便捷的全流程线上体验，为保险公司带来了许多曾被忽略或难以触及的客户，客群覆盖与触达能力得到显著提升。当下“内容+教育+社群”平台经营、“网络互助+保险销售”转换模式，开始受到越来越多的机构、代理人的关注。监管部门也在酝酿出台互联网保险业务监管办法。可以预见，互联网将以更高效率提供更便捷的服务，以更低的成本创造更高的客户满意度，为客户持续带来超出预期的体验。

### （二）需要打造无偏差的客户需求识别能力

传统模式下，市场开拓主要依靠产品运作与人力发展，常常忽略客户需求，使得行业同质化竞争严重、供需错位问题突出。未来，随着消费者主权意识崛起，脱离客户需求的产品主导、渠道主导的模式，将陷入越来越严重的市场失焦和销售失语的困境。需要保险公司构建起对客户需求洞察的能力，构建先于客户发现其真实需求的能力，这是“以客户为中心”的起点，解决“客户想要什么”的问题。

对于个险渠道来说，盲目的需求问询和产品推荐，相较以往将更易消耗客户耐性，错失客户接触机会，后端对于代理人的赋能愈发重要，需要及时向代理人告知客户需求特征，提示在不同阶段应该给不同客户推荐什么样的产品与服务，以求最及时、最准确地对位客户需求；银保渠道在价值转型过程中，同样需要更准确地识别银行销售场景下的保险需求，使保险产品能够有效对接银行客户的风险管理和财富管理需要。其中考验的是保险公司有没有强大中台以“稳态+敏态”，支持优质的销售团队活跃于各种场景。

### （三）需要打造无漏损的客户需求对接能力

随着消费者保险意识的觉醒和消费需求的升级，保险需求逐渐表现出多元化、个性化特征，并更加注重消费体验，传统的产品开发模式和需求响应模式已难以有效满足需求，产品种类单一、服务大同小异，已成为影响行业高质量发展的制约因素。需要保险公司不断创新，完善产品服务体系，强化需求响应能力，这是“以客户为中心”的落脚点，解决“能否满足客户所需”的问题。在产品设计上，应做到责任清晰化、条款通俗化、定价透明化，有能力基于客户需求，对产品进行灵活的拆分与组合；在需求响应上，应做到方案客制化、交付实时化、服务人性化，随时随地根据客户所需，匹配专属化、定制化、灵活化的产品与服务。

我国保险行业经过四十年的高速发展，取得了辉煌成就，已经成为世界第二大保险市场，但保险密度和保险深度距离发达保险市场仍然存在较大差距，这也是我国保险行业未来增长最直观的想象空间。2020 年我国人均 GDP 超 1 万美元，这是发达国家寿险业发展进入快车道的标志性节点。谁有能力触达客群，谁有能力识别需求，谁有能力提供适配的产品与服务，谁就能更好地抢占标的扩容空间，对各家公司来说，这无疑是面临的重大机遇和挑战。

## 延伸阅读 3-1

**打造平台化保险产业生态圈**

生态圈是一种新的商业模式，是指公司通过建立合作跨越传统的行业界限，建立以客户为中心的协同网络，提供满足特定场景中客户各种需求的一系列服务。据麦肯锡预计，围绕个人和组织的需求，到2025年将出现12个庞大的生态系统，覆盖30%的全球收入。各保险、再保公司也纷纷提出生态圈战略，保险生态圈正跳出原来的边界，迅速和其他生态圈进行融合，涉及出行、健康、财富保障、住房、B2B等领域。

实施生态圈战略的落地点还是在搭建平台上。生态圈涉及多方角色的参与协同，包括跨行业、跨产业链参与者，因此往往由各种平台和多元物种组成，需要依赖数字化的平台提高匹配效率，形成网络效应，促成集成合作。此外不同的生态圈可以相互促进，如通过“同一个账户”的客户门户网站实现客流量共享。

1. 加快战略布局生态圈

保险企业打造生态圈需要考虑角色定位和切入的重点领域方向。

第一是角色定位。保险公司在生态系统中扮演的角色可以是协调撮合方、共同发起方或者参与者（保险服务提供者），保险公司应根据自身资本实力、行业话语权和科技能力选取。大型保险公司可以作为主导者布局生态圈战略，建立场景化的生态圈模式。中小险企则可以作为生态圈参与者提供保险服务。生态圈模式是多方共赢的商业模式，但生态系统的发起者显然具有更大的话语权和更强的盈利能力。

第二是切入方向。多数情况下生态圈战略是逐步往外衍生的，因此公司应分析自身的优势和发展前景，选取合适的重点领域方向。互联网保险公司可借助科技优势和背靠的集团资源，优先打造金融生态圈、汽车出行生态圈等新兴方向；传统的保险公司则可以利用丰富的人身及健康险数据，加之政府支持和医疗服务机构的资源关系，重点打造医养生态圈等。

2. 平台生态圈战略实施路径

根据复杂程度、所需资源和掌控力由高到低排列，保险公司平台化战略实施路径可分为自建模式、股权投资、战略联盟、商业合作四种模式。

自建模式是指自建覆盖生态圈各环节的产品和服务，要求集团资本和科技实力雄厚，行业布局较为全面。典型代表是平安集团，旗下平安银行提供金融服务和支付系统，通过控股收购汽车之家掌握了80%的汽车流量，并在内部孵化了平安好车主、平安好医生、平安好房等，覆盖了出行、医疗健康、房产等主要生态场景。自建生态圈有利于平安掌握核心技术、业务场景和流量入口，成为生态圈的主导者。

对大部分保险公司而言，则需要综合运用股权投资、战略联盟、商业合作的方式，布局生态圈。

3. 保险公司可布局的生态圈类型

（1）医养生态圈。布局医疗健康养老生态系统是未来保险行业生态圈战略的主战场。一方面，保险与医养产业结合具有资金、产品、同类客户等先天优势；另一方面，两个行业都具有极大的信息不对称性特征，恰能通过平台化解决此问题。保险公司通过建立平台，实现与第三方健康管理机构（包括医疗机构、设备生产商、养老护理机构等）的信息共享、利益共生、激励相容机制，切入医疗服务管理、医疗服务供给、医疗产品分销甚至医疗产品生产环节，构建以保险为核心的生命健康管理生态。

（2）出行生态圈。出行领域的保险生态化布局相对成熟。以汽车生态为例，大部分保险公司都提供保险服务外的增值服务，如车主服务、汽修服务等，从而打造一站式生态系统。车险理赔和强大的送修能力，有助于保险公司把握汽车后市场的核心入口。由保险公司、汽车生产商、汽车修理商及数字化平台构成的汽车生态圈，扩展了车险产业链，能够提升保险企业在汽车领域的获客留客能力，反哺汽车保险主业。

（3）消费金融生态圈。消费金融是金融市场里面最早发展到生态阶段的分支领域。该行业分工专业化、协同效应明显，资产端到资金端链条长、交易结构复杂、参与方多元，市场集合能力重要。保险公司作为金融生态圈中风险分散和数据集成的重要角色，可以通过平台的风险管理能力，将信贷服务机构、资金服务机构、各类第三方的专业服务机构等连接起来，成为金融生态圈的协调者。例如，众安保险通过"保贝计划"整合资产端和资金端：在资产端，众安保险为借款用户提供信用保证保险；在资金端，众安保险为资金方提供系统搭建、数据分析、风控管理等服务，提供技术输出和科技赋能。

（4）农险生态圈。农业保险生态圈通过平台构建了农业生态系统的服务网络，使得农业保险渗透到整个农业体系中。农业生态圈协调者需要为规模农业经营主体提供一站式全方位服务，并提升了农险销售能力和数据积累。例如，平安保险通过信息管理平台、农险销售平台、农资电销平台和气象价格等数据查询平台等，为农户提供从农业生产到农产品销售的全产业链服务。此外，农险生态圈协调方还要具备一定的政策性支持能力和资源能力，除了满足自然风险、市场风险等各种保险需求，还可以吸引遥感技术服务商、病虫害专业治理服务商、农机服务机构等参与。

4. 再保险公司是推动平台化商业模式的重要切入点

相比直保公司，再保险公司在搭建平台和生态圈战略上具有优势。一是再保险公司有更全面的市场数据和风险定价能力，具备建立数字化平台的核心优势。二是再保险公司处于产业链上游，与直保公司接触广泛，在推动行业合作方面具有资源优势。三是再保险公司有较强的资本实力实现收并购操作，更利于纵向延伸产业链、横向布局生态圈。

（资料来源：节选自亿欧网"保险科技"2019年12月29日发表的文章"打造平台化保险产业生态圈的四种模式"，https://www.iyiou.com/p/121194.html，节选时有删改。）

## 任务2　分析传统保险销售模式

传统保险销售模式主要是直销制与中介制。直销制是公司员工直接接触客户并向客户销售保险商品，保险中介制是指保险公司利用个人代理人、兼业代理人、专业代理人和经纪人向客户销售保险商品的方法。

# 一、员工直销

员工直销，又称公司直销型或大项目型，即通过公司在编外勤人员开展保险销售业务，主要销售的是团体业务和大项目业务。销售人员在享有底薪和福利之外，根据销售业绩提取手续费。从总体上看，该渠道业务大致占总业务量的 20%以上。目前，财险公司主要采取这种销售模式。

## （一）员工直销的特点

（1）员工归属于公司，与公司签订正式劳动合同，享受公司的工资福利待遇，公司对员工负责。

（2）客户资源归公司所有，不归个人和团队所有，员工负责开拓和维护。

（3）员工服务于客户，以客户为中心，用心经营是公司客户服务的有效渠道。

（4）员工直销稳定性强，和个人代理人销售价值取向不同，具有长期性。

（5）员工直销一般开拓的是一些大型项目和团体业务，需具备较高的个人能力和专业技术水平。

（6）公司对员工的要求较高，需具备较高学历和高素质，需经过正式考试录用。

## （二）直销员工的工作职责

（1）拜访客户，销售保单，收取保费。

（2）收集市场信息，了解客户需求。

（3）发挥初级核保人的作用，保证承保质量。

（4）应收保费、续保业务的跟踪、落实和分析。

（5）协助客户服务工作。

（6）完成公司交办的其他工作。

## （三）员工直销的优势

1. 有利于树立良好的品牌形象，创造更大价值

直销渠道能够避免与客户沟通的中间环节，直接搭建起与客户沟通，交流的渠道，从面对面沟通中可以发现客户的需求，更为便捷地回答客户疑惑，处理客户异议，从而及时为客户提供全方位服务，从专业角度出发为客户提供适合、科学的保障计划，能有效避免中间渠道从业人员由于技能不足或利益导向产生的销售误导，根据客户的需求变化及时调整，在不断交流中提升客户满意度和忠诚度，充分发掘客户潜在需求并转为自发行动，使销售人员与客户之间的交流形成良性循环。

2. 有效降低业务成本

直销渠道减少了中间环节，从而减少了利益分配的主体，服务直接由公司到客户，

为投保人降低了交易成本，为保险人争取了更大的利润空间。

3. 减少违法、违规现象发生

保险公司对代理公司的影响程度很低，缺乏体系化的法律监管，加强直销渠道建设，加大直销业务渠道占比，能一定程度上规避和减少从业人员因中介业务违法、违规而遭受处罚的风险，从而提升保险从业人员口碑。

4. 能为客户提供更专业的服务

直销渠道的员工培训力度较大，与代理制员工相比学历也较高，因此这部分人多数拥有较高的专业技能，能为客户提供更专业的服务。

### （四）员工直销的弊端

1. 业务占比低，渠道弱化

随着财险市场主体的快速增多，保险公司销售渠道也发生了重大改变。传统的直销渠道日渐弱化，保费占比较低，基于考核的压力，一些公司存在重总体规模、轻业务结构的思想，一味追求保费增长速度，而不顾公司长期发展，短期行为多，长远打算少，导致直销渠道人才缺乏，渠道弱化。

2. 异化程度严重

传统的直销渠道业务是直接属于公司的业务，公司只需要花费一些展业公关费用和对有关人员的奖励费用。但事实上，现存在直销渠道员工从市场上其他渠道买业务的情况，在监管日益严格、处罚力度空前加大的今天，一些保险从业人员违规操作，铤而走险，通过变换业务来源渠道来获取费用补偿，说明现在的直销渠道业务出现了严重的异化。

3. 渠道产品单一

由于直销渠道主要面对团体大客户，所以提供的保险种类是相对固定的，品种较少，对客户提出的其他保险需求可能无法满足，需要将客户转到其他渠道进行销售服务，给客户带来不便。

## 二、个人代理人销售

个人代理人是指根据保险人的委托，在保险人授权的范围内代办保险业务并向保险人收取代理手续费的个人。个人代理人自 1992 年由友邦保险引入国内后，就成为寿险最主要的销售渠道之一。数据显示，短短二十多年时间，单从销售人员数量上讲，中国几乎赶超了国外成熟市场几十年甚至上百年的时间历程，截至 2018 年年底，全国保险销售人员共计 871 万人。

### （一）个人代理人的作用

保险代理制的实施和保险代理人的出现，为完善保险市场、沟通保险供求、促进保险业发展发挥了重要作用。

（1）直接为各保险公司收取大量保险费，取得可观的经济效益。

（2）保险代理人的展业活动渗透各行各业，覆盖了城市乡村各个角落，为社会各层次的保险需求提供了最方便、最快捷、最直接的保险服务，取得了巨大社会效益。

（3）直接有效地宣传和普及了保险知识，对提高和增强整个社会的保险意识起到了积极作用，进一步促进了我国保险行业的蓬勃发展。

（4）保险代理的发展能容纳大批人员就业。随着我国保险行业不断发展，保险代理人队伍将日益扩大，从而在安置就业方面发挥一定的积极作用。

### （二）个人代理人的业务范围

个人代理人的业务范围是：财产保险公司的个人代理人可以代理家庭财产保险、运输工具保险、责任保险、意外伤害保险、健康保险和被代理保险公司授权的其他险种；人寿保险公司的个人代理人可以代理个人人身保险、个人人寿保险、个人人身意外伤害保险和个人健康保险等业务。保险集团公司内部的财产保险公司、人寿保险公司、健康保险公司在获得保险监管机构批准后，子公司之间相互开展交叉销售业务，个人代理人的业务范围也有所扩大。

### （三）个人代理人的工作职责

（1）负责代理销售保险产品，向消费者宣传保险知识。

（2）帮客户分析个人财务需要，设计保险方案，制订保险计划。

（3）协助客户办理相关投保手续（签订投保单、保单送达、保单保全、保费收取）。

（4）根据客户的需要，为其提供优质的售后服务。

（5）定期回访老客户，发掘潜在客户。

（6）被保险人出险后，协助其向保险公司进行理赔等。

（7）为保险公司收集市场信息。

### （四）个人代理人的销售方法

#### 1. 陌生拜访法

陌生拜访是面向陌生人开拓准客户。面对陌生群体的准客户，通过沟通交流，产生信任之后，可以发展为客户，并且在很多情况下可以和客户逐渐成为朋友，但前提条件是要主动认识陌生人，要求保险销售人员必须学会与陌生人交谈、相互了解，获取对方个人信息和联系方式，以便保持后续联系。

#### 2. 缘故法

在原来认识的朋友中寻找准客户。向身边亲朋好友普及保险的功用，通过演示产品分析与制定保险规划，让其拥有适合自身的风险保障。如果对方不能认识到保险的意义与价值，就很难建立信任，这就要求保险销售人员具备一定技巧，让身边亲朋好友感受到购买保险对于自身的真实利益与价值所在，而且是当下值得马上付诸行动的事情。

3. 转介绍

通过朋友和服务的客户介绍其周围的朋友购买保险。前提是保险销售人员必须重视客户关系经营，诚信为本，客户至上，付出真诚，赢得客户信任，并且该客户在其朋友圈中也拥有足够高的信任度，这样转介绍才能产生实际意义。通常保险销售人员会利用向客户服务的适当时机争取转介绍的机会，也可以发动亲戚、朋友、同学等圈层的影响来介绍新客户给自己认识。

4. 产品说明会

产品说明会能够在较短时间内集中较多准客户，通过大量销售信息的集中宣传，使准客户对产品各方面的特性及优势产生全面深刻的认识，从而有效提升销售业绩。产品说明会是保险公司使用较多的一种销售模式，但弊端也较为明显，比如，如果前期准客户积累不足，或者保险销售人员自身销售能力不强，或者保险营销团队的基础管理不扎实，举办产品说明会就很难产生令人满意的实际效果。

### （五）个人代理人销售的优势

1. 数量庞大，了解客户需求

个人代理人队伍数量庞大，为客户提供一对一的保险服务，这是其他保险渠道销售人员所无法提供的。保险代理人对公司产品和卖点十分了解，且长期和客户直接接触，对客户的需求也非常熟悉，基于对公司、产品和客户的多重认知，往往能够设计出最为匹配客户实际情况的保险保障方案。

2. 能降低公司成本投入

保险公司通过个人代理人服务来取代大面积的自有营业网点和服务机构，能够为公司节约一大笔固定成本，提升经营的灵活性。并且，个人代理人薪酬由保险公司基本法决定，主要来源于与业务相关的手续费收入和与增员规模相关的管理津贴，相对节约了人力成本。

### （六）个人代理人销售的弊端

1. 易造成销售误导

保险个人代理人准入门槛较低，素质参差不齐，对公司的归属感和忠诚度有限，且流失与新增速度较快，容易出现赚快钱的短期行为。由于客户对产品的认知通常来自代理人的讲解，如果代理人为了促成保单而夸大收益或夸大保险公司的保险责任，刻意向客户曲解保险条款，甚至承诺保险以外的利益，不仅违反法律法规，也将严重影响代理人在客户心中的职业形象。

2. 人员留存率低导致销售成本提高

如何有效增员及提升代理人留存率是保险公司普遍面临的难题。保险公司不断提高增员力度、加大增员投入，但是由于个人代理人的收入待遇体系不完善，社会职业认可度有待提升，流失率依然保持高位。反复的人员流入流出容易导致销售队伍不稳，无形之中增加了保险公司的招聘成本、同业引进成本及培训成本。

## 三、兼业代理

保险兼业代理机构是指在从事自身业务的同时，根据保险人的委托，向保险人收取保险代理手续费，在保险人授权的范围内代办保险业务的单位。例如，银行、汽车经销商、汽修厂都是保险兼业代理的主要群体。截至 2018 年年底，全国共有保险兼业代理机构 3.2 万家，代理网点 22 万余家。

### （一）兼业代理的条件

（1）具有法人资格或经法定代表人授权。

（2）具有符合相关资质的专人从事保险代理业务。

（3）有符合规定的营业场所。

（4）必须持有“经营保险代理业务许可证（兼业）”，方可从事保险代理业务。

### （二）兼业代理的形式

目前，中国保险兼业代理人的形式主要有以下四种。

1. 金融机构兼业代理

利用银行、邮政储蓄机构、信用社、证券等金融机构与各行各业接触广泛的特点，在其柜台为客户代办保险业务。这种形式最常见的是银代，即银行作为中介人代理销售保险公司的产品，起步于 1996 年，成为兼业代理销售的主渠道。

2. 行业兼业代理

利用某一行业对保险的特殊需求及该行业业务开展的便利条件为保险人代理保险业务，如旅行社代理客户旅游险、铁路部门代理货运险、民航部门代理民航旅客意外险、汽车销售商代理销售机动车辆保险等。目前，汽车经销商代理业务占财险总销售保费收入的 30%左右。

3. 企业兼业代理

企业主管部门受保险人委托兼办下属企业的保险业务，或者企业代办企业内部职工的保险业务，如企业代理开展职工个人的各种人身保险业务、家庭财产保险等。

4. 社会团体兼业代理

通过某些社团组织的特殊职能进行保险业务的代理。诸如通过计划生育协会代办母婴安康保险、通过个体劳动者协会代办人身保险或财产保险等兼业代理形式。

### （三）兼业代理的主要模式——银行保险

银行保险，主要由银行、邮政、基金组织及其他金融机构与保险公司合作，通过共同的销售渠道向客户提供产品和服务。银行保险体现出银行与保险公司的强强联手、互联互动，这已成为中国保险业重要的销售渠道，同时成为银行中间业务收入来源。

1. 银行保险的特点

与传统的保险销售模式相比，银行保险最大的特点是能够实现客户、银行和保险公司的“三赢”。对于消费者而言，银行保险是一种可以通过银行柜面或理财中心进行的简单、便捷的购买方式，具有诸多特色。对银行来说，可以通过代理销售多样化的产品，提高客户满意度和忠诚度，同时增加中间业务收入。对保险公司来说，利用银行密集的网点可以提高销售并且降低成本，从而可以以更低的价格为客户提供更好的产品。

2. 银行保险合作模式

在银行保险的合作模式方面，不同国家不同金融机构呈现出不同特性，包括以下几类：一是银行代理模式，保险公司提供产品，银行提供销售渠道，收取手续费；二是战略伙伴关系，银行与保险公司建立密切的联系，签订较为长期的合同，银行除了收取手续费，还分享保险业务的部分利润；三是银行入股保险公司，通过股权纽带参与经营保险业务。

3. 银行保险网点经营与维护

银行保险网点经营与维护是指在银行保险业务开展中，银行保险客户经理在对所辖银行网点代理销售保险产品的经营活动进行计划、组织、实施、推动的过程。

（1）网点经营与维护的策略。一是选点策略，抓住重点网点、重点柜员，考虑以下因素，首先，网点自身在系统内的排名，网点存款量，中间业务历史表现是否良好，网点客户资源是否丰富，周边小区是否较多；其次，网点负责人是否积极支持保险业务的开展，网点整体销售保险工作氛围是否融洽，网点人员的销售意愿和技能是否较强；最后，其他保险公司与该网点曾经合作的业绩是否较好。

二是产品策略。例如，同业竞争激烈的网点：以趸交产品为主打，辅助期交产品销售；独家经营的网点：趸交与期交并重，趸交建立销售信心，期交提高销售技巧；手续费竞争激烈网点：以期交产品为主，对抗手续费较高的压力；手续费竞争较弱网点：以趸交产品为主。

三是销售方式策略。例如，创业型的客户经理往往把主要的时间和精力放在网点上。

（2）网点经营激励。首先是激励信息收集，通过支行个金经理、网点主任、重点柜员沟通交流收集同业在网点内各层面的激励政策，了解银行人员所希望的激励；其次将信息上报渠道经理和公司，并提出自己的应对措施和初步设想；再次和公司一起制定激励方案；最后正确有效宣导激励方案，鼓励柜员达成各阶段竞赛目标。

（3）网点经营维护技巧。要做好销售支持，单证、宣传品、海报等培训后及时送达；提供及时的辅导帮助、中肯的建议、独到的见解；帮助、辅导、监控出第一单；手续费要及时发放；注重售后服务的时效性。

4. 银行保险产品销售

（1）银行人员销售。银行人员销售是指银行人员在网点直接向客户面对面销售，这是标准的代理销售模式。销售区域应在银行营业场所内，保险公司人员负责向银行提供培训、单证交换、协助银行做好售后服务。这种模式适用承保风险相对单一、客户同质化程度较高的简单标准化产品。

（2）保险顾问销售。保险顾问销售是指银行人员寻找目标客户后介绍给保险公司专业人员，并参与实现销售。根据规定，保险公司的专业人员不得派驻银行网点，应在业务机会出现时赴银行进行销售，禁止假冒银行人员销售。这种模式适用于承保风险相对复杂、客户同质化程度较低的非标准产品。

（3）银保合作直复销售。银保合作直复销售是指银行和保险公司合作开展电话销售、网上销售等模式。根据规定，电话销售人员应当是具有从业资格的银行人员。电话销售可采取呼入或呼出方式，适用简单标准化保险产品；网上销售一般通过银行的互联网主页平台向客户提供产品、实现销售，适用的保险产品相对丰富多样。

5. 银行保险的优势

（1）借势，充分利用银行的客户资源与渠道，借用金融机构的场地、人员和柜台，使保险公司产品销售成本降低，也不必管理销售人员，同时能充分利用银行资金结算的优势，降低经营成本，提高经济效益，更有针对性地服务目标客户。

（2）信任，即充分利用银行的国民信任度，与保险行业相比，银行在企业声誉上有着不可比拟的国民信任度，尤其是在中老年客户群体中具有良好的声誉，保险公司借助银行的品牌与形象优势，减轻客户对保险的戒心，提升客户了解并购买保险产品的意愿，相当于对银行已有的基础客户群体进行二次开发。

（3）信息丰富，银行掌握着大量的市场信息，不仅可以根据客户需求，考察保险公司、选择保险产品；同时可以将市场需求信息提供给保险公司，便于其根据需求开发新的保险产品，是保险公司收集市场信息的重要渠道。

6. 银行保险的缺点

（1）声誉风险，由于部分从业人员技能不熟，责任心不够强，盲目追求代理收益最大化等原因，忽视客户需求与产品适应度，盲目推荐产品，向客户做出夸大收益或承诺保险以外的其他利益，甚至将银行储蓄与保险产品混合销售，误导消费者，导致保险公司声誉受损。

（2）模式简单，产品单一，同为金融企业，保险与银行在资源共享和产品开发方面的合作相对匮乏，对于客户综合金融服务需求的满足程度还比较低，业务融合度不高，大量资源亟待开发。

（3）销售队伍管理问题，由于银保业务在银行所提供的服务中占比较小，银行缺乏对相应业务人员的相应管理，培训考核也很难与市场发展相匹配，长此以往会降低管理的有效性。

（4）渠道成本高，利润较低，银行作为兼业代理一般同时与几家保险公司签订兼业代理协议，拥有自主选择保险公司及主推保险产品的权利，各大保险公司为了最大限度争取业务，常常造成银行渠道保险销售价格战，导致渠道成本提高，利润降低。

## 四、专业经代模式

专业经代模式即保单销售不使用传统意义上的个人保险代理人，而是通过保险代理公司和保险经纪公司经销代理，由中介公司提供专业咨询和分析服务，为消费者选择合适的保险商品。截至2018年年底，全国累计共有保险专业中介机构2 647家，其中中介集团公司5家，全国性保险代理公司240家，区域性保险代理公司1 550家，保险经纪公司499家，已备案的保险公估公司353家。

### （一）专业保险代理人

专业保险代理人是指专门从事保险代理业务的保险代理公司，其组织形式为有限责任公司，它具有独立的法人资格。

1. 专业保险代理人业务范围

（1）代理销售保险产品。保险代理公司通过多种渠道向企业和个人进行保险宣传，招揽保险业务，与其他保险代理人相比，保险代理公司代理行为更具专业性和规范性。

（2）代理收取保险费。收取保险费是保险代理公司经营的重要内容，应当开立独立的代收保险费账户进行结算；同时，应根据保险代理合同的约定，及时将保险费划转给保险公司；还应当建立专门账簿，记载保险代理业务收支情况。

（3）代理相关保险业务的损失勘查和理赔。当保险代理公司客户出险后，保险代理公司应利用其熟悉客户情况的优势协助保险公司进行损失的查勘和理赔工作，可以更方便、快捷地提供保险售后服务。

2. 专业保险代理人的特点

保险代理公司具有不同于其他代理人的特点。

（1）组织机构健全。保险代理公司必须依照有关法律法规的规定设立，经保险监督管理机关资格审查，领取经营许可证，并向工商行政管理部门注册登记。

（2）专业技术人才集中。保险代理公司利用其业务专长和技术优势，可以有针对性地推动保险业务向纵深发展，不仅为投保人和被保险人提供更加完备的服务，也降低了保险公司的营运成本，使保险公司的经济效益相应提高。

（3）经营管理专业化、规范化程度高。保险代理公司受保险公司委托与被保险人办理保险业务、提供中介服务，包括宣传和销售保险产品、收取保险费、协助保险公司进行损失的勘察和理赔等，体现专业化和规范化。

（4）节省保险公司经营成本。主要节省保险公司招聘、培训、管理保险代理人的成本，有利于保险公司提升资源利用的效率。

### （二）保险经纪人

保险经纪人是基于投保人的利益，为投保人与保险人订立保险合同提供中介服务，并依法收取佣金的单位。在同客户签订委托协议后，由保险经纪公司组织市场询价或招投标，选择综合承保条件最优越的保险公司作为承保公司。在与保险公司的谈判中维护客户利益，争取对客户最大优惠。此外，保险经纪人还协助客户制定保险以外的全面的风险管理计划。

一般来说，保险经纪人具有三种组织方式：个人制、合伙制和公司制。

根据委托方的不同，保险经纪人可以分为狭义的保险经纪人（原保险市场的经纪人）和再保险经纪人。

#### 1. 保险经纪人的工作职责

（1）发现潜在客户的保险需求，争取成为客户认可的保险经纪人。

（2）对客户面临的风险进行调研、查勘，提供风险评估报告。

（3）对客户面临的风险制订风险管理方案，其核心为保险方案。

（4）协助或代表客户进行保险采购，选择合适的保险人和保险方案。

（5）协助客户办理投保、交费等手续。

（6）审核保险协议、保险合同、保险单等技术文件。

（7）对客户保险相关人员进行保险培训，告知保险方案内容、被保险人义务、保险报案方式、保险公司及经纪公司联系人等重要保险事宜。

（8）发生保险事故后，协助客户报案、收集报案材料、查勘现场、代表客户与保险公司谈判等。

（9）日常联系、定期报送保险服务情况等其他工作。

#### 2. 保险经纪人展业

保险经纪人不同于保险代理人，保险经纪人是投保人的代理人，对保险市场和风险管理富有经验，能为投保人制订风险管理方案和物色适当的保险人，是保险展业的有效方式，有利于克服保险市场中信息不对称的问题，提升保险水平，提高保险消费者获得感，进一步维护投保人的利益。

因此，“经代渠道”会越来越被保险公司和老百姓接受认可，成为今后保险市场的主要销售手段，不仅能帮助保险公司做到专业分工、产销分离，大量地降低固定成本、节省开支，还能为消费者提供公开公正的资讯、丰富开放的选择，打造“保险超市”的优越购买环境。消费者到经代公司购买保险产品，可以最低的成本取得最高的效益。

3. 我国保险经纪发展的不足

（1）公众认可度不高。我国保险经纪发展较晚，普通群众甚至无法区分保险经纪和保险代理，容易受到保险代理负面消息的影响，对保险经纪也存在不信任的心态，不愿主动了解。

（2）业务范围不清。目前保险经纪公司人员素质参差不齐，规模不大，发展程度较低，有的保险经纪公司主要收入来源并非主营业务收入，容易带来负面影响。

（3）市场监管不足。专业代理渠道内部竞争激烈，法律法规的监管有待进一步加强，需要形成更加完备的保险经纪市场监管体系。

### （三）影响保险代理和保险经纪模式选择的因素

1. 国民保险意识

保险代理与保险经纪同为专业的代理机构，国民保险意识是影响选择的重要因素，在国民保险意识较弱时一般优先发展保险代理，反之，则优先发展保险经纪。

2. 保险市场特征

一个区域保险公司的数量及市场竞争程度对代理机构的选择也有极大影响。在保险公司数量较少，甚至由少数保险公司垄断的市场上，市场自由度较低，保险经纪自由选择的余地很小，此时发展保险代理较为合适。例如，在我国，保险发展的历史仅有短短几十年，保险公司的数量和实力还有极大发展空间，此时重点发展保险代理更为适宜。

3. 保险监管重心

如果监管重心在于保险偿付能力，对经纪公司需求较多；如果监管重心在市场行为，会削弱服务投保人多样化需求的能力，经纪人发挥的空间较小，应以发展代理人为主。

## 延伸阅读 3-2

### “互联网+”背景下保险销售模式变革研究

在传统的保险销售模式中，销售渠道除保险公司自有销售团队外，均是采用各种形式的保险中介来完成的。由于保险市场信息不对称，保险中介公司在客户和保险公司之间充当媒介作用，同时通过规模经济降低协调成本，从而为客户和保险公司带来经济价值。在“互联网+”背景下，保险销售是通过构建“数据产生”“数据采集和传输”“数据处理应用”三大基础环节及其良性循环来替代这个流程的。

（一）“互联网+”的“数据产生”与保险销售“触及客户”环节的契合

传统销售中的“触及客户”，主要是通过公司人员来完成的。而保险公司想要通过数据“触及客户”，分析预测用户或者标的物，用户的行为或标的物的行为状态的数据化是最基本的条件，移动智能终端则满足了这一条件。以移动智能终端为代表的科技创新在“触及客户”的环节，对保险销售的最重要贡献就是为保险公司与客户“面对面交流”的实现，提供了让客户“随时随地开口说话”的可能性。

移动设备、智能穿戴、智能家居、车联网等新技术通过将客户行为完整的数据化，成为客户的“耳朵和嘴”。他们通过自身携带的各类传感器检测客户的行为习惯并记录。同时，各大公司也提供网站、App 等平台到各个设备上，供客户方便地体验和使用，客户在使用过程中相当于主动提供了自身的想法、喜好等数据。这种主动和被动的数据化客户，实现了让客户可以从不同地点时时检索与发送信息，直接提升了客户“表达自己想法”的能力，公司可以接收到客户最直接的回应。保证公司在保险销售过程的每个阶段减少成本并增加与客户的直接接触。基于此项技术，保险公司可以方便地为客户提供更多高效定制化的服务。

（二）“互联网+”的“数据采集和传输”与保险销售“连接客户”环节的契合

“触及客户”后，就需要跟客户进行沟通互动，产生“连接”。以移动互联网为代表的通信技术作为中间的数据采集和传输的通道，将公司和客户的即时信息互相传递，成为保险公司与客户沟通的平台。互联网与移动终端合力实现了公司与客户的“面对面交流”，深刻改变传统的公司与客户的沟通互动模式。目前 4G、4.5G、位置导航等通信技术的商用，从文字、照片、音频、视频到客户位置、身体行为状态，所有的信息数据都能实现及时高效的传输，公司与客户的沟通将更加简单、快捷，而公司和客户想互相传达的信息也将更加全面、直观、高效。

（三）“互联网+”的“数据处理应用”与保险销售“赢得客户”环节的契合

客户想法需求传递到保险公司后，保险公司需要即时优质地回应客户，才能赢得客户。保险公司如何“开口回应”，则需要依靠数据处理应用。全方位大量的数据采集并传输到公司之后，必须进行高效率的处理应用，才能有效地回应客户。这些客户数据的规模、复杂性都前所未有。因此，针对大体量数据分析处理的大数据理论，以及为实现大数据理论进入应用层面的云计算技术，二者相辅相成，发挥了关键作用。这两大类新兴的数据分析处理技术保证了大量用户数据到达公司后可以得到有效利用，实现针对客户的评估、预测以及动态定价，保证了高效地回应客户需求。同时，在对客户数据的深度利用过程中，保险公司将潜移默化地强化以客户为中心的理念。数据处理应用的环节让保险公司可以“开口回应”，形成了与客户有效的互动循环，活化了整个数字保险销售模式，帮助公司赢得客户。

（资料来源：节选自《经贸实践》2018 年 03 期文章“‘互联网+’背景下保险销售模式变革研究”，http://www.cnki.com.cn/Article/CJFDTotal-JMSA201803097.htm，节选时有删改。）

# 任务3　新型保险销售模式

我国保险市场面临越来越激烈的竞争，特别是外资保险公司的全面进入，使得保险公司对中高端客户的争夺更加白热化。当下是被冠以“大数据”和“互联网+”的时代，传统保险销售模式虽然仍占据重要地位，但新兴保险销售模式也正在扩展市场，大多数公司重视搭建丰富的数据库，建立有序的客户数据管理系统，甚至借助外部数据资源，尝试各种新兴销售手段，从产品导向销售逐步转向客户导向销售，提高客户忠诚度。

## 一、网络销售

网络销售是保险公司利用互联网的技术和功能，销售保险产品，提供保险服务，在线完成保险交易的一种销售方式。根据保监会《互联网保险业务监管暂行办法》的定义，互联网保险业务是指保险机构依托互联网和移动通信等技术，通过自营网络平台、第三方网络平台等订立保险合同、提供保险服务的业务。网络保险主要有两大模式：一种是保险公司自建渠道，或成立网上保险商城，或设立电商子公司；另一种则是借助现有第三方的网上保险平台。

### （一）网络保险销售的发展

在中国保险行业大大低于西方发达国家渗透率的现实下，在保险产品单调、难以突破的困境中，互联网保险的异军突起让人眼前一亮。

网络销售，顾名思义，就是利用互联网销售保险产品，这是一种有别于传统保险代理人的销售模式。网络销售保险产品可以让客户更加自主选择产品，服务更便捷，理赔更轻松，减少保险销售过程中的费用成本，提高保险公司的经营效益。

随着网络的逐步普及和深入，网络保险已成为保险销售的重要渠道。网络保险销售克服了时间与空间的限制，与传统的销售模式相比，这是一种跨时空的全新经营理念和商业模式。很多科技公司已经尝试和保险公司合作通过网络在线上销售保险产品，保险公司只需要提供线下服务，减少了保险推销的中间环节，有效降低了公司的经营成本、人力、场地和信息费，提高了运作效率。同时客户可以根据自己的需求，随时从网上获得大容量、高密度、多样化的专业信息，选择和实现自己的投保意愿，减少投保的盲目性、局限性和随意性，实现投保的理性化。网络销售还能打破传统保险销售模式的时空限制，充分适应人们作息时间的变化，为客户的优质消费创造条件。因此，保险公司依赖信息技术和网络销售将极大地增强自身的竞争力。网络虽然不会改变保险业的根本性质，但它为保险公司替客户提供产品或服务增加了新的途径。

在我国，网络销售模式虽然起步较国外稍晚，但近年来也得到了大力发展。在业务形式上，网络保险摒弃了传统业务模式弊端，提供了一种受众面更宽、更为公开透明的销售方式，吸引客户在更大范围内自主了解保险的相关功能，选购适合自身的保险产品。根据中国保险行业协会的公开数据显示，互联网保险行业经历了快速增长到平稳发展的过程，其中，保费收入从2012年的111亿元增长到2015年的2 234亿元，增长近20倍，经历爆发式增长阶段，而后在2016年保费规模实现微增长后，2017年起连续两年保费规模逐渐缩小，2018年行业保费收入为1 889亿元。从互联网保险保费收入结构来看，截至2018年上半年，互联网保险人身险保费收入为852.7亿元。

### （二）我国网络保险行业历程回顾

*1. 互联网保险发展萌芽期：1997—2004年*

1997年年底，中国保险信息网是我国首个面向保险市场和保险公司内部的专业中文网站，也是我国保险行业最早的第三方网站；2000年3月，“网险网”首次实现了网上投保功能；2001年3月，太平洋保险开通“网神”，开始了真正意义上的互联网保险业务，推出30多个险种。

此阶段互联网保险作为销售代理而存在，各大保险公司都建立了自己的官方网站，发布保险产品的相关信息，但由于互联网金融规章制度尚未健全，法治环境尚不成熟，人们对于互联网保险的认识也存在很多不足，互联网保险对于保险公司业务发展的作用并不明显，主要起到宣传及普及保险知识的作用，此时互联网保险处于萌芽期。

*2. 互联网保险深化探索期：2005—2011年*

2005年4月正式实施《中华人民共和国电子签名法》标志着互联网保险进入加速发展阶段。截至2009年年底，互联网保费收入规模达到77.7亿元。诸如慧择网、向日葵网、优保网等保险网站纷纷涌现，作为互联网保险中介提供保险咨询及产品销售服务。

此阶段，随着互联网用户的迅速增多，人们越来越倾向于通过互联网来获取金融保险产品和服务，各保险机构也致力于通过创新实现新的网络渠道的销售，逐步探索保险电子商务销售方式。

*3. 互联网保险全面发展期：2012—2013年*

自2012年中国保监会开始实施《保险代理、经纪公司互联网保险业务监管办法》，标志着互联网保险走向专业化及规范化，互联网保险业务发展秉承透明化和信息化的原则。2012年8月之后，多家公司有了更进一步的行动：平安人寿发布“平安人寿E服务”App客户端；国华人寿通过“淘宝聚划算”销售平台推出3款产品，短短3天时间就实现了1.05亿元保费收入；泰康人寿则分别与携程、淘宝等互联网平台合作打造互联网保险销售平台，取得了较好成效。

2013年出现了各种互联网金融的创新，被称为互联网金融元年。其中，2013年6月推出的专为个人用户打造的余额增值服务——余额宝，既有支付宝的电子支付的功能，又有货币基金的理财功能，从运营之日起规模迅速膨胀，截至2014年2月14日，规模突破4 000亿元。互联网金融理念渐渐深入人心，也逐步显现出巨大的影响力。

2013 年 11 月 6 日，由阿里巴巴、中国平安、腾讯公司共同筹资建立的“众安在线”财产保险有限公司正式开业，标志着我国互联网保险进入机构专营阶段。同年，淘宝理财频道首次参与“双十一”活动，保险产品成为新主角。

这一阶段的互联网保险通过创新实现了跨越式发展，基于电子商务及信息技术的发展需求开发了与此相宜的保险险种（如退货运费险、游戏账号装备险、微信支付安全险等），主要依托第三方电子商务平台、保险公司官方网站、保险超市等多种方式，逐步探索出其特有的业务管理模式，从而更好地为投保人提供专业服务，打造优质体验。

4. 互联网保险发展的爆发期：2014 年至今

2014 年 8 月 13 日，“新国十条”的颁布给保险业未来转型升级勾勒了新蓝图，支持保险公司积极运用现代互联网技术进行创新，云计算、大数据等技术无疑会带来更多可能和无限潜力。可见，互联网保险不仅仅是保险销售渠道的转变、升级，更是适宜保险产品的更新换代。互联网保险需依照互联网的规则与模式，改变现有的保险产品、服务及运营方式，并非简单地把传统的保险产品移植到网上，而是需要重新构造互联网保险关联各方的价值体系和运作逻辑，开发出适合互联网消费群体的保险产品。

### （三）网络保险销售的主要模式

1. 传统保险公司自营互联网保险业务

如今我国保险公司大多建立了自己的官方网站，可以进行有关保险咨询、产品购买、理赔等业务，作为其补充销售渠道。

2. 第三方电子商务平台

这类平台为交易双方提供信息服务，流程专业且相对独立，网络化程度较高，降低了销售成本，便于用户进行产品之间的对比，也有利于初入保险领域的从业机构快速完成初期客户的积累和品牌推广。

3. 互联网保险公司

2013 年，阿里巴巴、腾讯、携程等互联网企业联合平安保险发起成立了我国第一家专业的互联网保险公司——众安在线财产保险公司。互联网保险公司不设立分支机构，完全通过互联网进行销售和理赔服务，这有利于解决互联网保险发展过程中不同于传统行业的风险。随后，中国保监会又新批准了易安财险、泰康在线等互联网保险公司的筹建申请，因此，专业互联网保险公司的参与主体逐渐呈现多元化。

4. 保险中介代理

该模式包括兼业代理模式和专业代理模式，是由具有经纪或代理牌照的中介机构建立网络销售平台，集合多家保险公司的产品和服务，打破保险公司的壁垒，方便客户进行筛选和比较，提供一站式保险服务。

5. 网络互助保险

2016年6月，保监会批准人寿相互保险社、众惠财险相互保险社和汇友建工财产相互保险社的筹建，其账户资金来自按一定比例提取的保费收入及会员捐赠，向会员提供援助，这种保险在社会保障体系中起到重要的补充作用。

从销售渠道来看，保险网络销售渠道多种多样，除了官网平台、代理机构建立的销售平台，还有第三方销售平台。其一，官网自销有利于品牌的建立和推广，如中国平安建立的平安直通、泰康人寿成立的泰康在线等。其二，代理机构建立的有类似于保险超市的专业代理渠道，可以提供一站式在线服务（如慧择网），也有类似于银行代理保险产品的网络兼业代理机构。其三，第三方销售平台包括三种：电商平台、保险咨询平台和综合类平台。电商平台较为常见，随着人们网购行为的逐渐频繁，类似淘宝保险和京东保险这类方便快捷的投保平台日益得到青睐，尤其是退货运费险和产品质量退换险这类与网络购物息息相关的小额保险；保险咨询平台也得到进一步发展，如沃保网、向日葵保险网等，其可提供专家在线解答，100%快速回答，用户可自由查询，也可参考其他用户的问题及解答；综合类平台如网易保险，是由网易公司与国内知名保险公司共同打造的一站式购险平台，涵盖健康险、旅行险、车险、意外险、家财险等各个险种，网站设有保险10元店、理赔指引等，为用户提供便捷高效的网上保险消费体验。

从保险产品来看，具有多样性、个性化、创新特色的互联网保险产品层出不穷。一方面，诸如“脱单险”“赏月险”“雾霾险”“手机碎屏险”等这类有新意的趣味保险在一定程度上引起了市场关注和热议，但另一方面，这些表面上的产品创新并不持久，会不断被新生事物所代替，导致产品销售并未超过宣传热度。总体来说，我国网络保险还需有更具突破性的创新。

从技术层面来看，大数据的运用有助于掌握准确的客户信息，网络技术使得互联网对保险公司的意义远不止于提供销售平台，其更大的功能在于通过先天的信息收集及分析优势，掌握全方位资讯，解读客户行为及心理，准确判断客户需求。因此，保险业需要紧跟时代步伐，在应用大数据时保持开放和积极的态度，遵循客户至上的理念，否则宝贵的客户资源和核心技术都可能会成为互联网企业的囊中之物。

### （四）网络销售推广策略

1. 网络广告销售策略

网络广告销售是保险最为普遍的一种销售方式，顾名思义，就是保险销售方通过在互联网上发布保险产品广告的方式，向目标客户群体宣传保险品牌、推介保险产品或保险服务，目标客户群体可以通过点击广告页面进入购买页面，产生消费行为。在具体的执行层面，依据广告载体不同，又分为保险公司自有网站广告销售、与知名搜索引擎合作开展广告销售、与在线媒体合作开展广告销售、在公司官方微博微信等平台开展广告销售等。

网络广告销售策略在具体实施过程中，应注意几个方面的原则：第一，在广告载体的选择上，要注重广告平台的影响力和宣传效果，遵循性价比效果，用最少的广告投入取得最好的宣传效果；第二，在广告内容的设计上，要做到“内容为王”，力图通过最具吸引力的广告传递给目标客户关键而完整的信息，刺激目标客户的注意，激发客户购买的需求；第三，网络流程需完成，客户可通过广告页面简单快速地跳转到产品购买页面，促使因看广告并做出购买决策的消费者能够第一时间购买到相关的产品。

2. 网络推荐销售策略

网络推荐销售策略是指存量客户通过互联网以朋友圈、微信等方式发送相关产品链接，推荐保险产品，被推荐人可以通过点击链接购买保险或了解相关产品广告的销售方式。网络推荐销售保险是分享经济时代的重要销售方式，基本原理是通过“朋友圈经济”，利用口碑效应，积极调动起更多客户的宣传积极性，实现快速传播。

网络推荐销售策略在具体实施过程中，应该注意两个方面的原则。一是好的客户体验，网络销售的保险产品必须给客户较好的消费体验，或者是优惠的价格、便捷的服务、新颖的创意，总之，使互联网保险产品与传统的保险产品具有差异化。二是明确的推广政策，保险公司的线上推广产品要明确推广规则和奖励策略，做到表述清楚，兑现及时。

3. 网络事件销售策略

网络事件销售策略，是指保险销售方充分利用网络上具有较大新闻价值和传播价值的热点事件，借势进行保险销售的方式。

网络事件销售保险策略在具体实施过程中，应该注意两个方面的原则。一是敏感性，要对具有较大新闻价值和传播价值的热点事件具有敏感性，能够第一时间判断其对保险产品的销售价值。二是风险预判，在进行事件销售时，要全面统筹考虑可能出现的各种情形进行风险预判，并制定好相关的预案，有计划地推动事件销售的进行，力争达到预期的效果。

## 二、电话销售

保险电话销售是以电话为主要沟通手段，借助网络、传真、短信、邮寄递送等辅助方式，通过专用的电话销售号码，以保险公司名义与客户直接联系，并运用公司自动化信息管理技术和专业化运行平台，完成公司产品的推介、咨询、报价及产品成交条件确认等主要销售过程的业务。

保险公司利用更加整体化的服务，对客户开展电话形式的保险销售、购买和售后理赔等一条龙式服务。电话销售因为成本低且效率高，受到众多保险公司的青睐。跟传统的销售渠道相比，电话销售的优势极其明显，不仅给保险公司带来更大的盈利空间，还减少了人力、物力等资源的投入。

随着电话保险、互联网保险的兴起，传统保险销售渠道的压力已经体现。据中国保险协会统计，截至 2018 年 6 月末，在中保协 86 家人身险会员公司中，共有 25 家开展寿险电话销售业务，占比 29.1%。其中，中资公司 14 家，外资公司 11 家。规模保费排名前 5 位的公司分别为平安人寿、招商信诺人寿、阳光人寿、中美联泰大都会人寿和中国人寿，合计占据 77%的市场份额，其中平安一家公司市场份额高达 48%，市场集中度较高。

### （一）电话销售的发展现状

电话销售作为保险业务的一个新兴渠道，一直在争议中发展壮大，已经成为银行代销、直营、专业代理的重要补充。自 2007 年平安产险获颁第一家电销牌照，电话销售就在助推行业发展和扩大影响力方面发挥着举足轻重的作用。根据网上调查显示，近 80%的人认为电话销售对保险销售有较大帮助。其中，"缩短并简化了投保、承保等环节"占 64.15%，"解决地域限制，节省时间等支出"占 56.6%，"提高经营效率"占 54.72%。

然而，电销渠道高速增长的背后产生了一系列问题，使得渠道本身的社会评价和满意度偏低。此外，商业车险市场化改革，大数据、云计算等新技术应用都给电销渠道的转型发展产生了深远影响。特别是商业车险市场化改革使电销渠道原有的价格优势逐渐丧失，业务整体下滑显著。面对这些变化和发展，电销渠道充满了挑战。

### （二）电话销售技术支持

电话销售保险工作的良好开展，离不开一套功能强大、方便操作及管理的电话销售系统。传统的手工拨打电话方式同走街串巷的销售模式一样耗时耗力，这就需要系统的客户资料批量导入和拨打、自动识别错号与忙音、录音监管、三方通话、销售日志等功能模块解决这类问题。系统在设计中应充分利用先进的计算机技术、网络技术、通信技术和 CTI 技术来实现该行业所需的功能作用。

### （三）电话销售存在的障碍

#### 1. 消费者认可度不高

这源于两方面：一方面很多消费者认为电话销售方式打扰了个人生活；另一方面认为电话销售这种方式侵犯了个人隐私，不安全。

#### 2. 客户资料来源的准确性不高

保险公司的客户信息数据来源主要有两个：一个是自身积累的老客户数据；另一个是从外部收集和获取的数据。数据收集要花费大量人力物力，因此一些保险公司为了节约成本，不得不降低对数据质量的要求，存在"滥竽充数"现象。

#### 3. 电话销售的产品过于简单

由于电话销售的固有特点，通过电话销售的产品相对比较简单。例如，寿险方面通过电话销售的产品多是一些短期意外险、健康险、防癌险等条款相对简单、消费者比较容易明白的险种。这固然对消费者的理解有一定帮助，但并不是所有客户都需要这些险种，而具有其他需求的客户则不能通过电话渠道来购买，从而造成了销售资源的浪费。

### （四）解决电话销售障碍的对策

1. 把握好客户信息数据的质量

（1）从源头上进行把关。选择优质的数据供应商并且对购买的数据进行筛选。对数据进行分析，将客户的行业、职位、年龄、学历等与产品特征结合起来，实行精准销售。

（2）对数据进行动态管理。一些珍贵的数据应该补充到公司数据库中；应该定期对数据库进行清洗，以保证整个数据库的质量。

2. 培养高素质的电话销售人才

首先在招聘过程中，适当提高招聘人员的学历，同时要根据招聘人员的要求来严格筛选应聘者；其次加强业务培训，对保险销售人员进行专业知识和沟通技巧的培训；最后对保险销售人员进行心理辅导，这样才能打造出一支专业、优秀的电话销售队伍。

3. 完善专业规范的销售话术

销售话术的优劣直接关系到电话销售的成功率。优质的销售话术设计并不是一蹴而就的，必须对已设计好的话术进行模拟测试，并且在运用过程中要不断改进，这样才可以更好地帮助保险销售人员开展业务。另外，一套完整规范的销售话术必须包括一些投保人必须知道的信息，如犹豫期、保险责任、免责条款、注意事项等。

4. 注重电话销售与间接销售的有机结合

建议把电话销售方式与间接销售方式结合起来，在电话上达成协议后由电话销售代表或专业的代理人亲自送合同给客户，并与其再次进行有效的沟通；而对于产品不适合的客户，在征得同意前提下可以委派专业的代理人进行跟踪服务，为其量身定制一份保险理财计划，通过这样的方式来实现客户资源的最大化使用。

## 三、电视销售

电视销售是指销售者购买一定时段的电视时间，播放某些产品的录像，介绍功能，告示价格，从而使顾客产生购买意向并最终达成交易的行为。其实质是电视广告的延伸。电视销售与网络销售同时作为直复销售的一种形式，都是符合时代要求、具有良好前景的销售方式，具有一定的相似性。

### （一）电视销售的现状

目前，我国保险销售方式，尤其是寿险销售方式，主要还是以兼业与专业代理销售为主。通过电视渠道直接销售保险产品，在国内的占比较少。

### （二）电视销售的优缺点

电视销售通过画面与声音的结合，使商品由静态转为动态，直观效果强烈；通过商品演示，使顾客注意力集中；接受信息的人数相对较多。但电视销售制作成本高，播放费用昂贵；顾客很难将它与一般的电视广告相区分；播放时间和次数有限，稍纵即逝。

为了克服上述弊端，有些销售者创造了一种新的电视销售方式——家庭购物频道。这种方式主要是通过闭路电视或地方电视台播放一套完整的节目，专门销售各色俱全的套装产品。观众只需将频道锁定，即可全天 24 小时收看，并能随时通过免费电话与该公司联系。

### （三）电视销售的发展

在国外，利用电视购物销售保险，取代传统的、依靠海量的保险销售人员和经纪人销售保险的销售模式，早已不是什么新鲜事。对国内来讲，这一市场的空间非常大。一直沿用“一对一”原始销售模式的保险公司，为节省人力成本，近年来“转战”电视购物频道卖保险。这种创新模式被多方看好。保险公司同电视媒体合作，开创保险销售的新渠道，对于保险企业形象的提升及保险产品的销售都是不无裨益的。

## 四、交叉销售

所谓交叉销售，是对现有客户多种需求加以挖掘，通过对其不同需求的有效满足促进多种产品与服务销售的销售模式。交叉销售的实质是在拥有一定销售资源的情况下，向自身客户进行推广的一种手段。交叉销售这一商业销售策略的成功必须坚持以客户需求为导向这一销售理念。与传统销售方式的区别在于，交叉销售注重从横向角度开发产品市场，在某次销售的基础上，通过对同一客户的深入挖掘，开拓并满足其更多的需求。

### （一）我国保险业交叉销售模式

自 2007 年保监会放行产寿险业务相互代理以来，已有多家保险公司先后开展了保险产品的交叉销售业务。目前，我国保险行业中交叉销售的模式可归为以下几种。

1. *产代寿模式*

在产险的销售渠道同时销售寿险产品的方式，一些将产险业务作为主要利润来源的公司如中国人保，采用的就是这种模式。

2. *寿代产模式*

寿代产与产代寿对应，是利用寿险渠道代理产险业务的销售。采用这种方式要以寿险业务发展成熟为前提条件，满足此要求的公司有中国人寿、中国平安等。

3. *全方位代理模式*

产险业务和寿险业务之间的相互代理。采用这种模式的主要有中国人寿保险集团、太平洋保险集团等。其特点在于“交叉效率”高，是一种较深层次的交叉销售方式。相应地，此模式对保险公司的条件要求也比较严格，要求公司产寿险业务均已建立各自销售渠道，且发展成熟。

4. 综合金融模式

综合金融模式是指在符合监管要求的前提下，金融集团至少从事银行、证券、保险中的两个或两个以上的经营活动。这种经营模式可以实现内部资源共享，提高效率，节省成本，并因满足客户多样化需求而赢得市场。目前我国大部分金融集团致力于发展综合性金融，围绕综合性服务展开各项具体业务的工作。比如，中国平安综合金融是以中国平安保险（集团）股份有限公司的方式跨越银行、保险、证券进行综合经营，为客户提供综合的混业金融服务。

### （二）保险业交叉销售业务的未来发展趋势

未来，保险业发展趋向于集团化，集团内各公司之间能否密切配合实现资源共享将成为影响企业发展的重要因素。交叉销售能够有效地进行渠道整合，充分利用集团内的资源。正确地从客户角度理解交叉销售，以客户需求为核心提高交叉销售业务比重是必要的。

1. 优化产品设计并完善价格策略

保险集团应开发适合交叉销售的金融产品，拿保险产品来说，应该具有期间较短、责任相对单一，能够较为容易地实现理赔等特点，会随着新的销售渠道的不断拓展而被市场客户逐步接受，这类产品能够有效地打开各家保险集团在交叉销售方面的市场。

保险集团应向互联网场景的保险业态靠拢。互联网保险本身处于一个大的互联网场景中，这一场景的典型特点是数据量大、虚拟性强，因此，保险集团在产品策略方面应该更注重向互联网场景靠拢，以满足大量的互联网市场客户为根本，开发虚拟资产和现实资产相结合的专项金融产品，并通过互联网便捷的信息传递基础，为互联网客户提供能够进行风险评估、了解需求的金融信息服务，从而最大限度地为客户提供便捷的金融产品服务，满足其交叉销售的需求。

2. 创新交叉模式

首先，从国际上交叉销售的经验来看，基于整体框架的交叉销售是最为成熟的销售模式。所谓整体框架的交叉销售，实际上就是一种以整合为手段的产品销售模式，通过对资源、渠道、销售手段的整合，实现资源、渠道、销售手段的最大化利用。其次，各保险集团应依托互联网，积极构建交叉销售的辐射网络。未来的保险集团发展过程，必须积极通过各种渠道实现交叉销售网络的扩大。可通过互联网与一些著名的第三方金融平台进行合作，展开交叉销售，从而构建全新的交叉销售渠道，并通过和国内外一些相关金融网站的互联，实现潜在市场客户的识别。

3. 强化交叉销售渠道服务体系与能力

从国际上金融控股公司在交叉销售渠道方面的管理与服务来看，基本上将交叉销售服务体系归纳为三类，即自建在线销售体系、与第三方合作，建立独立的互联网交叉销售平台。

首先，利用互联网将交叉销售渠道向微销售拓展。当今，互联网普及带动了一系列智能设备的出现，依托智能设备和智能客户端而存在的微博、微信、微店等多种微销售渠道逐步进入产品销售领域中；其次，进一步强化金融产品交叉销售的分销模式，保险集团可借助市场中强大资源实现分销模式多元化，让金融产品更快渗透进更多的市场客户群体中。

## 五、数据库销售

数据库销售出现于20世纪90年代，是一种以计算机和网络技术为依托，融合了直复销售和关系销售理念的全新的市场销售方式。数据库销售通过销售终端收集、积累客户和潜在客户的信息，并不断地更新，形成庞大的客户信息库。数据库管理人员通过对数据库信息进行分析挖掘，得出有效的客户信息，据此对客户进行一对一的消费跟踪、对产品进行专业设计、挖掘潜在客户和销售领域，从而达到巩固客户关系、加强市场细分、挖掘潜在需求、提升销售效率的销售目的。

### （一）保险数据库销售模式

保险公司的经营内容、销售目标、规模不同，数据库销售的具体内容会有所差异，但它们的运作模式、信息处理过程基本相同。

1. 收集客户资料

保险公司要利用各种途径收集有关客户的信息，包括客户的年龄、收入、职业、爱好习惯、是否经常出差或旅行等。收集信息的方法可以分为正式收集和非正式收集两种。正式收集方法，即通过规范的、严谨的问卷调查方法收集信息，如定期邮寄文件等。非正式收集方法，可以通过保险销售人员拜访客户，与客户交谈或闲聊、阅读报纸、收听广播等方式进行收集。

2. 客户资料分析与归类

在收集了相当数量的客户信息后，要根据一定的方法和原则进行分析和归类，从中发现需求爱好大致相同的同质群体，并将他们按不同的标准分类。具体来说，可以根据客户投保的动机、投保金额、家庭生命周期阶段、子女状况等进行分类。

3. 与客户沟通

当收集的客户信息有误，或者客户对公司业务或公司销售人员产生抱怨或不满意时，要及时与客户沟通，可以通过信函、电子邮件、面谈、电话等方式获得信息，修正信息，达成谅解。能否与客户及时沟通，获得谅解，不仅反映了保险公司是否具备客户导向的销售理念，而且说明了保险公司与客户之间的沟通渠道是否顺畅。因此，数据库的建立必须保证公司与客户之间的沟通畅通无阻。

4. 建立支持性后勤系统

数据库销售的成败之一在于全员销售。为了保证销售的有效运行，所有与客户接触的人员都要树立一致的为客户服务的思想。避免在与客户接触过程中发生各种不利于公司形象、不利于公司业务、不利于客户利益的事件。因此，建立一整套支持性后勤系统，将公司的销售活动纳入全员销售之中，是非常必要的。

5. 采取补偿措施

公司应把对客户资料及对客户抱怨的处理纳入数据库中，并建立相应衡量标准。这套标准可以有两个层面：一是满意度衡量：二是抱怨度衡量。通过这两个层面的检测，寻找进一步提高满意度的途径，以及不满意的原因，从而采取相应的补偿措施。

数据库销售的各个步骤的实施，实质上都是围绕客户服务这一中心来进行的。通过数据库销售，可以对现有客户归类，并有针对性地开展销售活动，帮助辨别潜在的客户，使客户与公司之间产生真正的“互动”。总之，数据库销售不仅使公司及保险销售人员更加了解客户需要，而且可以在了解客户需要的同时，为客户提供更加满意的服务，从而提高公司与销售人员的业绩。

### （二）应用数据库销售的现实基础

数据库销售由于自身数据库建立、运营、维护成本巨大，并非所有的行业都适合采用这种销售方式，但保险业作为一种重要的金融服务行业，应用数据库销售有较好的现实基础。

（1）保险业作为金融服务业，拥有海量客户信息，而客户信息的获得、管理、挖掘对于保险销售具有至关重要的作用。

（2）保险的自身属性决定了其边际利润高的特征，应用数据库销售，其规模效应足以弥补数据库运营的自身成本。

（3）保险业务金额一般较大的情况下，适宜于数据库对单个客户进行专业的数据跟踪。

（4）客户利润贡献集中，20%的黄金客户贡献了80%的企业利润，相比开拓新客户，客户忠诚度培养显得更为重要。

（5）保险行业竞争激烈，数据库销售的关系销售属性使得保险公司的销售对于客户更为直接，而对于竞争对手则更为隐蔽。

## 六、微博销售

微博是一个基于用户关系的信息分享、传播及获取平台。用户可以通过Web、WAP

及各种客户端组建个人社区，以140字左右的文字更新信息，并实现即时分享。

微博销售是指商家或个人通过微博平台进行的一种销售方式，也指商家或个人通过微博平台发现并满足用户的各类需求的商业行为方式。微博用户通过关注个人或企业获取自己感兴趣的信息，通过收藏、转发使信息不断裂变、扩散。这样的社会化媒体对企业来说，是一个十分有效的销售传播途径。在保险行业中，也能起到有效的销售传播。随着微博的火热程度和网民的接受程度，微博销售作为一个新兴渠道，未来前景显然不可小觑。

保险公司进行微博销售的目的是让更多的人认识保险并购买保险，保险公司利用微博这个平台可以很好地传递保险产品的信息，并节约销售成本，降低保险费率，让消费者受益。

### （一）微博销售的特点

微博销售作为一种新型网络销售模式，保险公司借助微博信息发布门槛低、实时性强、交互便捷、个性色彩浓厚等特征来实现网络销售目的。与传统销售模式相比，微博销售具有以下特点。

1. 受众定位的精确性

品牌宣传需要进行受众定位，微博用户一般会主动关注自己感兴趣的品牌，并把它推荐给自己的朋友或粉丝，这使得企业的受众定位表现出精确的特点。

2. 信息传递的参与互动性

微博销售信息传递实现了双向沟通，是多人间“传播、反馈、再传播”的动态过程。企业可以通过微博与受众相互讨论，培养受众对微博的黏性，提高企业、产品的知名度和美誉度。通过微博的发布、转发，企业跟受众展开讨论，宣传产品的同时可以了解受众的需求。

3. 信息传递的快速性及广泛性

传统销售信息传播渠道存在诸多中间环节，漫长的时间差降低了效率。微博的即时发布能缩短信息传播的周期。企业通过微博发布相关信息，信息经转发，受众可以在最短的时间接收到这些信息。此外，当微博信息被关注用户转发之后，该关注用户又有大批的跟随者，使得信息得到更大范围的推送，实现短时间内的爆炸式传播，信息影响广泛。

4. 宣传推广的低成本

通过互粉让企业与目标消费群成为“熟人”，企业可以通过搜索锁定目标消费群，进行微博销售传播，目标消费群通过关注，快速了解自己想要的信息。生意就在不知不觉中做成了，然后通过转发让更多的消费者知道这一信息，企业及产品就如此推销出去了，而这一过程并没有产生什么实质性的成本，却达到了良好的宣传推广作用。

### （二）保险公司微博销售对策

1. 搜索目标客户，实行精准销售

微博用户可以通过输入关键字来搜索想要寻找的相关用户或相关微博，保险公司可以利用这一功能，搜索目标客户，进行精准销售。一些微博用户会在微博上发布信息寻求帮助，希望得到粉丝们的建议。保险公司就可以通过搜索关键字找到那些需要保险产品的目标客户，从而向其介绍保险产品。

2. 丰富信息内容，发挥口碑传播效应

微博内容太过空泛就难以体现企业文化和品牌文化，影响企业品牌形象，其营销价值就要大打折扣。保险公司应精心策划和系统编辑公司优秀信息、行业新闻、发展动态、最新研究动向、公司研究课题成果等同行关心的内容，使公司微博成为一个优秀的信息发布和沟通平台。这样就会不断吸引关注者、同行或想了解相关信息的受众来访，并不断扩大影响力，从而达到口碑传播的效果。

3. 实行全员微博销售

企业微博信息传播是持久和日积月累的过程，良好微博销售环境的营造是培养员工持续创造力和写作热情的关键。保险公司可以建立专门的微博销售团队，设置专门的微博管理人员。保险公司员工在注册微博时，认证名称应该可以加上保险公司名称，一方面宣传了保险公司的品牌，扩大了公司的知名度，另一方面便于用户搜索，向公司寻求帮助等。

4. 针对多元业务，实行多元销售

不同业务的微博发布的信息有所不同，这样有助于细分市场，满足不同消费者的不同需求。例如，“平安保险商城”“人保财险官网直销”等微博，更加有助于公司借助微博进行销售。相关用户找到直接服务于自己的保险公司微博，能更好地与专业的销售团队进行互动沟通。这对于提高用户对保险公司的品牌或保险产品的好感也是有帮助的。在微博销售中，保险公司的微博可以发挥联动效应，形成强大的网络宣传合力，更好地促进品牌的推广。

微博销售在我国尚处于发展阶段，但是其潜在的销售价值较大。保险公司要勇于探索、敢于实践，学习成功企业的微博销售经验，结合自身实际情况，将微博销售的价值最大化。

## 七、微信销售

### （一）微信保险概念

微信保险是互联网保险在依托于微信平台发展的过程中衍生出的一个新的分支，借助微信作为推送信息的平台，以微信用户作为潜在的客户群体，进行相关的产品宣传和推广、信息的发布及在线交易的达成，是互联网保险在移动互联网时代下的一种创新型的发展。微信保险依托于微信销售产生，但又不局限于微信销售，可以定义为：在移动互联网时代，以微信作为发展平台，以微信用户作为目标销售人群，以利用微信平台的优势建立销售生态圈为理念的新型互联网保险。

微信平台上聚集了庞大的用户群体。据统计，2018 年月活跃用户达 10.82 亿人，公众号的注册总量已经超过 2 000 万个。2018 年微信带动传统消费规模达 4 198 亿元，同比增长达 26%。据调研，用户在购物零售场景中使用微信支付的比例最高达 79%，有 45% 的微信支付商户分布在农村地区。微信正在成为移动互联网时代数字经济发展的一个重要驱动力，也为传统的保险业和移动互联网的跨界合作提供了平台。

### （二）微信保险特点

微信保险既保持了保险本身的特色，又兼具了移动互联网的优势，不仅是对传统保险的一次革新，也是互联网保险发展进步的成果。微信销售不仅仅是在微信平台上进行的保险销售，更是升华为一种新的保险理念。在移动互联网经济的带动下，保险公司要根据客户的实际需求开发设计出具有较强针对性的微信保险产品，而不是简单地把线下销售的保险产品直接转移到微信平台上来，同时更多的客户服务都可以在微信平台上进行。

#### 1. 提高消费者碎片化时间的利用率

在移动互联网背景下，微信用户彻底摆脱了时间和空间的制约，不需要固定的场所，也不需要随身携带沉重的笔记本电脑，在餐桌上、上下班的路上，只需要一部智能手机，消费者就可以了解自己需要的保险产品。

#### 2. 微信保险采用的是精准销售

微信方便消费者与保险公司之间进行沟通交流，消除了双方的距离感，拉近了双方的关系，在信息传递方式上不再是单向的。和以往的销售渠道相比，微信公众平台不仅是保险公司开展销售活动的平台，还为消费者提供了一个信息交换的平台。消费者能够针对保险公司提供的服务在微信公众平台上尽情发表自己的体验。通过微信公众平台，保险公司不仅向所有的关注者统一推送保险信息，还可以依据关注者的体验反馈再逐个进行对接沟通，根据消费者的实际需求量身定做服务内容，形成个性化的销售模式。

#### 3. 微信保险的销售方式是体验销售

体验销售是以消费者的情感、感官、思考及行动等各个方面作为设计保险公司销售方式的出发点。微信平台推送的信息不再局限于文字和图片的单一形式，语音、动画表情、视频等形式的信息推送更加方便、简单，加强了消费者的体验感。

#### 4. 微信保险的设计、销售过程中都充分运用了大数据技术

移动互联网时代，保险公司可以通过互联网获取消费者的个人信息和以往投保情况，

应用大数据进行分析，针对消费者的实际情况量身打造保险产品。这种以消费者需求作为导向的产品创新是对保险行业的一次全新的变革。大数据的应用不但可以优化、提升保险公司的服务质量，还能够向消费者提供各家保险公司相关保险产品的信息，消费者可以通过移动互联网快速、便捷地获取保险公司的背景资料和相关保险产品的详细资料，从而挑选出最适合自己的产品。

### （三）微信保险优势

1. 销售成本低廉

传统的销售方式推广成本高，而且具有很强的时效性，如果想达到效果，就需要持续投入大量宣传成本。而微信销售相对来说成本低廉，除微信本身免费外，只需定期向客户做一些小的互动活动就可以长期吸引客户关注。

2. 销售信息到达率高

在广播、电视、报纸上做销售的产品信息，难以预测有多少客户会看到这个广告，但是在微信上推送一条消息到客户手机里，到达率可以达到100%。

3. 销售范围广泛

当我们把产品信息分享到微信朋友圈后，所有的微信好友都能看到。而当我们的客户，尤其是影响力中心进行转发后，他的微信好友也都能看到，具有明显的连续扩散效应。

4. 销售方式多元化

与传统销售方式相比，微信销售方式更加多元化，可以群发文字、图片、语音、视频等多个类别的内容。可以拉近和客户的距离，使销售活动变得更生动、更有趣，更利于销售活动的开展。

### （四）微信开辟保险业销售新渠道

保险行业作为依托客户资源和关系拓展的服务行业，积累和挖掘用户成为保险行业难以言说的“痛点”，社交新媒体的出现不仅为其提供了销售与客户沟通的重要渠道，在降低沟通成本的同时，无形中也有助于扩展口碑销售，提高受众认可度。

在2018年“父亲节”前后，太平洋寿险举办“太平洋寿险e生相伴客户俱乐部父亲节”特别活动，通过投票的方式让用户参与其中，强化圈层传播效应。阳光保险推送的一篇《作为家庭顶梁柱的爸爸，怎么买保险更划算》的文章深入节日场景，从“为什么爸爸们最需要保障”“爸爸们怎么买重大疾病保险”等角度激发客户的保险需求，最后附上购买链接，促进“感性推销”的效用最大化，同样取得不俗的传播效果。

与用户每交纳一笔保险费用都意味着机会成本增加的保险机制类似，企业微信作为以人际传播为主要推广模式的传播载体，对微信销售的过高期待使其同样面临着极高的机会成本风险。所以，与微信销售相比，企业更应该着手于提高自身的产品和服务，在此基础上才能在新媒体平台充分发挥自身的品牌影响力。

## 八、门店销售

门店作为保险销售的一个渠道或一种模式，在国内也早已不再新奇。早在数年前，人保健康险与华安保险就尝试过深入社区，以门店形式经营业务。在销声匿迹数年后，近两年保险门店又卷土重来，华泰、人保相继开始了试点。

### （一）保险销售新型门店模式

1. 保险超市

例如，某保险公司在主要中心城市开展保险超市销售理念，让代理的各家保险公司产品像超市物品一样，任由客户选购。当然也会配备理财经理帮助挑选，通过对比各家保险公司产品责任和价格，选出符合自己的保险产品组合，但会给后期保全和理赔带来较大不便。

2. 保险加盟店

类似于肯德基或麦当劳模式。在居民小区或主要街道开门面店，雇用代理人驻点经营，一个加盟店可以为整个小区服务。加盟店的代理人因为营业点固定，会放弃短利行为，维护保险公司品牌和自己形象，小区居民往往更愿意相信加盟店。这也可以促进保险销售标准化、简捷化。

### （二）保险销售新型门店做法

1. 要求创新加盟店要借势发力，增加保险销售信任

保险门店要借势发力。现在我国在乡镇或社区的机关单位很多，如乡镇政府、村委会、文化站、电力单位、农村银行等。通过与乡镇的机关单位签订合作协议，业务开展后利润分成，同时可以把部分原单位人员辅导成为保险代理人。如果与机关单位难以合作，可以尝试与小型商场或超市联系合作。通过成熟的网络可以迅速在各乡村机构设立保险销售点，借势形成全面覆盖，还可以借机扩大保险销售队伍。

2. 要求创新管理模式，提高保险认可度

即有固定区域、固定地点、固定人员、固定培训、固定产品搭配。固定区域要求保险销售按照行政区域对保险销售网点布点划定区域进行宣传和销售，不能盲目布点。这样可以对区域内人员组成进行分析，有针对性地开展宣传，又可以避免无序竞争。固定产品搭配是将销售险种进行组合，如将产品按偏重保障、投资、养老或教育等组合，每套组合又都含意外或医疗保障。固定险种搭配让客户容易记忆保费和理解保险责任，方便选择和购买。

3. 要求创新服务模式，增加保险服务意识

即便捷沟通、亲情礼品、服务时效和服务承诺。服务时效和服务承诺是相辅相成的，

一些保险公司都公开服务时效承诺，但实际行动时却以各种理由不兑现。也有的保险公司为达成服务时效而在理赔材料上刁难客户，不齐全的拒不接收，让很多客户感觉投保容易理赔难。门面店的客户关系管理主要工作是承保、保全和理赔受理，将销售压力转移给金融风险管理师。这样固定服务的场所定期考核，将极大增强服务意识，同时引导客户到门面店办理各项保险业务，也可以减少保险销售误导行为。

## 延伸阅读3-3

### 保险代理人怎样做个人微信销售

现在微信已经是人们无法离开的人际交往工具，作为销售伙伴，非常有必要认真处理和应用微信这个工具。

一、包装自己的微信

（1）找一张最美的照片作为头像，最好是能体现保险代理人专业度的照片。第一印象当然很重要，这是心理学早就验证的一般规律。

（2）微信名建议就用自己的真实姓名，这样给人的感觉真实可靠。

（3）可以用手机号作为初始的微信号，并进行绑定，加深顾客的印象。一般情况下，不要修改微信号，因为这样对方可以方便地直接通过手机号与你联系。

（4）封面与头像一定要协调，风格迥异不可取。可以放证书、授权书等，也可以放自己的照片，原则就是要协调。

二、尽可能地获客

我们需要拓展自己的微信朋友圈！简单一点来说就是“多加人”。

要机智地学会添加陌生拜访的客户、闲聊的路人、滴滴打车司机、微信附近的人等。当你的微信好友达到1 000名甚至更多时，微信销售的效果就能逐步显现了！

需要注意的是，在添加对方的那一刻，一定要督促自己马上完善相关信息，将对方的必要信息如手机号、真实姓名、工作单位、个性特征、家庭情况，以及认识时的场景信息等都及时详细记录，为后续接洽做好准备。在做好上述信息梳理后，要将对方归类到相应的类别中，以方便进行客户信息管理。

三、微信的日常维护

日常维护是核心，主要有以下几点注意事项。

（1）切忌刷屏、切忌刷屏、切忌刷屏！千万不要刷屏，如果发送关于保险的内容，最好是微信分享文章（可以视情况适当加挂自己个人广告——看对方对行业及广告的认可程度），注意文章的专业度，这样效果会更好。

（2）在转发的时候增加自己的评论或摘录文章中的观点，表达你的总结和观点，让客户觉得你比较专业而且用心，至少你是一个有主见的人。

（3）多转发积极向上的内容，同时不要吝啬，为客户点赞。如果时间充足，针对客户所发内容提出自己的见解评论，不要一味附和，也不要一味唱反调，要评论由心。在了解客户性格特征的基础上，可以适当增加认可度和赞誉度。

（4）开心工作，健康生活！微信当中应该也有表现自己真实生活一面的信息，千万不要打开之后全是保险信息。那样如果客户要买保险，想了解一下代理人怎么样，通过微信客户根本看不出来，之后也就不会联系了！一般情况下，建议朋友圈关于保险的信息不要超过总体信息量的30%。

（5）私信功能要慎用！不必一到节假日就私信各种节日祝福，没有人会看，也没有人会记住你，反而会引起很多人的反感。就算要发节日祝福，也最好是发动态场景贺卡。

（6）切忌每天转发心灵鸡汤，每天都吃同一道菜，大家容易觉得腻。（在转发有关内容时，一定要注意立场问题；此外，要自行审核内容，保持基本原则，不盲从乱发。）此外，转发可以尝试分类别进行，体现一定数量上的个性化应对。

（7）多组织原创内容。无论是自己写，还是整合、汇总别人的观点。只要能给用户提供新的视角和解决方案，都是好内容。特别需要说明的是，不要觉得自己写的东西拿不出手，写多了，自然会越来越好！

（资料来源：节选自微信号“寿险训练手册”2019年1月1日的文章“保险怎样做微信销售”，节选时有删改。）

## 同步练习

1. 个人保险代理人销售方法有哪些？
2. 保险兼业代理有哪些形式？
3. 专业保险代理人的业务范围有哪些？
4. 保险经纪人有哪几种类型？与保险代理相比，经纪人有哪些不同？
5. 银行保险如何进行渠道开拓和维护？
6. 网络保险销售的推广策略有哪些？
7. 电话保险销售的发展前景如何？
8. 保险交叉销售有哪几种模式？发展趋势如何？
9. 门店销售保险有几种模式？未来发展如何？
10. 如何利用新媒体进行保险销售？

## 典型案例分析

### 保险商业模式会怎么变

改革开放40年来，我国保险业在发展定位、体制机制、行业功能、人民获得感等方面实现了根本性转变，行业保费规模世界排名跃升至第2位，成为名副其实的保险大国，补上了西方发达保险市场发展了数百年的“课”。

但实事求是地讲，改革开放40年来保险业的高速增长，存在依靠外部增长红利“水涨船高”的现象，粗放型、外延式的低水平竞争模式尚未得到根本性转变，在外部动力弱化、监管政策转变的大环境变化下，原来的商业模式难以为继，主要体现为“三个不匹配”：

一是发展方式粗放，投入与产出不匹配。目前，市场上的保险机构超过200家，这些公司在核心竞争力上差异很大，但仍然存在着“高投入、高成本、高消耗”的“三高”现象。

二是产品同质化，供给与需求不匹配。无论是财产险公司还是寿险公司，都存在同质化竞争、一险独大现象，许多与国计民生密切相关的保险业务尚未得到应有的重视和发展。

三是严重依赖中介，市场掌控力与价值链地位不匹配。为什么保险与银行比起来相对被动？正是因为银行业资产和负债都不通过中介，资产负债两端基本都可控，而保险业不仅资产端收益率不可控，其中财产险负债端成本也不可控，挑战很大。

面对全球保险业之大变局，站在中国保险业恢复国内业务40年的历史节点，只有打破束缚发展的传统商业模式，与时俱进优化商业模式，才能脱胎换骨，以崭新的姿态迎接未来。保险商业模式变革，涉及客户关系、销售渠道、价值管理、风险管理、资产负债管理及背后的技术支撑，是一个系统工程。

从单个保险企业来讲，就是要把数字化作为优化商业模式的灵魂，以提高效率、优化客户体验为出发点和落脚点，把数字变成数据，把数据变成资产，挖掘数据的潜力，释放数据价值，在前中后台都拥抱数字化技术，实现效率变革；把直销渠道建设作为优化商业模式的抓手，以销售成本大幅度下降且可控为方向，培育销售文化，建设直销队伍，系统布局电网销渠道，绕开非理性的中介机构，实现新旧动能转换；把精细化管理作为优化商业模式的关键，强化成本意识，精打细算，以专业能力建设为方向精耕细作，实现质量变革。但是在大变局下，更根本的是要把握好经济社会发展对保险的角色变迁要求。

一是数字社会保障者。诺贝尔奖经济学奖得主约翰·希克斯曾经说过，“工业革命不得不等候金融革命”。回望历史，现代保险与工业革命相伴相生，为工业化的蓬勃发展、城市化进程的推进、汽车等现代化交通工具的普及推广，以及世界市场的形成，起到了不可或缺的保障支撑作用。“过去未去，未来已来”。

当前，全球正跑步进入数字化社会，中国在数字经济领域正在从跟跑者、并跑者逐渐变为领跑者，也必然要求保险在保障数字化革命中发挥助推器和稳定器作用。在这方面，我国保险业做了一些有益探索。但实事求是地讲，保险业对数字化新事物的追踪与跟进不够，还没有形成与数字经济、数字生活的紧密结合，一定程度上成为数字化革命进一步推进的短板。

下一步，无论是推广普及无人驾驶汽车技术，还是推动物联网大规模走入家庭，抑或实现基因技术的大规模应用，这些数字化新事物的发展在初始阶段都面临消费者接受度低的问题，需要保险的提前介入和安全背书。因此，对数字化时代的新兴风险保持敏感性，在主动参与、深入洞察的基础上创造新的险种和业态，无缝嵌入各种数字化商业、生活场景中，支撑护航中国的数字化进程，应该成为新时代保险人的历史使命。

二是风险减量管理者。传统保险商业模式下，保险业往往是被动接受客观存在的风险，组合成风险池，并在全社会进行转移和分担。但是随着科技进步，在万物互联、一切都是“全”监测的世界，保险业在风险管理中可以更主动作为，从简单的“险后”补偿转向“险中”响应、险前“预警”，构建风险减量管理新商业模式。

下一步，保险业还需要更积极与政府、企业和个人客户合作，运用现代科技，引领推广风险减量管理思维，提供防赔并重的风险管理一揽子解决方案，努力在对被保险人做出经济补偿前，主动提前管理好损害风险，让社会更安全、人民更安心。

三是高品质服务的提供者。国发〔2014〕29号文首次将保险业定位为现代服务业，凸显了保险在风险管理属性、金融属性之外的服务属性，为行业商业模式变革指出了新的方向。

美国销售大师菲利普·科特勒认为，“客户购买的不是钻头，而是墙上的洞”。保险也是如此，客户购买保险，表面上是为了出险后的赔款，但背后的逻辑是希望出险后得到服务。举例来说，客户购买车险，是希望出事故后保险公司能帮助“修好车”，乃至在车修好前“有车开”；购买健康险，是希望保险公司能够帮助早发现、早诊断、早治疗；购买养老保险，是希望年纪大了之后能够提供长期、专业的照护服务。

当然，客户在获得赔款后也可以自己去市场上采购相应的服务。但是与普通消费者比起来，保险公司作为付费方，在服务采购上，具有更强的识别能力和议价能力，可以为自己的客户争取更多、更好、性价比更高的服务资源。

随着向往高品质生活的新生代客户逐渐成为主流客户群，面对互联网企业跨界生态圈对客户心智的争夺，保险有必要也有条件构建以保险为起点、以服务为终点的“保险+服务”闭环新商业模式，不仅仅向客户提供保险产品，也不仅仅以理赔为终点，而是以保险为工具，连接乃至自建优质的生活服务提供商，为客户提供与保险相关的高品质生活服务。

展望未来中国保险业，将充分发挥海量客户资源优势和付费方优势，以车辆、三农、健康养老等保险客户群体最广泛、客户连接最紧密的领域为切入点，布局完善保险服务生态圈，为人民群众提供生活化、实体化的综合性服务，提高保险与客户互动频次，以对客户的“可感知价值”黏住客户，应对科技带来的颠覆性冲击。

（资料来源：节选自“金融界”于2019年4月28日转载“慧保天下”于2019年4月27日发表的文章“保险商业模式会怎么变”，https://baijiahao.baidu.com，节选时有删改。）

# 销售工具

1. 保险分销渠道选择表

保险分销渠道选择表

险种名称：

| 策划内容 | 具体内容要素描述 | 备　注 |
|---|---|---|
| 销售渠道 | | |
| 选择渠道依据 | | |
| 渠道的类型 | | |

2. 业绩指标目标设定表

| 关键业绩指标 | 上月实际达成率 | 与计划的差距 | 造成差距的主要原因 | 本月目标 | 措　施 |
|---|---|---|---|---|---|
| 活动率 | | | | | |
| 人均产能 | | | | | |
| 客户投诉率 | | | | | |

3. 业务改善措施计划表

| 措　施 | 具体工作内容 | 预期效果 | 成本估计 | 实施时间 | 负 责 人 |
|---|---|---|---|---|---|
| 业绩追踪 | | | | | |
| 新人衔接教育 | | | | | |
| 目标市场增员 | | | | | |

# 综合实训

1. 针对保险市场的寿险公司或财险公司，学生任选两家，分组开展市场调研，调查了解这两家保险公司目前分别采取什么样的销售模式。

2. 学生分组设计并演练保险电话销售和保险微信销售。

# 项目 4

# 熟悉保险销售流程

## 学习目标

**知识目标**

- 了解识别准客户的方法和原则；
- 了解拜访准客户前的准备工作；
- 了解电话约访、微信约访、信函约访等准客户接洽方式；
- 了解销售面谈的四大基本步骤；
- 了解异议处理的类型和原因；
- 了解签单促成的时机与方式。

**技能目标**

- 掌握识别准客户的基本技巧；
- 掌握电话约访的基本要领及话术；
- 灵活应用保险建议书的说明技巧；
- 掌握保险销售过程中的异议处理方法；
- 掌握保险销售面谈的方式与技巧。

## 案例导读

销售：您好，冯先生，久仰了，我是A保险公司的销售员孙烈，打扰您了，听朋友说起您现在事业有成，对于子女的教育也很成功，我非常佩服。您能如此高效地协调好时间，实非一般人所能及。今天来拜访您，也是出自对您的敬佩之情，即使您已经购买了保险产品，我还是希望能和您认识一下，向您多多学习。

客户：你好，欢迎。

销售：您的房子真大啊，装修也很时尚，太让人羡慕了。我什么时候才能拥有像您这样的房子啊？不知道您在哪里高就？

客户：我在财富证券公司上班。

销售：那可是一家大公司，难怪您能住这么好的房子。那您平时的福利待遇肯定也很好吧？

客户：嗯，福利待遇比较全面。

销售：真是羡慕您。您已经为自己购买了意外险和重疾险，不知道您有没有为您的小孩购买商业保险？我主要负责少儿教育险保障计划业务，我给您大概介绍一下相关业务，您看如何？

客户：这个倒没有购买，我的两个孩子正好在上初中，这个业务倒是正好符合我的需求。

销售：这款保险属于分红型，只需交费8年，即可在孩子15～21周岁每年领取教育金，年满25周岁更有创业基金为孩子的事业添砖加瓦。

客户：什么时候购买比较划算呢？

销售：我和您详细地说一说（拿出纸和笔准备介绍）。

客户：稍等一下，我去拿一下眼镜。

（资料来源：节选自天津科学技术出版社2019年出版的《从零开始做保险销售：解决各种各样的销售难题》，作者周洲，节选时有删改。）

**辩证性思考：**

1. 如何接洽准客户？拜访准客户前要准备些什么？
2. 如何与准客户面谈？面谈过程中应注意哪些内容？
3. 保险销售过程中客户可能产生哪些异议？应该如何应对？

# 任务1　熟悉准客户的开拓

保险销售流程（见图4-1）是一个步骤清晰、环环相扣、逐级递进的循环，从接触客户到最终签单，共六个步骤。每个循环的终点都是下一次循环的开始，因此可以将销售过程看成螺旋式上升、没有终点的循环往复过程。准客户开拓是该循环的开始，由此引出了以下五个步骤。

图4-1　保险销售流程

准客户是保险销售人员直接面对的销售对象。一个保险销售人员开发准客户数量的多少、质量的高低，直接决定了其工作业绩与事业发展前途。所以，准客户的开拓是保险销售人员必须掌握的业务技能与生存技能。

在保险销售过程中，客户、准客户与顾客是必须明确的三种对象。客户是指已经购买了本公司保险产品并享受本公司保险服务的单位与个人，客户既是保险公司经营管理的基础，也是其提供相应服务的对象；准客户是指具有投保潜力但其保险需求目前尚未得到充分满足的单位与个人，可能有购买保险产品的经验，也可能没有，其尚未满足的保险需求需要保险销售人员去进行激发与满足；顾客是指与保险公司、保险销售人员等有业务往来或联系的单位与个人，可能是客户、准客户，也可能与保险产品无关，只是与保险公司有关联的个人或单位。

## 一、准客户应具备的条件

### （一）要有保险需求

不论其意识到或没有意识到，准客户必须有相应的保险需求，这种保险需求可能是显性的，也可能是隐性的，在保险销售人员的引导与激发下，保险需求能够被准客户所认识并能产生购买动机。

### （二）要有投保资格

准客户要拥有合格的保险标的，满足保险公司承保要求，要能够通过保险公司核保程序，否则保险销售人员花费大量精力进行开拓，最后通不过核保，将前功尽弃。例如，90 岁高龄老人就不能成为定期寿险准客户。

### （三）要有充足的投保能力

准客户要具有一定经济实力，能够负担起保险销售人员所销售或建议的险种的保费支出。如果准客户目前暂时由于资金周转等因素而不具备短期经济条件，也可将其列入长期开发名单中加以关注。

### （四）要有正确且合法合理的投保动机

准客户购买保险的动机必须是合理合法的，而不是出于欺诈。保险销售人员在展业和开拓过程中要明晰准客户投保动机，避免逆选择或保险欺诈行为发生，以免为公司或个人带来相关名誉或经济损失，更要避免违法犯罪行为发生。

### （五）要有投保决策权

准客户是否拥有投保决策权是很重要的一个条件。如果一个人不拥有投保决策权，保险销售人员花费大量力气，其结果换来的却是“我不能做决定，必须得到××同意才行”，这将浪费保险销售人员的时间、精力和经济成本。因此，优秀的保险销售人员应该能够辨别谁才真正拥有保险决策权，并能找对决策人进行销售。

（六）要有接洽机会

如果具备上述所有条件，但保险销售人员始终无法与其接近，无法找到商谈或沟通的机会，那么该人仍然不能成为准客户，只是有潜力的发展对象而已，能否接近还要看保险销售人员的沟通技巧与方法。

寻找准客户是保险销售人员进行保险销售的第一道程序。对于优秀的保险销售人员而言，准客户无处不在，关键是如何着手发掘，开拓准客户是有好的案例或方法可循的。

## 二、开拓准客户的方法

（一）缘故开拓法

一个人在工作和生活中，通过日积月累，往往会产生一个比较庞大的关系网，善用关系网发掘准客户即缘故开拓法。在关系网中，除了家庭成员，还会有老师、同事、同学、亲戚、领导、朋友等，通过他们又可进一步横向发展，如朋友的朋友、同学的同学或同事等，这样关系网和交际圈会不断扩展，不断成为新客源。

众所周知，风险具有客观性和普遍性，无处不在，无时不在，而随着国家经济实力的增强和社会经济水平的发展，越来越多的公众会考虑购买保险作为风险管理的重要手段，但与此同时，保险商品的无形性会使得公众更加重视对于保险销售人员的考察与信任。因此，作为保险销售人员，以陌生人的身份销售保险，难度明显高于通过已有的人脉圈层进行销售，而利用自身关系网诚实守信地开展销售，更容易促进准客户的信任，理解保险的功用与意义，接纳保险销售人员的沟通与服务。

传统社会文化影响着我们在感情上更倾向于自己所认识和所信任的人，开展保险销售，要特别注重合理运用自身人际关系开拓自己的客户群。

（二）陌生开拓法

个人的人际关系网毕竟有限，所以无法一直局限于已有的人脉，更应注意如何利用日常机会从陌生人中寻找和发掘准客户。

学校、医院和其他公共场所，机关企事业单位等，各类文化娱乐场所和社交活动场所都是保险销售人员开拓准客户的好地方。例如，高尔夫球场或商业俱乐部，高级白领及中小企业经理居多，消费能力较强，文化素质较高，保险意识较强，对保险的需求和购买能力也高，易于发掘准客户，进而成功销售。

（三）转介绍法

转介绍法又称链式开拓法，即说服身边的亲戚、朋友、同学、同事等人介绍新客户，宣传职业口碑与服务质量，通过转介绍，带来源源不断的客源，提供取之不尽的保源。

这是优秀的保险销售人员成功的必由之路，前提是必须诚实守信、爱岗敬业、服务优质，因此，持续提高服务质量和维系好客户关系是关键，只有以老客户为突破中心，在优质服务的向心力之下，才可能呈现客户滚雪球式的效应，形成准客户链式增长。

### （四）资料开拓法

从各种名册、名录等公开资料上寻找机遇，如工商企业名录、各地区和各部门的电话号码簿、大型博览会或展览会的名单等，保险销售人员在有选择性地甄别后，进行拜访和联系。另外，各类聚会、宴会、交流会、展评会等场所都是认识和寻找销售机遇的好方式，可以开拓保险销售人员的眼界，建立更为广泛的社会关系网。

### （五）咨询调查法

咨询调查法也就是通过咨询和市场调查去寻找准客户，保险销售人员除了通过从咨询公司获取更多资料，还可以到工商局、计委、税务、科研设计单位去咨询，从而收集更多准客户资料。

参与公司和自己模拟的市场调查，也是倾听准客户意见、寻找准客户的重要手段。另外，市场调查亦可帮助保险销售人员了解市场动态，清楚市场需求，理解准客户感受，为制订寻找准客户计划和销售计划打下坚实基础。

总之，准客户无时无处不在，只要保险销售人员下定决心去开拓，方法得当，机会时刻在等待。

## 三、开拓准客户的原则

### （一）开拓的持续性

美国寿险行销调研协会曾调查600名失败的保险销售人员，分析其失败的原因。结果显示，最主要的原因是他们没有拜访足够数量的高质量准客户。如果保险销售人员开拓准客户的技能欠缺，那么即使在其他方面技能不错，也很难取得成功。因此保险销售人员必须持续地进行准客户开拓以确保拥有足够多的准客户数量，如同漏斗原理，只有从源头上注入更多的水，才能在不断循环的过程中获得更多过滤的水。

### （二）开拓类型的丰富性

销售最大的挑战就是要有合适的客户，而要做到这一点，最好的选择就是首先尝试不同类型的准客户开拓，在此程中发掘最优准客户。

### （三）追踪的持续性

记录所有准客户资料，以及每位准客户的来源和最终开拓的成功率，在此过程中通过数据分析来了解自己的展业质量，更好地制定和优化目标。

## 四、准客户资格审查

在保险销售实践中，并非每个人都是保险销售人员开拓的目标客户，从准客户到目标客户还需要对其资格进行鉴定和选择，分析其是否具备成为目标客户的条件。只有准客户具备了一定的条件，才能正式将其列入目标客户名单中，建立客户资料卡，作为重点销售对象。因此，在展业之前，必须先对准客户的资格进行审查。

### （一）准客户购买需求的鉴定

保险产品销售能否成功，首先要看准客户对保险产品是否有购买需求，这就需要保险销售人员对准客户的购买需求进行鉴定，即事先确定潜在准客户是否真的需要所销售的产品。鉴定的主要内容围绕是否需要、何时需要、需要什么、需要多少来进行。经过严格鉴定，如果保险销售人员确认准客户不具有购买需求，或者发现自己所销售的保险产品无益于该客户，不能适应其实际需要，就不应该花时费力向其销售。相反，一旦确认该名准客户存在购买本人所代理的保险产品的可能性和倾向性，自己所销售的保险产品有益于满足准客户的需求，有助于解决准客户的实际问题，那就应该努力引导和说服准客户购买，切勿错失良机。

下列人群往往具有保险需求。

*1. 从事商业经营活动的人群*

该类人群一般拥有比较丰厚的收入或资产积累，但尚不能保证未来生活的衣食无忧，其社会交往比较多，对保险有一定了解，素质相对较高，是保险销售人员的重点开拓对象。由于购买力强、保障需求高，该类人群可能多次进行购买，个体需求总量较大。

*2. 40岁左右的人群*

人至中年，一般上有赡养义务，下有抚育义务，经济责任较重，而保险正好能满足该类人群的这一需求，并且考虑到退休年金问题，其自身对养老保险类的需求也较高，这类人群也是保险销售人员的重点销售对象。

*3. 新婚夫妇*

新婚夫妇刚刚组建家庭，为了体现家庭责任以及双方的感情，可能需要购买保险，以便在万一遇到风险时，能够保障心爱之人的幸福生活。

*4. 初为父母的人群*

孩子往往是家庭中心，父母一般在经济实力许可的情况下，都会考虑为子女留下一份持久的爱心与保障，为孩子的人生规划铺路架桥，如留下可观的教育金、婚嫁费等。

### （二）准客户购买能力的鉴定

仅有保险需求并不一定能形成真正的购买力，既有需求又有支付能力的人才能成为真正的目标客户。从经济学上来说，有效需求必须具备下列条件：一是有购买该商品的欲望，二是具备相应的经济能力。保险准客户也必须具备这两个条件方能进一步形成真正的需求。准客户的购买能力是指准客户购买保险产品时的支付能力，它是判断一个准客户能否成为目标客户的首要条件。可能许多人对保险都有需求，但有一定支付能力的需求才能成为真正的保险需求。

个人如果按生命周期来划分，一般可分为幼年阶段、少年阶段、青年阶段、中年阶段和老年阶段。青年阶段和中年阶段是参加工作或已工作一定年限的人群，往往最具购买力。而就社会意义而言，人的一生又可分为依赖阶段、独立生活阶段、赡养与抚育阶段、接着又再次回到依赖阶段，在独立生活阶段以及赡养与抚育阶段，人们的保险需求与购买能力都会较高，是真正的有效需求阶段。

支付能力可以划分为现有支付能力与潜在支付能力两种形式。鉴定准客户支付能力，首先，要鉴定对准客户的现有支付能力，具有产品购买意向并具备现有支付能力的准客户是最理想的目标客户；其次，要鉴定准客户潜在支付能力，掌握具有潜在支付能力的准客户的信息，可以为销售开拓更为广阔的市场前景。

当准客户有一定的购买意向并且有潜在的支付能力时，保险销售人员应该主动协助准客户解决现有支付能力方面的问题。例如，建议准客户通过短期借款等形式来促使其达成保险交易。

鉴定个人与家庭的支付能力，主要是调查消费者个人或家庭的经济收入情况；鉴定企业的支付能力，主要是调查企业的经营状况和财务状况。保险销售人员要获取相关资料，通常需要花费大量的时间和精力，可以根据关系网、展业经验或市场调查等手段来进行合理评估与判断。

通过鉴定准客户的支付能力，可以节约保险销售人员的时间成本和经济成本，确保在销售过程中有的放矢，从而提高保险销售的成效。

### （三）准客户购买决策权的鉴定

某些准客户既有支付能力，也有购买意向，最终却无法购买保险，究其实质，在于他没有购买决策权，因此，保险销售人员一定要注意销售过程中的对象选择。一般来说，在一个家庭中，有保险需求的影响者、决策者、使用者和购买者，但往往不是同一个人。

如何选择和甄别影响决策的人和最终决策者是保险销售人员必须具备的技能。例如，一个三口之家，小孩是被保险人，其父亲是支付保费的人，而真正的购买决策者可能是孩子的母亲，如果保险销售人员不了解该家庭情况，不能识别真正的购买决策者，仅仅不断地说服孩子的父亲，而忽略了孩子的母亲，则很有可能即便已有购买需求，也不一定成交。

另外，保险销售人员在销售团体保险产品时，必须了解团体客户的内部组织结构、人际关系、决策系统与决策方式等，集中精力向有决策权的管理者销售保险。

### （四）保险利益的鉴定

具有保险利益是成为投保人的首要条件，并不是任何人都可以成为保险保障对象，只有具有保险利益的人才能成为合格的准客户。

所谓保险利益，是指投保人或被保险人对保险标的所具有的法律上认可的利益。我国《保险法》规定，投保人对下列人员具有保险利益：本人；配偶、子女、父母；前项以外与投保人有抚养、赡养或扶养关系的家庭其他成员、近亲属。

除前款规定外，被保险人同意投保人为其订立合同的，视为投保人对被保险人具有保险利益。

（1）本人，即被保险人本人，任何人对自己的身体和生命具有无限可保利益。当某人为自己的身体或生命投保时，任何保险公司在承保时，不得以不具备保险利益而加以拒绝。

（2）配偶，是指夫妻双方，即与投保人有合法婚姻关系的另一方。

（3）子女，是指投保人晚辈直系亲属，包括投保人的婚生子女、非婚生子女、养子女和有抚养关系的继子女。注意，在投保时，不得超过保监会所规定的、对未成年人限制的保险金限额。

（4）父母，是指投保人的生父母、养父母和有抚养关系的继父母。而家庭的其他成员、近亲属主要包括投保人的祖父母、外祖父母、孙子女、外孙子女等直系血亲及投保人的亲兄弟姐妹、养兄弟姐妹、有扶养关系的继兄弟姐妹等旁系血亲，并以有无赡养、抚养和扶养关系为准，不具备上述关系的，不具有保险利益。

除此之外，如被保险人同意投保人为其投保的，也视为投保人对其具有保险利益。

另外，上述以死亡为给付保险金条件的人身保险，要取得被保险人书面同意并认可保险金额，否则保险合同自始无效。

对于财产保险合同，对保险标的的所有权、经营权、使用权、租赁权及由此衍生出来的法律或民事赔偿责任等权益在内，均可构成投保人对保险标的可保利益。

保险利益原则是保险销售人员必须时刻注意的重要事项，我国《保险法》规定："投保人对保险标的应当具有保险利益，投保人对保险标的不具有保险利益的，保险合同无效。"

### （五）核保条件的鉴定

对于准客户来说，还有一个重要的条件就是其身体状况或信用程度能通过保险公司的核保。如果该准客户身体健康状况很差，有过既往病史，对保险公司而言承保的风险较高，则该名客户虽有购买能力和欲望，也将无法通过保险公司的核保而不得不放弃投保；或者该准客户曾有过多次不良的索赔记录或不良的信用行为，也有可能被保险公司拒保。因此，保险销售人员在销售过程中应注意准客户的逆选择行为，尽量在开拓或成交前对准客户有一定了解，以避免自己的努力成为无效销售行为而给公司和个人带来损失。

## 延伸阅读 4-1

### 如何通过老客户开发新客户

老客户转介绍是十分常见的开拓新客户的方法，也是非常重要的途径之一。但是，如何才能让老客户转介绍新客户？如何维护老客户才是正确的？

开发新客户的成本要远远高于维护老客户的成本，但保险销售人员似乎总是把更多的目光放在新客户身上而忽视了老客户。

口碑的力量往往会带来连锁反应与利润倍增。所以要重视老客户的服务与维护，提升老客户转介绍率。对于保险行业来说，应该如何打通老客户转介绍这种低成本、高回报的渠道呢？可以从以下三方面着手：

1. 掌握客户转介绍的三个最佳时机

（1）当客户做出购买决策时。

（2）当为客户做了一些事情，客户对此表示感谢或赞赏之时。

（3）当产品和服务得到客户认可时。

2. 做好转介绍的四个注意事项

（1）服务超出客户预期，诚挚地为客户服务，提升客户满意度。

（2）增强客户对产品和服务的了解，提升转介绍成功率。

（3）增加客户在转介绍中得到的利益，拟订客户服务计划。设计回馈客户的方案，是吸引更多客户转介绍的好方法。

（4）重视客户人脉的力量，不以客户消费多少论价值，诚挚地为客户服务。

3. 四种不同类型客户的应对策略

第一种客户：无须好处即提供转介绍。这种类型的客户乐于表现自己，喜欢荣誉，保险销售人员应抓住每次机会让客户表现自己。比如，公司开产品说明会的时候，邀请客户上台分享。但这种类型的客户较少，这就是所谓的黄金客户。

第二种客户：给予合法的适当利益即提供转介绍。直接与客户洽谈转介绍的合法利益，客户可能会积极提供转介绍。现实中这种类型的客户不少，有部分人会主动提出需要利益，保险销售人员要好好把握，充分利用客户资源。

第三种客户：既不要荣誉也不要金钱，重在互助。这种类型的客户出于需要帮忙的目的，给保险销售人员提供转介绍，在介绍少量客户后，就会婉转告知他有什么困难一直没解决，希望保险销售人员能帮忙。如果保险销售人员能够妥善解决客户困难，那么客户会与保险销售人员保持这种友好关系，持续为之提供转介绍。

第四种客户：什么要求都没有，单纯交朋友。这种类型的客户是出于朋友之间的关系，当他遇到了合适的客户就会把这个人转介绍给保险销售人员。这种类型的客户需要用心经营，不要把他当客户，要把他当朋友。

（资料来源：节选自保险岛网 2019 年 3 月 6 日的文章“如何通过老客户开发新客户”，https://www.bxd365.com，节选时有删改。）

# 任务 2 熟悉拜访准客户前的准备

有经验的保险销售人员，在正式接触准客户之前，都会仔细研究准客户的资料，了解他们的家庭情况及爱好等。销售时寻找共同感兴趣的方面为切入点，谈论投其所好的话题。如果是陌生拜访，这项准备工作就应更仔细、更具体，只有在正式接触前充分地了解准客户，选好谈话的切入点，才能做到有的放矢、事半功倍。

## 一、准客户的选择与了解

经过对准客户的选择与了解，保险销售人员可以确定一份理想的准客户名单，以备正式进行保险销售时使用。

### （一）寻找准客户

通过长期资料积累，保险销售人员可以将客户按照时间顺序分为三大类，即过去客户、现有客户和未来客户。对每类客户都要进行详细分析，以便从中发现保险产品的销售机会，如表 4-1 所示。

表 4-1 客户情况分析表

| | | | | | | | | |
|---|---|---|---|---|---|---|---|---|
| 现有客户 | 哪些人 | | | | 买什么/不买什么 | | 能推荐哪些新客户 | |
| | 名称 | 地址 | 电话 | 决策人姓名 | 产品名称 | 产品数量 | 其他公司 | 朋友、亲戚 |
| | | | | | | | | |
| 过去客户 | 哪些人 | | | | 为何失去 | 如何挽回 | 能买何种产品 | |
| | 名称 | 地址 | 电话 | 决策人姓名 | | | 产品名称 | 产品数量 |
| | | | | | | | | |
| 未来客户 | 哪些人 | | | | 如何促使其购买 | | 可能购买何种产品 | |
| | 名称 | 地址 | 电话 | 决策人姓名 | 需要产品 | 能否满足 | 产品名称 | 产品数量 |
| | | | | | | | | |

### （二）建立准客户资料卡

在客户情况分析表的基础上，保险销售人员还应对每个经过鉴定的客户制作详细的资料卡，对资料卡中的有关内容进行充分调查和了解，便于在将来接近客户和面谈时进行查找，使保险产品销售工作系统化、表格化，进一步提高保险产品的销售效率。

在实际销售过程中，保险销售人员可以根据实际需要设计准客户资料卡的具体格式。表 4-2 是“保险团体准客户资料卡”，可供参考。

**表 4-2　保险团体准客户资料卡**

| | | | |
|---|---|---|---|
| 团体名称 | | 营业地址 | |
| 团体性质 | | | |
| 联系电话 | | 经营规模 | |
| 主要决策人情况 | | | |
| 购买产品情况 | | | |
| 购买日期 | | | |
| 付款方式 | | | |
| 营业状况 | | | |
| 信用等级 | | | |
| 备注 | | | |

根据以上资料，保险销售人员就可以根据有关标准将客户分为 A、B、C、D 类。类别不同，保险销售人员的准备访问次数也不同，如表 4-3 所示。

**表 4-3　准客户级别与计划制定**

| 类　别 | 满足要求程度 | 计划访问次数 | 计划购买时间 | 计划销售数量 |
|---|---|---|---|---|
| A | 具备购买条件 | 1 周 1～2 次 | 当月购买 | |
| B | 具备购买潜力，具有访问价值 | 每隔 1 周 1 次 | 2～3 个月内购买 | |
| C | 具备开拓价值 | 偶尔访问，每月 1 次 | 半年内购买 | |
| D | 具备长远的开拓价值 | 顺路访问或电话访问 | 1～2 年内购买 | |

### （三）准客户资料的利用

在随后的保险销售过程中，保险销售人员可以根据资料卡随时掌握准客户情况，并在此基础上进行分析、判断、改进和综合评价，进一步获得更多有价值的开拓新准客户的方法与途径。

## 二、材料与工具的准备

在与准客户见面之前，保险销售人员必须做好一切工作上和心理上的准备，并对整个见面有一个预定计划，这样在与准客户洽谈时不至于无话可说，无事可做。

将要拜访的准客户的资料准备好，进行详细分析，以了解其投保需求所在，从而在接洽时能很快找到切入点。

准备好相应的保单等资料文件，并进行保单说明预演，以便在与准客户洽谈时能回答任何有关保险的问题。

准备好名片、公文包、笔记本、笔、小礼物、小道具等便于用来打开洽谈局面的工具。注意，体现专业能力的工具（专业资格证书、客户推荐信、荣誉奖励等）一定要按顺序放好并记住，不要因为见面后找不到而手忙脚乱，给准客户留下不好的印象。

再次整理仪容，确定准客户类型与生活品位，以便与准客户产生心灵共鸣。如果是与一位专业人士见面，最好穿西服；如果是与一位自由职业者见面，休闲装可能更合适。更重要的是自身外表要保持整洁，头发要梳理整齐，牙齿和指甲保持清洁，衣服要干净笔挺。

## 三、保险销售前的心理准备

### （一）皮格马利翁效应与心理暗示

皮格马利翁效应又称“标签效应”，含义是给自己贴上什么样的标签，你就成为什么样的人。用汽车大王亨利·福特的话来讲就是：“你认为自己行或不行，你总是对的。”这正是自我暗示造成的。无论承认与否，心理上的自我暗示都会发生作用。一般认为悲伤才会流泪，事实上流泪也会使人变得悲伤。由此可见，自我暗示与我们的生活是紧密相连的，我们不能改变它，但我们可以巧妙地利用它，来促使自己更早成功。

### （二）精神电影放映法

保险销售人员可以用精神电影放映法做积极的心理暗示。

（1）进行三次深呼吸，每次憋气几秒。呼气时心里默念“放松”，这样可以使自己安静，以便更容易将积极的思想形象和情感输入大脑。

（2）想象自己置身于豪华而热烈的庆功宴中，拥有梦寐以求的一切，正迎接众人的鲜花和掌声，充分地享受其中的快乐；让所有感觉，如视、听、嗅、触、味甚至连第六感觉都全部投入进来；让自己充分体验这一满意结果所带来的积极情绪，体验其中的自信、满足、充实和爱，以及这一满意结果带来的一切好的东西。

（3）慢慢地从这一满意结果中走出来，放——松、完——成、输——入。这样你就能将希望的种子在自己的头脑中播种完成。这与有时给自己输入消极情绪会使我们沮丧、懊悔、不安和痛苦是同一个道理。

每天运用“精神电影放映”这一热身运动，让自己充满自豪、喜悦和必胜的心情，激励自己，或者播放一些激动人心的音乐给自己听。

威廉·詹姆士作为伟大的心理学家，已经向人们证实：“情绪不能立即降服于理智，但情绪总是能立即降服于行动。”所以千万不要小看热身运动，一个人的成功或失败都与其心理能否受到激励有关。

### 延伸阅读 4-2

**拜访客户之前，先准备好“5W1H”**

“5W1H”是一套拜访前的准备清单。

- Who，这次要拜访的对象是谁。
- What，拜访的内容是什么。
- When，在什么时间见面更合适。是上午还是下午？一般而言，上午更适合与客户沟通偏理性的内容，如成本预算、财务分析、产品可以给客户带来的价值等，而下午则更适合聊一些发散性强的内容，如框架设计、未来的业务规划、商业模式构想等。
- Where，在哪里见面。办公室还是茶馆？这要充分考虑客户的性格偏向，老虎型的人，应该找个小茶馆喝茶，留有足够的私人空间；而孔雀型的人就不妨把场面摆大，让他好好享受一下众星捧月的尊崇感。如果只能在多人共用的办公室拜访，还要考虑是否方便带上礼品。
- Why，为什么要这么做。
- How，拜访时该如何沟通。

这套拜访前的准备清单，就是销售老手经常使用的“5W1H”的工具。

（资料来源：节选自搜狐网 2019 年 6 月 17 日的文章“拜访客户之前，先准备好‘5W1H’”，http://www.sohu.com/a/321030155_465378，节选时有删改。）

## 任务 3　熟悉接洽准客户

保险销售人员有了上述基础，下一步便是接洽准客户。约见是指保险销售人员事先征得客户同意，进行接洽的行动过程。接洽要讲究技巧，因为直接影响能否顺利成交。一般来说，拜访客户最好先行约见，尤其是拜访准客户，好处如下。

一是客户大多工作较忙，事先预约，以免打乱对方的工作日程安排，同时避免“扑空”。

二是事先约见客户，征求其意见，表示对客户的尊重，客户一般也能理解。如果突然登门拜访，容易被拒绝，因为大多数人有一种讨厌不速之客的心理，尤其在工作繁忙的时候。

三是通过约见，让客户事先对你的来意有所了解，在思想上有所准备。在双方会谈时，客户就不会存有对陌生人的警戒心理，心情自然要轻松得多，容易创造融洽的商谈氛围，有利于销售拜访的顺利进行。

约访的目的就是得到面谈的机会，如果约访不成功，可以要求添加微信好友，添加微信好友可以更好地了解准客户的工作生活状态，推送保险知识等相关宣传信息。

## 一、电话约访

### （一）电话约访的特点

（1）针对性强。通过电话能马上与指定的人士交谈，了解对方的需求和空闲时间，以便进一步发展。

（2）迅速快捷。现代社会瞬息万变，运用电话是最快捷、最方便及最为经济实惠的方式。

（3）人情味浓。无论白天还是黑夜，电话两头可以随时就某事展开讨论和交流。

（4）感知情绪。通过电话中对方的语调、语气能“感知”对方的各种情绪状态并做出相应的处理。

在进行电话约访时，一定要让对方对产品和保险销售人员本身产生兴趣，让对方觉得应该见面，这是电话约访的关键所在。例如：

“您好，我是某某人寿保险公司的张某某，本来打算去拜访您，可是事先没与您约好，又怕不太礼貌，因此给您打电话。请问您什么时候有时间？”

表面看来这通电话很有礼貌，但没有吸引人的地方，大部分人在接到这样的电话时只会礼貌地说：“我很忙，以后再说。”不客气的人甚至会说：“什么保险公司，我没时间，也不会投保。”因此要切记，在进行电话约访时，谈话内容一定要包括见面后的价值与利益，这样才能吸引对方同意见面。

### （二）电话约访的基本要领

#### 1. 工作准备

打电话前做好准备，如笔、记录本、有关准客户的资料、保险条款的有关信息资料等，都要放在电话旁，一旦需要可随时取用。

（1）有关准客户的资料，每份名单应包括准客户的电话号码，以及其他相关资讯（转介绍人、已了解的客户信息等）。

（2）安静的工作环境，营造安静的环境来保证电话约访时不受到干扰。

（3）整洁的工作台，清理桌面上不需要的物品，将文具、资料放置顺手可取的位置，便于进行电话记录。

#### 2. 心理准备

（1）事先练习。尝试与朋友进行练习，对可能出现的状况准备预案。

（2）放松及微笑。紧张情绪是可以通过电话传播的，所以在电话约访前要注意放松心情，最好在拨电话前先微笑一下。

（3）只要求面谈机会。在没有与准客户接触前，电话销售保险几乎不可能成功，还容易引起准客户的戒备心理，所以在约访电话中目的要明确，只要求见面机会。

3. 通过声音表现出你的人品

由于在电话交谈中，彼此都看不到对方的面容、服装与神态，因此保险销售人员只能通过声音来表现出自己的人品，尽可能使自己的声音温和真诚，用词必须认真斟酌，要词句清晰、语调明朗，让准客户听起来觉得你是一个可靠和积极的人。

4. 充分发挥销售技术

把所讲的重点按先后顺序合理安排，如哪些话要先讲，哪些话要后讲，该如何讲等。尽量避免引起准客户反感，并在准客户提出疑问之前就予以说明，使其理解，让准客户觉得有必要与你见一面。

5. 给准客户留下好印象

不论准客户是否答应约见，在放下电话之前，都应对准客户表示感谢，并就占用了准客户的时间表示歉意，这样，容易给准客户留下好印象。

### （三）电话约访的步骤

（1）确认对方身份，电话接通后问好，第一时间确认对方身份，以免沟通有误。

（2）自我介绍，表明身份，建立信任。

（3）询问对方通话是否方便，对准客户表示应有的尊重。如果准客户拒绝，争取确定下次电话约访时间。

（4）说明来电原因，不要一味推销，要站在准客户的角度说明能带来的利益，语言简洁明确。

（5）约定见面时间及地点，常用二择一法，在约见时间上让对方做选择题而不是做问答题，当然选择的时间要建立在你对准客户闲暇时间有所了解的基础上。

（6）异议处理，在约访中遭遇准客户拒绝十分常见，对于准客户提出的异议，应及时处理，有耐心、有礼貌地听取准客户异议，理解准客户的异议，舒缓准客户的抗拒情绪，使准客户感受到被肯定和尊重。

（7）再次确认时间、地点并表示感谢。

话术参考——电话约访

保险销售人员：喂，请问是张先生吗？我是您的朋友林总介绍的小陈，在××保险公司工作，我想去拜访您。

出于礼貌，先给您打个电话，征得您的同意，不知您是不是有时间？不过您放心，我不会占用您太长时间，我只是给您做一个需求分析，买不买没有关系，您看我讲的有没有道理。您的朋友对我很信任，我也会让您放心的。

张先生：我这周没有时间。

保险销售人员：是吗？您的朋友也说您很忙，这样吧，我下周再给您打电话，真不好意思，打扰您了。谢谢，再见。

### （四）电话约访的注意事项

（1）拨电话之前仔细核对有关资料，特别是一次准备拨打几个电话时，一定要分别核对每次拨打的电话号码、对方姓名、职务、职业和相关的信息是否正确。

（2）放松心情，语气平和，彬彬有礼，通话前先自报家门，恭称对方，多说“请”和“谢谢”。

（3）言简意赅，表达清晰，通话时要简明扼要，突出主题。

（4）选择时机，事半功倍，电话随时可打，但要考虑对方是否方便。如有些人星期一上午特别忙，这时候打电话效果会适得其反。所以要针对不同的对象和行业与职业的特点来安排电话约访的时间。另外，为了防止通话中东拉西扯，挂一漏万，保险销售人员可以事先写下谈话步骤与纲要，提醒自己。

（5）善用转介绍人的力量，通过转介绍人的力量可以打消准客户的防备心理，获得准客户的信任。

（6）强调见面对准客户的好处，只有在感受到明显的利益时，才能减轻准客户面见的压力，促成见面。

当然，准客户在回应保险销售人员电话接触时，出于正常条件下的反应，必然会提出各种不同的异议，所提出的拒绝问题的内容和表现方式可能不尽相同。如果能够在进行电话接触前，先规划好处理异议和拒绝的解答方式，那么保险销售人员就可以更有效地回应这些问题，继而使准客户同意见面。

## 二、微信约访

微信已经成为我们生活中必不可少的一种联络工具，保险销售人员可通过微信约访准客户。

### （一）微信约访的步骤

（1）加好友并进行自我介绍，通过转介绍人发送的名片添加，身份认证时确认身份并提及转介绍人；采用照片、易企秀、视频等方式进行能力展示。

（2）确认对方是否在线，询问对方是否方便，对准客户表示应有的尊重。

（3）约定见面时间及地点，应用二择一法约定见面时间及地点。

（4）妥善处理异议，如文字沟通不便，可通过语音或邀请对方电话沟通，转入电话约访流程。

（5）再次确认时间、地点并表示感谢。

### （二）微信约访的注意事项

（1）请转介绍人事先和准客户沟通确认。

（2）私信表达诚意：认识途径（提及转介绍人）、赞美、保持关注。

（3）查看其朋友圈，了解其工作、生活和爱好等，经常点赞，找寻共同点，拉近距离。

（4）不熟悉的准客户尽量用文字沟通，少用语音沟通。

## 三、信函约访

信函是一种书面表达方式，它能准确地通过在字里行间将意图表达出来，并且能通过字词的斟酌使用起到吸引收信者的作用。在电子化越来越普及的时代，通过书面信函来约访保险准客户是一种非常新鲜且实用的手段。

### （一）信函写作中应遵循的准则

（1）迅速切题。

（2）使用清楚而简洁的语言，这样准客户得到的信息就是写信要表达的意思，不会产生沟通误会。

（3）避免使用那些分散准客户注意力或使主旨模糊的材料。

（4）诚实。

保险销售信函不同于业务信函。一封销售信函事实上就是一份广告，它表达的含义是“注意、兴趣、愿意、行动”。它应该引起准客户的注意，激发其兴趣，并且促使准客户行动或者期望接到你的电话。

保险商业信函必须在开始几秒抓住准客户的注意力。一旦引起对方的注意，整封信将被通读。引人注意的标题非常重要，标题之后必须很快进入有趣的内容，否则很难抓住准客户的注意力。记住，人们希望能从交易中获取好处，在信函中，可以说明价值和利益。

不要指望仅靠信函便能销售大额的保险产品，有些信函可能促使达成交易，有些可能没有任何效果，因此用信函来开拓市场成本偏高。为了评估效果，你可以在信函中夹上名片、写好地址与贴好邮票的信封。

### （二）信函约访的注意事项

（1）信函要清楚表明所销售的产品。

（2）信函中应允诺会带来好处。

（3）信函中要表明保险销售人员将打电话与其联络。

（4）信函中要写上公司的名称和个人的姓名、地址，增强读者的信任感。

（5）在信封上写明收信人的姓名和地址，手写效果最好，但如笔迹不佳也可使用电脑打印。

（6）信函邮寄的对象应是对所提供的保险产品感兴趣的人，这样可以节约成本。

（7）任何时候不要试图欺骗准客户。

（8）不要使用粘贴上去的姓名地址签或中式的信封，那样会使信函看起来像宣传品；信封不宜太小，太小的信封会使信件折叠，影响美观。

书写信函的目的只是吸引准客户的注意力，使其产生愿闻其详的念头。所以，信函越短越好，只强调想得到面谈的机会即可。

**话术参考——信函约访**

亲爱的张××：

我是×××保险公司的销售人员李×，您的好友王××先生经常提起您的大名，并建议我应该前来拜访您。

我们公司最近推出了一个寿险计划，许多与您背景相似的人认为极有价值，相信您会感兴趣。

该寿险计划是否适合您，只要您抽出十分钟的时间听我说明，即可亲自判断。

近日内，我打算登府拜访，届时请惠予接见。

顺祝万事如意！

李×敬上

2019 年 8 月 8 日

这封信函包含了接触所需要的三个要素：一是提供了销售人员自己的姓名，以便客户认识；二是提到了转介绍人；三是要求给予机会，以便前往说明。

对于网络约访，如电子邮件、语音聊天、视频沟通等是新型的保险销售方式，保险销售人员可以通过 QQ、微信等工具接洽准客户。因此可以在网络约访中尽可能引起对方的兴趣，表明自己是专业人士，能为对方提供细致周到的保险服务。

## 延伸阅读 4-3

### 史上最有说服力的 14 个电话约访技巧

1. 让自己处于微笑状态

带着微笑说话，声音也会传递出愉悦的感觉，听在客户耳中自然更有亲和力，让每一通电话都保持最佳的质感，并帮助你进入对方的时空。

2. 音量与速度要协调

人与人见面时，都会有所谓的“磁场”，利用电话沟通时，当然也有电话磁场，一旦你与客户的磁场吻合，交流起来就更为顺畅了。为了解对方的电话磁场，建议在谈话之初，采取适中的音量与速度，等辨出对方的特质后，再调整自己的音量与速度，让客户觉得你和他是同频率的。

3. 判别通话者的形象，增进互动

从对方的语调中，可以简单判别通话者的形象，讲话速度快的人是视觉型的人，讲话速度中等的人是听觉型的人，而讲话速度慢的人是感觉型的人，可以在判别形象之后，再给对方“适当的建议”。

4. 表明不会占用太多时间

为了让对方愿意继续这通电话，最常用的方法就是请对方“给我两分钟”，而一般人听到两分钟时，通常都会出现“反正才两分钟，就听听看好了”的想法。

5. 语气、语调要一致

在电话中，开场白通常是普通话发音，但如果对方以方言回答，要马上转成方言，有时普通话、方言交替也是一种拉近双方距离的方法，主要目的都是要与对方处于同一个磁场。

6. 善用电话开场白

好的开场白可以让对方愿意和你多聊一聊，因此除了开场的“耽误两分钟”，接下来的话题推进就变得十分重要，不妨多使用问句来了解对方的想法。

7. 善用暂停与保留的技巧

当你需要对方明确一个时间、地点的时候，就可以使用暂停技巧。比如，当你问对方“您喜欢上午还是下午”时，说完就稍微暂停一下，让对方回答，善用暂停技巧，将让对方有受到尊重的感觉。

至于保留，就是当不方便在电话中说明或遇到难以回答的问题时所采用的技巧。举例来说，当对方要求你在电话中说明费率时，你就可以告诉对方：“这个问题我们见面谈时当面计算给您听，比较清楚。”如此将问题保留到下一个时空，也是约访时的技巧。

8. 身体挺直、站着说话或闭上眼睛

试着将身体挺直或站着说话，你可以发现，声音会因此变得有活力，效果也会变得更好。有时不妨闭上眼睛讲话，让自己不被外在的环境影响。

9. 使用开放式问句，不断问问题

向客户提问，一方面可以拉长谈话时间，另一方面还能了解客户真正的想法，帮助你做判断。不妨用“请教您一个简单的问题”“能不能请您多谈一谈，为何会有如此的想法”等问题，鼓励客户继续说下去。

10. 即时逆转

即时逆转就是立刻顺着客户的话走，例如，当客户说“我已经了解过很多家公司的产品”时，不妨就顺着客户的话说“我就是知道您了解过很多产品，才打这通电话的”。

11. 再次强调“您自己判断”“您自己做决定”

为了让客户答应约见，在电话中强调“由您自己做决定”“全由您自己判断”等，可以让客户感觉被尊重，进而提高约见概率。

12. 强调产品的独特性

“新产品很特别，必须当面谈，才能让您充了解……”在谈话中，多强调产品很特别，再加上“由您自己做决定”，让客户愿意将他宝贵的时间给你，切记不要说得太复杂或使用太多专业术语，让客户失去见面的兴趣。

13. 给予二选一的问题及机会

二选一方式能够帮助对方做选择，同时加快对方与你见面的速度，如“早上或下午见面”“星期三或星期四见面”等问句，都是二选一的方式。

14. 为下一次开场做准备

此次电话约访目的是让客户同意见面，并且确定一个具体的见面时间，为下一次见面做准备。

（资料来源：节选自经纪人课堂 2018 年 3 月 29 日的文章“史上最有说服力的 14 个电话邀约技巧”，https://baijiahao.baidu.com/s?id=1596246854956099447&wfr=spider&for=pc，节选时有删改。）

# 任务 4　熟悉保险销售面谈

保险销售面谈是保险销售人员最重要的工作之一，也是实现保险交易的过程和手段，面谈的效果如何，最后能否实现交易，往往取决于保险销售人员在面谈中的表现，因此每个保险销售人员都必须掌握保险销售面谈技巧。面谈的目的是实现保险产品的销售，因此在面谈过程中，往往要做好三个方面的工作：一要有良好的面谈开端；二要能灵活运用面谈语言；三要巧妙运用一定的面谈策略。保险销售面谈过程主要包含四个步骤：①吸引准客户注意力；②收集准客户资料；③寻找购买需求；④出具保险建议书，如图 4-2 所示。

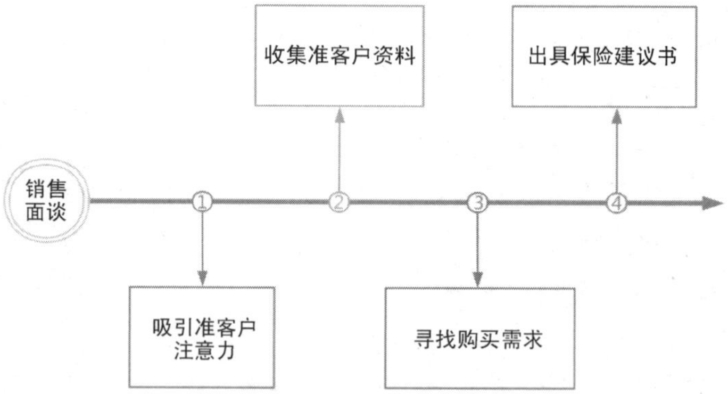


图 4-2　保险销售面谈过程

## 一、吸引准客户注意力

面谈的前 30～60 秒谈话常常决定面谈的结果。准客户会在这段时间内决定是否继续听你说下去，他们往往依据第一印象来判断。如果对保险销售人员印象不好，那对于销售计划也不会留下深刻印象。因此，在计划保险销售策略时，要好好考虑如何吸引准客户的注意力，必须提出一些特定的利益，并注意谈话的内容与方式；要思考如何以行动或资料来引起准客户的好奇心；每个人都喜欢听鼓励和赞美的话，需要找出准客户值得真心赞美的闪光点。

在面谈时，赢得准客户的信任是重点，良好的个人声望是吸引并保持注意力的重要因素之一。例如，经由准客户喜爱或尊敬的人极力推荐，运用推荐函或客户名单，这些都是赢得准客户信任的重要方式。另外，要让准客户对保险销售人员感兴趣，还必须向准客户展示你与众不同的一面，从而赢得准客户的注意与尊重。所有这些问题，可统称为“3A”，即外貌（Appearance）、能力（Ability）和态度（Attitude），这些都是树立良好形象的关键。

### （一）让准客户放松

面谈时的紧张气氛只会造成准客户的不安，加强其抗拒心理，因此首先要让准客户放松下来，消除其心理障碍，营造一种融洽的面谈气氛。

1. 寒暄

注意三个重点：一是礼貌地称呼对方，反复称呼对方的姓名或职务，既利于增加亲切感，又可记住对方；二是清楚地介绍自己；三是要赞美对方，恰如其分的赞美可以缩短与准客户的距离，但赞美一定要真诚且富有创意。

2. 消除对方戒心

可以采取两种方式：一是进行营销承诺，即一开始就向准客户表明是来推荐有关保险计划的，是否决定购买完全取决于准客户自己；二是时间承诺，即表明在设定时间内向其介绍，决不影响准客户的正常工作。

3. 多听多笑多想

在面谈过程中一是要保持耐心、全神贯注，只有让准客户说话才能获得对方的资料。因此，一是要做一个好听众，准客户也会因此而感受到被尊重；二是要面带微笑，以诚待人；三是多思考，不要被准客户牵离主题，要保持清醒，思考对策。

4. 表明意图

向准客户解释销售程序，以及他将得到怎样的对待。采用类比的方式说明保险工作的特性及流程。例如：“赵先生，我知道您的时间宝贵，甚至没有太多的时间与我进行简短的谈话。我的工作与医生有点类似，我向人们提供有关保险方面的建议，但是如果我对他们没有足够的了解，就无法给出负责任的建议。因此，与医生一样，我会询问很多问题，了解您的情况，为您提供更好的服务。如果您愿意，我想收集一些有关您的信息资料带回办公室，并为您拟订一份计划；或者，如果可能的话，我可以当场就给您提供一些有效的建议。您认为这样可以吗？”

### （二）寻找突破口

通过找到准客户的保险需求，进而发掘其真正的购买点。

（1）要收集下列资料以深层次地了解准客户的需求，包括准客户家庭成员的有关资料、准客户家庭经济状况的有关资料、子女教育需求、目前享有福利的状况、准客户健康状况。

（2）提问要有技巧。提问方式有开门见山式、由简至繁式等，多提开放式的问题，尽量避免对立。

## 二、收集准客户资料

### （一）准客户资料包含的内容

在与准客户面谈时需要收集充足的资料，以便进一步了解准客户的需求。准客户资料主要包含以下几个方面。

（1）获得准客户的个人事实资料：准客户的姓名、年龄、性别、收入、已有保障、健康状况、家庭结构、工作特性等。

（2）获得准客户的感性资料：准客户自身的想法、对未来的规划、对家庭的期望等。

（3）发现准客户的需求：对保险的看法。

（4）找出准客户的保费预算：通过对准客户家庭收入与支出的了解，结合准客户保险需求，提出保险规划预算。

（5）要求转介绍名单。

### （二）收集准客户资料时的注意事项

（1）由于期望收集的准客户资料很多属于准客户的个人隐私，尤其是涉及收入、工作等方面，准客户对于提供相关信息存在抵触心理，此时要做的就是打消准客户的顾虑，取得准客户的信任，向准客户说明收集资料的重要性和必要性。

（2）沟通层次需要由浅至深，不熟悉的人一般从寒暄开始，可以包括生活、家庭、兴趣、爱好、经历、娱乐、时政、动态等方面，在取得准客户的人际好感后，可以和准客户谈论一些与保险推荐暂时无关但和投保经验、须知、技巧和注意事项有关的话题，我们称之为边缘话题。边缘话题往往站在貌似客观和中立的立场，提供有效的建议、信息、 经验。精心设计的边缘话题能迅速获得准客户对保险销售人员的信任，提升保险销售人员的专业度。最后和准客户沟通与自身保险产品推荐密切相关的话题，我们称之为核心话题。核心话题往往围绕所提供产品或服务与对方需求的匹配情况展开，能迅速获得准客户对保险销售人员所提供产品/服务的信任，扫除其心中的顾虑和异议。

（3）克服自己畏难情绪，敢于开口向准客户收集资料并要求转介绍名单。

（4）在与准客户沟通时，多使用问句，多问少说。

## 三、寻找购买需求

发掘、确认准客户需求并据此设计具有针对性的方案时，必须与准客户确认相关信息，所以寻找购买需求的目标包括：确认事实资料；重述感性资料；将准客户关心的问题排定优先顺序；就保费预算额度的范围达成共识。

保险销售人员很难在收集资料并寻找购买需求后即刻为准客户提供解决方案；当准客户不能提供当场进行方案说明与促成的机会时，需要为下一次面见做铺垫。如果准客户资料收集后离下一次见面有较长的时间，期间最好通过发送信函、邮件、信息等方式与准客户进行购买需求分析与确认，以强化准客户的需求并进一步提高下次见面的成效。

## 四、出具保险建议书

出具保险建议书是销售流程中的一个重要步骤，这是保险销售人员整理思路、深入分析准客户的需求，运用自身专业，为准客户量身定制解决方案的过程。在这一环节，要达成的目标是，充分尊重准客户的需求、设计满足准客户需求并具有吸引力的方案。

### （一）保险建议书的内容

（1）准客户基本情况陈述，主要包括准客户年龄、性别、家庭结构、职业特性、现有保障、主观需求等与保险需求紧密相关的信息。

（2）保险需求分析。

（3）解决方案建议：产品及组合名称、保险责任。

（4）准客户利益说明：阐述解决方案可以给准客户带来的利益，即准客户拥有建议的保险产品后的好处。

（5）专业实力展示：一是展示公司的实力、优势、重大承保事项、可提供的服务等，二是展示保险销售人员个人专业能力、拥有的资格、服务经历、获得的荣誉等。

### （二）保险建议书的说明

将保险建议书递交准客户时，必须向准客户做出详细说明，让准客户认识到建议书的可行性与实用性。对保险建议书进行说明是为了达成两个目标：协助准客户理解方案内容并获得准客户对方案的认同；通过采取一定的方法推动准客户做出购买决策。

#### 1. 保险建议书说明的原则

（1）尽量简单，一语中的。

（2）尽量用数字说话，这样更有说服力。

（3）生活化、通俗化，使准客户容易理解，引起购买兴趣。

（4）职业化与专业化，能熟练地问答准客户提出的任何有关保险的专业问题。

（5）避免禁忌用语，尽量少用死、伤、残等词语，以免准客户不快。

（6）保持微笑及足够耐心。

（7）确保准客户完全明白建议书的内容。

2. 保险建议书说明的步骤

（1）重温需求及购买点，再次确认准客户的真正需求。在说明建议书之前，可以就建议书的思路以及准客户的投保需求再次向准客户进行询问与确认。如果准客户改变了原有需求或产生了新的需求，必须及时进行修改并相应改变销售策略。

（2）让准客户意识到自己的保险需求，当向准客户提出投保建议时，他们可能处于健康的工作或生活状态，因此通常不会对未来状况预先做准备。不妨形象生动、戏剧性地描述身边事例，暗示未来可能发生的危机，由此引导准客户提出保险需求。

（3）和准客户再次确认保费预算的范围。

（4）详细解说保险建议书，拿出保险建议书，逐页向准客户详细解说以下问题。

- 准客户将遇到哪些问题？
- 准客户有哪些保险需求？
- 建议书提供了哪些解决方案？
- 方案能从哪些方面解决准客户的问题或忧虑？
- 方案能为准客户带来哪些利益？
- 方案在财务上有哪些好处？

例如："张先生，我建议的这个15年期分红寿险，是说如果在15年内万一发生风险，至少可领50万元现金，如果意外身故，还可以加倍给付即100万元，并且每年还有不低于 5%的分红红利，比存银行或自己投资要稳当并且赢利率要高得多。这样您的贷款、负债和家人的生活费用都能得到妥当的解决，您看如何？是否再将保险金额提高一些？"

注意，要设身处地站在准客户的立场为其进行解说，并强调准客户可以获得的利益，对所有问题均要坦诚、详细、如实地解答。

（5）促成交易，详细解说完保险建议书的内容、原则、重点后，可以询问准客户下面这些问题，试探准客户是否已经有了购买的意愿：您觉得这份保险建议书如何？这些保障是不是您想要的？您觉得这些保险给付够不够？当准客户被你说服并产生了购买意愿后，通常会做出一些购买意愿的动作或在话语上表现出来，这时保险销售人员就要抓住机会，促成保险交易。

**话术参考——销售面谈**

"很感谢您给我时间，您的朋友对我很信任。看得出来你们的关系也不错，所以我才有机会坐在这里。

可能很多人对保险的印象不太好，对保险销售人员心存戒备。

我今天来，就是想给您做个分析，买不买没有关系，您听我讲的有没有道理，也许能改变您过去对我们保险销售人员的印象，我大约占用您20分钟的时间，帮您做一个家庭保障分析（边说边拿出需求分析表），您看如何?

我可不可以为您设计一份低保费高保额的计划呢？”

## 五、销售面谈中应注意的事项

### （一）充分准备面谈的内容

在保险销售人员拜访客户之前，需要把所有的销售要点认真检查一遍。下列几点是保险销售人员需要重点检查的：是否清楚自己将要向客户销售的保险产品具有哪些优点和特性；该产品能为客户带来哪些好处；上一次销售时客户存在哪些疑虑；拜访的对象性格特征如何；应采取何种方式来切入主题等，只有深思熟虑后运用适当的技巧方能打动人心。

保险销售面谈过程中，保险销售人员一定要充满信心，多想以前的成功经验，充分调动自身的一切积极因素，保持良好的精神状态，调整好情绪，采取客户易于认同的方式来敲开客户的心扉。

### （二）面谈前的快速检查

当保险销售人员来到客户的办公室或接待室时，要做好最后一次快速检查。

（1）迅速回忆一下每一条销售要点。保险销售人员最好把要点写在客户的目录卡上，在交谈前快速浏览一遍。

（2）设想一下将要面临的询问和回答方式。

（3）考虑客户将要提出什么反对或疑问，自己应如何解决。

（4）准备为客户解决哪些问题，最后的洽谈底线是什么。

（5）准备如何开场与如何结束。

通过对上述五点进行准备，能使保险销售人员心中有数，临阵不慌。

### （三）正确地介绍自己

在事先没有联系就登门拜访（如陌生拜访）的情况下，保险销售人员应该明确所找的拜访对象，并对所接触的人保持礼貌，如对门卫微笑示意，对秘书热情有礼，这样才能在一个融洽的环境来开始自己的销售之旅，使气氛向对自己有利的方向发展。

保险销售人员要经常使用名片，名片的外观要精致大方，以引起客户的注意与好评。如在名片上有空白的地方，应加上一些吸引注意力的话语，从而引起客户的注意。

### （四）掌握先机

当保险销售人员与客户坐在一起，即将开始面谈有关保险业务时，要充分利用时间，确保面谈不会偏题，如果客户需要保险销售人员的指导或产生一些疑问需要了解，不妨让客户先开口以便了解其真实意图，从而进行开导或解说，并在面谈过程中将客户的注意力引致保险销售人员的立场上来，赢取主动。

### （五）与决策者打交道

在保险销售过程中，与无权做出购买决策的人进行面谈容易增加时间成本，有时对方不愿意承认自己无权决策，又要表现出欣赏保险销售人员所销售的保险产品的态度，而实质上不可能达成任何交易。因此，当保险销售人员在销售过程中与此类人士进行了多次会面，对方未明确表示反对，却以种种理由拒绝而无法成交时，说明很可能拜访的是一个无权进行决策的人，与他打交道无法促成交易，应该马上找到有决策权的人进行面谈来达到目标。当然，没有决策权的人也可能为保险销售人员进行介绍和促成，从而使交易更加轻松。

## 延伸阅读 4-4

**保险销售人员的着装原则**

1. 性别原则

男性保险销售人员的正式服装是西服，西服应该得体、正式，才能彰显男性保险销售人员的良好品位和风度，服装颜色上应以偏深色为主。男性保险销售人员应该彰显稳健、刚强的个人形象，以个人魅力赢得客户信任，所以最好不要佩戴首饰。

女性保险销售人员的服装不能过于男性化，也不能过于柔美。过于刚强会让客户却步，过于柔弱则会让客户失去信心。女性保险销售人员佩戴首饰可以起到装饰、美化的作用，首饰的佩戴应该恰当、精良，不能过多或过于华丽，以免引起客户的反感。

2. 一般原则

品质：品质低劣的服装会让客户产生颓废、失败的感觉，保险销售人员应该尽量避免。

颜色：服装颜色应该简洁、大方，过于花哨的颜色会给客户轻浮的感觉，还会降低客户对保险销售人员的信任度。

标识：代表公司的标识能够提升说服力，促成交易达成，在符合自身形象的前提下，保险销售人员可以适当佩戴。

太阳镜：客户只有看到保险销售人员的眼睛，进行眼神交流，才会信任保险销售人员，所以保险销售人员不应该佩戴太阳镜。

流行服饰：流行服饰虽然新潮，却无法给客户踏实、稳重的感觉，使客户对保险销售人员产生不信任感。

衣着规整：即便很热，也不要随意脱掉西装上衣，不规整的衣着会削弱保险销售人员的威严感。

要想成为一名优秀的保险销售人员，就要从多方面加强修炼。在诸多因素中，着装是非常重要的。不同的着装，会给客户带去不同的感受，只有遵循相应的着装原则，才能给客户留下自然大方、彬彬有礼的第一印象，才能有助于工作的有序展开，促进销售目标的达成，实现销售业绩的提升。

（资料来源：节选自天津科学技术出版社 2019 年出版的《从零开始做保险销售：解决各种各样的销售难题》，作者周洲，节选时有删改。）

# 任务 5　熟悉异议处理

在保险销售实践中，客户并非主动或轻易地就与保险销售人员达成交易。保险销售人员需要处理客户提出的种种异议，直到客户满意，才能促使客户下决心购买相关保险产品。因此，异议处理是保险销售中非常重要的一环，起着决定性的作用。

所谓异议或客户购买异议，是指客户在保险销售过程中对相关保险产品、保险销售人员或保险公司所表现出来的怀疑、否定或反对意见的总称。

异议在保险销售过程中起到阻碍成交的不良作用，但也要看到其积极的一面，那就是无论何种形式的异议，实质上都是客户对所销售的保险产品感兴趣的一种行为表达，至少表明客户已经对所销售的保险产品有了一定程度的了解。

## 一、异议的类型

### （一）因推迟、拖延而产生的异议

这类异议在保险销售中常见，如“要再等一等”“再看一看”“再比较一下”。这是因为保险产品与其他产品不同，其效应很难及时或直观地显现出来，仅凭保险销售人员的说明常常不足以使客户形成明确概念，从而决定是否购买。因此，他们希望看看身边的人是否购买或购买后的效果如何再作决定。常见的借口有：

- “我还要考虑考虑。”
- “我还要和家人商量后再决定。”
- “过几天我会给你打电话的。”
- “等某某买了以后我再买。”
- “等过几年保费降低后再买。”
- “我还年轻，不急着买保险。”

### （二）因偏见误解而产生的异议

这类异议往往包含双重含义：第一，出于对目前保险销售方式的本能的否定态度；第二，出于对陌生事物的疑虑。如果保险销售人员不断地进行销售，为了摆脱这种局面，他们就会用一些偏激的反对问题作为拒绝销售的理由，这类问题大多不具有真实性，它们只是大众面对销售时的自然反应，只是对陌生事物或反感事物心存疑虑的一种表达方式。常见的借口有：

- “保险是骗人的。”
- “物价上涨，钱会贬值，不要买保险。”
- “保险公司倒闭了怎么办？”
- “我不相信保险销售人员。”
- “保险交费容易理赔难。”
- “买保险的钱都给保险公司赚去了。”

### （三）因不了解而产生的异议

这类异议既可能是实质性的，也可能是非实质性的，如“我有社会保险，不必再买了”“身体挺好，没必要保险”等。这些问题所表述的常常是对保险没有兴趣或对销售的婉转拒绝。对于保险销售而言，理性分析是基础，但要真正地使销售得以达成，感性的交流渲染也很重要，富有感染力的解释说明，可以使客户把精力集中于一些实际需要解决的问题上，使他感到解决这些问题的迫切性，而不是纠缠于一些与此无关的细节之中。常见的借口有：

- “我身体健康，不必买保险。”
- “老来靠子女，不需要买保险。”
- “我已有了社保。”
- “我有足够的钱，无须再买保险。”
- “给孩子买一点儿，大人就算了。”
- “我死后钱给别人拿，我不愿意。”

### （四）因投保程序和保险产品本身而产生的异议

这类异议涉及的面相对狭窄，主要是一些实际操作中的技术问题，需要保险销售人员依照规定灵活处理，如体检、理赔等事项的操作。关于产品，单一产品的保险范围是有限的，需要销售人员针对客户的具体情况，做出有效、有利的组合，使保险计划对客户的效用达到最大化。细致周密的计划、为客户着想的心态，可以减少客户这方面的异议。常见的借口有：

- “买保险要体检，太麻烦。”
- “交费期太长。”
- “据说理赔太麻烦。”
- “别家公司的产品比你们好。”
- “每年都要交费，太麻烦。”

### （五）因与其他投资活动比较而产生的异议

这类异议常常出现于一些投资型保险，提出异议的客户也多半是有投资经验的人。要想圆满处理客户这方面的异议，保险销售人员要使自己掌握更多金融、投资、法律、税制等方面的知识，使自己真正成为客户的金融保险顾问。当然，这类异议也具有真实和非真实的两面性。常见的借口有：

- “我宁可把钱存在银行。”
- “我要去炒股，赚得多。”
- “买国债是不错的投资，比保险好。”
- “通货膨胀太厉害，不划算。”
- “我可以存钱养老。”
- “房地产是最稳健的投资。”

## 二、客户异议产生的原因

客户产生或提出异议，可能有很多原因，这些原因相互影响、相互联系、相互转化，从而使保险销售人员可能一时无法了解客户的真实意图。所以，保险销售人员需要仔细调查研究、分析思考，了解客户的主要异议是什么，从而能够及时予以处理和消除。

### （一）客户方面的原因

由于客户方面的原因而产生的购买异议主要集中在客户的需求、支付能力、购买决策权及心理障碍等方面。

1. 客户需求

客户的真实需求是客户购买行为产生的根源，当客户认为自己不需要某种产品时，就会拒绝购买。对于保险，客户产生购买异议的根源主要是客户对保险销售人员所销售的保险产品不了解或源于客户的偏见。当客户对销售的保险产品有一定的需求和一定的支付能力时，客户产生购买异议则意味着客户还未被说服，客户的需求意识还未被唤醒，保险销售人员的卖点诉求还未打动客户，仍无法使客户产生购买冲动。

2. 客户的支付能力

在市场经济中，客户的需求与支付能力是形成购买的两个基本条件，支付能力也是鉴定客户的标准之一。客户缺乏支付能力的原因有多种。

（1）客户的购买能力不佳，难以购买某类单位价值较高的保险产品，这时保险销售人员就应该及时对保险建议书进行调整，销售较低价格的保险产品来获得签单。

（2）客户暂时存在财务问题。例如，资金周转困难而无法暂时购买该产品，此时保险销售人员不要泄气，要继续保持与客户的联系，待客户资金周转过来后即可发动促成。

（3）客户已购买或订购了其他保险销售人员所销售的保险产品，而未来的一段时间内又无继续购买的能力与意愿。此时保险销售人员或采取耐心说服的方式说动客户增加购买，或取消原来的购买，或果断放弃，以免浪费时间。

需要注意的是，某些客户不会直接说资金困难，而是采取各种其他借口来掩饰财务危机，这就要求保险销售人员能从种种异议中准确辨别出客户拒绝购买的真正原因，透过现象看本质。

3. 客户的购买决策权

客户是否具有购买决策权是决定交易能否成功的重要因素。如果客户无权决定是否购买，无权决定购买时的价格水平和数量，往往就会提出购买异议来拒绝保险销售人员。因此要求保险销售人员能及时通过市场调查，了解客户的决策结构尤其是针对团体购买客户，了解谁是真正的购买决策者。只有这样，才能减少产品销售的盲目性，提高保险销售活动的工作效率。

4. 客户的心理障碍

客户的心理障碍是造成购买异议的重要原因之一，主要表现在以下四个方面。

（1）认知障碍。认知障碍主要表现为保险销售人员的购买建议与客户所持有的观点有明显的差距，从而使保险销售人员的洽谈说服失败。客户在对销售产品进行判断时，总是依据自己的购买经验、购买习惯、兴趣偏好等综合形成的标准，距离该标准较近的保险产品信息易被客户接受，而远离该标准的保险产品信息将被客户拒绝。保险销售人员要说服客户购买保险产品，首先要了解客户对所销售保险产品的态度，消除自己的销售建议与客户观点之间的差距。

（2）情绪障碍。客户的情绪是客观现实与主观需要之间关系的反映，这种需要如果得到满足，就会引起积极的情感，否则就会引起消极的情感。当客户对某一保险产品形成一定的态度以后，总会伴随着一定的情绪成分。当保险销售人员的购买建议与客户持有的态度之间差距较大时，必然会激起客户的对抗情绪，所以应在面谈和拜访过程中尽量避免与客户形成情绪对抗。

（3）行为障碍。有些客户出于自尊或其他原因，不愿改变其错误的表示，并拒绝保险销售人员的购买建议，构成保险销售人员洽谈说服工作的行为障碍。保险销售人员越是介绍保险产品的优点和提出购买建议，客户就越觉得自己有必要提出一些不同的看法或观点，以显示独特之处，证明自身的特点和才能。这种行为不仅给保险销售带来较大的阻力，而且会给其他客户带来消极影响。针对这种情况，保险销售人员在态度上应充分尊重客户，不与之直接进行争辩，在耐心倾听客户意见的同时从正面对其进行说服引导。

（4）群体障碍。群体障碍源于客户的从众心理。任何人的行为都受到相关群体的影响：相关群体会影响一个人的态度和观念，因为人们通常都希望能够顺应潮流；相关群体能够产生某种令人遵从的压力，影响人们对商品和品牌的实际选择；相关群体向人们展示新的行为和生活方式。在保险销售的过程中，保险销售人员必须注意客户的相关群体的价值观念与保险品牌偏好，尽量利用相关群体的行为规范来说服客户接受自己的购买建议。

### （二）保险产品方面的原因

只有当保险销售人员所销售的保险产品与客户自身的安全需求紧密相关时，它才能被客户接受。由于保险产品是一个综合的概念，它涉及保险产品的功能、质量、品牌、类型、费率、服务等内容，因此，客户对保险产品的购买异议也极有可能源于保险产品本身。

1. 保险产品的质量

保险产品的质量是指保险产品满足人们需要的效用程度，即保险产品本身的耐用性。保险产品的质量包括保险产品本身的内在质量特征，如保险产品的结构、性能、条款、费率等，也包括外部质量特征，如保险产品的保单式样、颜色、组成等。任何一种产品的质量特征都可以概括为产品的性能、寿命、可靠性、安全性和经济性五个方面，保险产品也不例外。针对保险产品质量的异议包括：

- 保险产品的上述质量方面确实存在缺陷，难以满足保险客户的需求。
- 客户缺乏经验或从主观上考虑，以产品质量不佳为由拒绝保险销售人员的购买建议。
- 客户担心购买不当，而以产品质量不佳为由拒绝购买。
- 客户没有购买决策权，而以产品质量不佳为由拒绝购买。
- 保险销售人员的语言或行为不当，使客户对产品质量产生怀疑。
- 客户为了压低费率，以产品质量不好为借口。

购买异议形成的原因非常复杂，但绝对不能向客户销售质量确实有问题的保险产品。当客户提出保险产品质量异议时，要找出引起客户异议的真实原因，帮助客户正确认识产品的质量标准。

2. 保险产品的价格

价格是影响客户购买的决定性因素之一，也是形成客户异议的主要原因之一。对保险产品而言，保险产品的价格是相对于保险单内容和条款而定的投保费率。当客户认为保险销售人员所销售的保险产品在同类险种中或其他保险公司中的费率偏高时，就会与保险销售人员进行讨价还价，期望得到一定幅度的让价；当争取到费率偏低而保障类似，并达到客户的预期心理水平时，双方才能达成交易，否则客户会提出价格异议。

客户基于对同类保险产品或替代产品的费率进行比较；客户的经济状况和支付能力；客户对该保险产品费率的心理预期等，都会影响客户对价格的感受。如果客户认为保险产品的费率过高，就容易导致价格异议的产生；如果客户认为保险产品的费率过低，就容易导致保险产品质量异议或需求异议的产生。过低的费率水平会使客户对保险产品的保障程度产生怀疑，因为“一分钱一分货”的观念在客户心目中已经根深蒂固了，购买过低费率的保险产品，会使一部分客户的自尊心受到伤害。因此保险销售人员要认真研究和掌握保险客户的价格心理，以便采取相应的保险销售策略，消除客户的价格异议。

3. 保险销售服务

服务是保险产品的重要外延部分，有着非比寻常的优势所在。保险销售服务有着丰富的内容，既有业务技术方面的服务，也有满足客户心理需要方面的服务。对保险销售服务的具体异议主要包括对质量保证服务的异议、对现场服务的异议、对相关配套措施提供服务的异议、对客户相关知识培训的异议、对申诉的服务异议、对售后服务承诺的异议，以及满足客户心理需要的服务的异议等。客户对保险销售服务提出异议，原因就是保险客户对保险销售服务提出了更高的要求。就保险业而言，售前、售中和售后服务水平直接决定着客户的选择。在激烈的保险市场竞争中，如果保险销售人员不能提供比竞争对手更为周到、更为全面的服务，不能使客户“买得放心，用得舒心”，就会使客户感到保险销售人员缺乏提供客户服务的诚意，客户就会提出服务异议。

### （三）保险销售人员方面的原因

由于保险销售人员个人因素而导致客户产生购买异议，主要是因为保险销售人员没有注意销售礼仪，讲究销售艺术，采用不当的销售方式。保险销售人员的销售行为令客户感到不快，有的甚至引起客户的反感和厌恶，自然受到客户的冷遇和拒绝。另外，在保险销售面谈中，保险销售人员的面谈策略不正确，言词过于激烈或犀利，话题直奔“买与不买”的结论时，也易招致客户的反感。

1. 保险销售信誉不佳

某些保险销售人员所在的保险公司有较高的知名度，但对客户而言，正好对该公司抱有成见，或者听说和经历过与该公司有关的不愉快合作，导致在客户心目中该保险公司的信誉度不高。针对这种情况，销售人员除了耐心进行解释说服，更重要的是，以实际行动取得客户的信任，重建良好的销售信誉，但这个过程将是漫长而艰苦的。

2. 保险销售信息不足

在保险产品的销售过程中，保险销售人员要向客户提供大量的信息。但是由于客户的接受能力和理解能力各有差异，或者向客户提供信息的方法欠妥，客户认为自己所掌握的信息仍不足以进行购买决策，或难以决定购买哪种类型的险种时，就会提出异议，希望保险销售人员提供更多的信息。当客户认为保险销售人员提供的信息不真实时，更容易引起异议，甚至会产生逆反心理。

3. 保险销售环境不佳

保险销售环境不佳是指客户所处的外部客观环境不利于保险产品销售。由于客户是社会人，与外部环境有着密切的关系，当外部环境发生变化时，必然对客户的购买行为产生影响。例如，银行利率上浮时，客户会调整自己的购买行为，此时向客户销售保险产品，将事倍功半，难以成功。

总之，导致客户异议的原因很多，保险销售人员应通过销售调查，探索研究客户产生购买异议的真正原因，采取灵活多样的保险销售技术和策略，最终实现销售产品的目的。

## 三、处理客户异议的程序

### （一）事先对客户进行详细调查了解

这个阶段包括对客户状况进行了解，如经济状况、工作状况、家庭状况、教育程度、性格脾气、接受保险的最大理由等，建议尽可能预估客户可能会提出的一些反对性意见。

### （二）事先找出处理异议的方法

（1）记下所有异议，把自己遇到的或听到的异议都记下来。

（2）为每个异议给出答案，尽管客户拒绝的理由千变万化，但在这些反对理由中，出现频率很高的异议也就几种类型。熟练掌握应对典型拒绝理由的技巧，可以灵活机动地处理好客户异议，给客户圆满的答案。

（3）提前进行异议处理的演练。通过预先演练异议处理，熟悉应对每个异议的答案，不断练习，直至表现自然为止。

### （三）辨别异议的真伪

在销售过程中，客户会提出各种各样的异议，这些异议到底是借口、推诿，还是真正的异议呢？要解决客户的问题，就必须辨别异议的真伪，再来针对问题进行处理。如何辨别客户异议的真伪呢？

（1）仔细聆听客户提出的各种异议，其中有一些是借口。保险销售人员在销售过程中要仔细聆听客户的每一句话，并同时注意观察客户说话的语气与表情，掌握要点，辨别客户此时的心态。

（2）确定该异议是真正的、唯一的异议。对客户异议进行确认，询问客户提出的异议是不是他不想购买保险的唯一理由，除了这个理由，还有无其他理由。

（3）重复异议，再次确认异议。把客户的异议换个角度或换种方式重新问一遍，确认客户异议的真实性。

（4）回答问题，处理好反对意见。辨明客户异议的真伪，确定客户的反对问题，需要直面客户真正的反对问题，通过合适的方式以及最容易让客户接受的话术来对异议进行处理。

### （四）防止陷入异议处理的误区

异议处理包括以下几种误区：有问必答；有问而不知如何作答；陷入与保险客户的争辩中；陷入烦琐的比较中；不知在处理异议中提出成交；轻信客户借口或许诺等。

## 四、处理异议的态度、原则、时机和方法

### （一）处理异议的态度

客户提出异议是正常行为。客户提出异议实际上体现出他们对产品感兴趣。事实表明，当客户产生异议时，销售成功率为 64%；当客户没有异议时，销售成功率只有 54%。由于保险产品的无形性，客户拒绝的比例比一般产品更高，真正一次促成的概率几乎不到 10%。

1. 沉着、冷静

当了解销售中客户提出异议是必然的、正常的时候，保险销售人员就没有理由惧怕客户的异议，也就不会去讨厌这些异议，而是把这些异议当作通往成功交易的基石，以平常心，沉着冷静地对待客户异议。

2. 诚实、恳切

保险销售人员要把拥有的保险知识如实地告诉客户，耐心细致地为客户分析保险的功用和意义，站在客户的立场上为客户着想，体恤客户、关怀客户，以这种态度去对待客户，就会拉近和客户的距离，赢得客户的好感和关注。

3. 热情、自信

要说服和打动客户，首先要说服和打动自己，要相信自己所销售的保险产品是真正为客户着想、为客户量身订制的，自己有充足的能力和勇气来帮助客户决策。因此只有当保险销售人员满怀热情、不厌其烦地为客户解释保险、规划保单，尽其所能让客户了解购买该险种的益处时，客户才会感动。

### （二）处理异议的原则

1. 避免争论

产品销售过程本质上是一个人际交往的过程。保险销售人员应与客户保持良好的、融洽的关系，成为其助手和顾问，向他们提供帮助与建议，而争论只会让彼此不欢而散，协议也无法达成，给客户留下不佳的印象，使下一次的拜访越发艰难。

2. 避开枝节问题

在销售洽谈过程中，切忌在一些与产品销售关联不大的事情上与客户产生矛盾，这样会使销售洽谈远离销售主题，引发不快，最终导致销售失败。

3. 既要消除异议，又要增进感情

在异议处理过程中，不要伤害彼此建立起来的友谊，不要责怪客户不通情理，可以运用一定的销售技巧来转移话题，找到共同点，从而营造一种融洽和睦的销售氛围，间接促成交易。

### （三）处理异议的时机

1. 预先答复客户异议

在销售过程中，保险销售人员如果觉察到客户将要提出某方面的购买异议，就应抢先在客户提出之前回答这个问题。这是处理客户异议的最佳时机，可以避免因纠正客户的看法或反驳客户的观点而引起争论。

2. 延迟答复客户异议

保险销售人员通常在五种情况下可以延迟答复客户的疑虑与问题。

（1）不能立即给客户一个满意的答复或没有足够的资料做说服性的答复，这时就应当暂时将客户异议搁下，等时机成熟时再具体答复。

（2）如果立即答复客户的异议会对销售洽谈工作产生不利的影响，影响销售计划的实施，则可延迟答复客户异议。

（3）如果客户异议会随着销售洽谈的不断深入而逐渐转化、淡化或消除，则没有必要马上答复客户异议。

（4）如果客户异议远离销售主题，或者对这一异议的答复会涉及一些对客户来说没有任何意义的问题时，保险销售人员可以延迟答复。

（5）如果保险销售人员预计延迟答复异议可以缓解客户的抵触情绪，或者客户会替保险销售人员回答时，可以不马上回答。

但是，如果客户情绪过于激烈，强烈反对保险销售人员的观点，则要适时给客户进行答复，以消除客户的顾虑，不使洽谈过早夭折。

3. 不答复客户异议

如果客户提出的异议不是真正的反对意见，而只是一种借口或情绪的发泄，则保险销售人员可以不予理睬。当客户异议只是一种自我表现时，保险销售人员最好不予反驳。

4. 立即答复客户异议

在产品的销售过程中，对直接影响客户购买决策的异议，保险销售人员应立即予以答复，否则客户有可能认为保险销售人员没有能力处理这些异议而产生对产品或对保险销售人员的怀疑，导致洽谈中断。

### （四）处理异议的方法

1. 补偿客户异议法

补偿客户异议法是指保险销售人员利用客户异议以外的、该产品的其他优点来对客户异议涉及的短处进行补偿或抵消的一种方法。该方法适用于客户的反对意见确有道理的情况，此时保险销售人员采取否认的态度和反驳的策略是不明智的，保险销售人员应客观地分析该产品的优点和缺点来帮助客户重建购买决心。当客户意识到“瑕不掩瑜”时，就有可能购买该产品。

2. 转化客户异议法

客户异议既是达成交易的信号，也是达成交易的障碍。转化法就是利用客户异议积极的一面来处理异议或克服异议消极的一面，将客户拒绝购买的理由转化为说服客户并使其购买产品的理由，将客户的异议转化为达成交易的信号。

客户：“你们的车险费率怎么比去年还高？”

保险销售人员：“是的，是上涨了一点儿，根据监管部门的精神，下个月还要调高费率，您最好赶快买，否则又会涨价了。”

3. 合并客户异议法

逐一回答客户的反对意见不仅要花费大量的时间和精力，也有可能导致保险销售人员观点前后矛盾，难以自圆其说，将客户几种异议合并起来同时回答就可以避免陷入上述情况，也可以削弱这些异议对达成交易的影响。当客户情绪过激或自我表现时，当客户提出的真正异议无法马上解决时，此时运用合并异议法处理，避重就轻或直指要害，可以化解困境。

4. 细分客户异议法

细分客户异议法就是将客户的异议细分，然后再逐一答复或与客户逐项进行讨论，引导客户具体分析自己提出的购买异议，可以使客户认识到异议的某些不合理性，进而放弃异议，达成交易。如何进行细分要根据客户和保险销售人员当时的情境来定，重点应放在细分客户主要观点的论据上，通过客户认同的逻辑推理，在客户参与的讨论中将其结论性的论点推翻。

5. 重复与削弱客户异议法

重复与削弱客户异议法是指保险销售人员对某些不确切的、夸大了的异议，先用婉转的语调复述一遍，使其变得较为确切、温和，甚至改变了其性质，然后再予以答复的一种处理方法。其核心思想是通过重复来削弱客户异议的尖锐程度甚至改变其性质来缓和洽谈气氛。

客户：“又涨价了，怎么涨这么快？”

保险销售人员：“是啊，我也有同样的感觉，费率是涨得太快了。”

保险销售人员的认同将使气氛缓和下来，大大削弱了客户异议的尖锐程度，经过“降温”后再慢慢解释，消除客户异议以达成交易。

6. 引申归谬法

引申归谬法是指在销售洽谈过程中，保险销售人员既不接受异议，也不削弱异议，而是将客户异议进行引申分析，详细说明客户异议的内在含义及其产生的可能后果，引导客户最终认识并且承认异议是错误的一种方法。其难点在于：一是引申要合情合理，使客户乐于接受，逻辑要正确；二是其目的是归谬，即全盘否定客户的意见，如果处理不好，容易引起客户的反感。

7. 有效比较法

有效比较法是指在保险销售洽谈过程中，保险销售人员不直接反驳客户的异议，而是通过与客户对可以考证的、具有可比性的事件进行比较，使销售产品的优点突显出来，以此打动客户，最终消除客户异议的一种方法。例如，在销售新型分红险种时，可以和传统险种、其他新型险种（如投连险）等进行比较，得出让客户认可的结论。

8. 反问逼退法

反问逼退法是指销售人员在难以说服客户的情况下，通过对客户异议提出反问，迫使客户自省，进而放弃异议的一种处理方法。反问逼退法适用于洽谈气氛不融洽，或者客户比较固执而难以说服，或者客户的反对意见确实难以答复等情形，保险销售人员通过以进为退，提出反问，变被动为主动。注意：反问逼退法是一种言词激烈的处理客户异议的方法，容易引起客户的抵触，要慎重使用。

9. 例证约束借鉴法

例证约束借鉴法是指在销售洽谈中，保险销售人员通过列举、举证让客户信服的有关实例来说服客户，从而迫使客户放弃购买异议的一种方法。使用时要注意：一是要先了解影响客户购买行为的主要因素、客户心目中的崇拜群体、例证是否合理等；二是例证要具体，并且可以考证，这样才可以说服客户；三是如果所举例涉及自己的老客户，要注意信息保密。

10. 岔开拖延法

岔开拖延法是指在销售洽谈过程中，当客户情绪激动，连续不断地提出许多购买异议，答复时机不成熟或答复可能导致客户提出更多的购买异议而导致洽谈时间无限延长时，保险销售人员通过谈论其他事情或有技巧地将客户异议引开，转移客户争论的问题，使其谈论其他感兴趣的话题，从而使气氛融洽起来的方法，将异议拖延至适当时机再答复。

11. 反转法

将客户口中客观的缺点变成销售优点的方法，保险销售人员要发挥自己的主观能动性，寻找反转点，变劣势为优势。

客户："你们的理赔手续太烦琐，没有别的公司快。"

保险销售人员："说句实在话，之所以让您提供那么多资料，走那么多流程，是因为我们为了精确核定您的损失，避免对您个人利益产生不必要损害而设置的服务环节。"

成功地将客户对于赔款流程效率的异议转化为保障客户利益的精确核损。

12. 转移法

转移法最重要的就是两个词——淡化和激活，淡化客户认为的缺点，激活新的优点。

客户："你们的理赔手续太烦琐，没有别的公司快。"

保险销售人员："说句实在话，其实保险公司的理赔速度虽然有差异，总体差异不会太大，在服务上大家更关注理赔政策……”

成功地将客户的关注重点由理赔手续的烦琐转移到对于理赔政策的理解。

13. 木桶法

在与客户的沟通中经常会遇到这样的问题，客户关注了保险公司的短板，此时怎么办？

客户：“你们的理赔手续太烦琐，没有别的公司快。”

保险销售人员：“说句实在话，您正好点出了所有车主关心理赔服务的五项指标之一——理赔手续快慢。除此之外，大家还特别关注维修点多寡、现场查勘快慢、定损偏差和服务态度等四大指标，这五大指标总体构成完整服务……”

成功地将客户的关注点由谈短板转移到关注整个价值系统。

14. 特待法

通过制造“特别待遇”的方式让客户心理上得到极大满足，从而放弃对所提异议的坚持。

客户：签单成功后的增值服务就是车辆体检和就医绿色通道吗？没有别的了？

保险销售人员：“您可能不知道，这两项增值服务不是针对全部客户的，一般客户可是没有的。我们公司有严格限制，只有像您这样的优质客户和高端客户才能享有。”

在沟通过程中强调特殊的人员类别、特殊的时间、特殊的地点，来体现对客户的差异化服务。

## 五、处理异议的典型技巧

### （一）处理价格异议的技巧

1. 价格异议产生的原因

（1）客户想试验一下保险销售人员对所销售的保险产品费率的态度，对产品价格有“货比三家”的习惯，理性的购买者希望以低价获得产品，总是想方设法迫使保险销售人员降低报价。

（2）保险销售人员对销售产品的介绍或宣传不充分，没有使客户产生购买欲望或欲望不强。

（3）类似的竞争产品的价格较低，客户在经过比较后，认为保险销售人员销售的产品价格太高。

（4）客户认为保险销售人员在利用卖方市场或控制市场的有利条件下，迫使自己向其购买产品，因而在价格上提出异议。

（5）客户是多次重复购买的老客户，他们对某品牌产品已有一定的忠诚度，因而想获得一定的优惠。

（6）客户目前的或总体的经济状况不佳。

以上六种情况是在保险产品销售过程中较易遇到的，保险销售人员应认真对待，酌情处理。

2. 处理价格异议的技巧

（1）多介绍保险产品的优点。保险销售人员要让客户充分认识到自己所销售产品的优点，使客户感受到产品物有所值或物超所值。

（2）把销售的产品与同类产品区分开来，通过证明自己的产品与众不同，才能体现独特优势。

（3）了解客户究竟想要什么，一般来说，客户提出价格异议的目的是能在保险销售人员那里获得额外优惠，希望买到更有价值的产品。

（4）向客户提出要求，辨别客户是真的在乎价格，还是出于“便宜一点是一点”的世俗心理。如果客户真的很在乎价格，则表明该客户还是很愿意继续洽谈下去的。

### （二）处理购买决策权异议的技巧

1. 鉴别客户是否真的有购买决策权

（1）请客户签合同，只有真正的决策者才有权签订产品购买合同，如果客户不签，一般会告诉你应找谁。

（2）询问客户去年的购买计划，如果对方说不清楚，则可能不是决策者。

（3）询问客户或公司购买预算，如果以商业机密为由推托，则很有可能其不是决策者。

（4）出示销售意向书后，询问客户还有谁应该看到这份意向书，以此了解决策情况。

（5）向这家公司的其他人询问谁是真正的决策者。一般来说，公司秘书是最好的询问对象，他们常常与公司的决策层打交道，知道谁是决策者。

2. 请客户向其上司引荐

当客户想购买产品，但不拥有决策权时，保险销售人员可以请客户把自己引荐给其上司。当他觉得这样做不会对其产生不利时，往往会乐于引荐。

3. 把求购意向书写成书面形式

当所销售对象无权决策，但又能对公司的决策产生影响时，保险销售人员所要做的就是写成精美的保险建议书，拜托客户转交给真正的决策者。

### （三）处理客户财力异议的技巧

1. 确定“兜里没钱”的客户的类型

在销售洽谈过程中，以下几个问题可以帮助销售人员确定提出财力异议的客户类型。

问题1：询问客户：“最近您是否打算向其他保险公司投保？”如果回答肯定，则与“兜里没钱”无关，可以发挥销售技巧以打动客户来购买自身所销售的产品。

问题2：询问客户："您认为我应该如何做，您才能给我一个机会？"如果客户说："好吧，你报个价吧。"证明客户只是想和保险销售人员进行讨价还价。

问题3：询问客户："在未来一段时间内，您还打算购买本产品吗？"或"今后您会购买保险吗？"如果客户断然回答"没有"，则表示他没有兴趣，与"兜里没钱"无关。

2. 突出销售的保险产品费率较低的特点

如果所销售保险的费率的确是最有竞争力的，保险销售人员应帮助客户进行客观分析，用数字来说话；如果不是最便宜的，保险销售人员要就该产品的其他优点和特色来打动客户。

3. 确定新的预算资金何时到位

如果客户"兜里没钱"是因为资金暂时不足或下一年度的预算资金尚未到位，保险销售人员可以询问客户资金何时到位，从而早做准备。

4. 请客户预签合同或先购买一部分

如果客户资金未全部到位，保险销售人员可以预先签好保险合同并在合同中约定资金到账时间，或者劝客户用手头的资金先购买一部分保险，等全部资金到位后再全部购买。

5. 帮助客户发掘潜在资金

如保险销售人员已和客户建立长期合作关系，彼此可以完全取得对方信任，并且对彼此都非常熟悉，则保险销售人员可以以朋友的身份与客户心平气和地进行交谈。例如，询问客户："以分期付款或延期付款的方式购买，好不好？"如果两者关系熟络，客户一般会给予积极回应。

### （四）处理"抱怨一切"异议的技巧

1. 用玩笑方式回敬客户

如果确定客户"抱怨一切"是性格所成，不一定代表公司或个人的真正决策动向，则可以以玩笑方式来回敬客户，使其有所收敛，赢得其尊敬。

2. 改变和客户之间的关系

如果保险销售人员在洽谈过程中一直处于被动地位，就应从根本上改变销售策略，适时反击，并从其他方面来了解客户的真实意向，认真倾听，改善彼此之间的关系。

3. 将不同性质的抱怨区别开来

面对"抱怨一切"的客户，有经验的保险销售人员会将客户的诚恳意见与故意刁难的行为区分开来。大多数"抱怨一切"的客户追求完美，保险销售人员应保证整个过程、细节与产品都是精心打造、量身定制的。如果保险销售人员无法将诚恳意见与故意刁难区分，可以采取下列方式。

（1）直接询问："您真是思维敏捷，很高兴您能提出这些意见，但您提出这些意见，究竟是因为您认为这对您非常重要，还是只不过说给我听听？”

（2）试问客户，如果妥善解决了这些问题，是否会立即购买本产品。如果回答是肯定的，则需认真对待这些抱怨，如果回答是含糊的，则是客户的故意刁难。

4. 与客户交朋友

实践证明，当保险销售人员与那些爱抱怨的客户成为朋友后，他们就会停止抱怨。

5. 其他技巧

如果保险销售人员已经用尽方法，但客户仍抱怨不止时，可以试试下列方法：

（1）保险销售人员对抱怨听而不闻。

（2）承认客户的抱怨事出有因，并语气委婉地告诉他自己也左右为难，无法满足，请客户不要再谈论这方面的问题。

## 延伸阅读 4-5

### 如何应对客户的拒绝

客户表示拒绝的借口有很多，“已经买过了，所以不需要”“自己有购买保险的渠道，不需要在你这里购买”“购买保险的时机还不成熟，暂时不需要”。像这样从自身角度出发的拒绝还有很多，但无论是不是借口，我们都不能放弃。保险销售人员应想方设法让客户意识到自己需要保险，挖掘其潜在需求，将客户的潜在需求变成现实急需的需求，同时隐藏自己的销售意图，告诉对方，自己只是提供一些保险信息，买不买都没有关系。

要想有效地引导客户，建议做到以下几个方面：

（1）认可客户的说法，没有需要很正常。

（2）站在客户角度，解释这种情况出现的原因。

（3）介绍自己产品的优势和利益。

（4）让对方意识到自己的拒绝理由站不住脚。

（5）表示只介绍信息，购买权在客户手上。

客户随口就说不需要，可能只是一句习惯性的拒绝而已，在面对这样的客户时，保险销售人员要稳住自己的情绪，然后制造一个话题，通过这个话题让客户明白保险的必要性和重要性，同时缓解客户的心理压力，让他明白你只是提供一些信息而已，购买的主动权在他手上。

客户上来就说“没兴趣”一般是借口，并非真的没兴趣，更多的是对保险不了解或者对保险存在误解和偏见。有些保险公司在运营和管理方面存在不规范的现象，加之有些保险销售人员职业素质不高，使人们对保险这一普惠生活的产品产生了误解，认为保险没有用、保险不吉利、保险是骗钱的等。这样一来，客户自然对保险提不起兴趣，对保险销售人员避而远之。这个时候，先表示理解对方的想法，然后询问客户产生误解的原因，并以此来阐述保险能够带给客户哪些利益和好处，改变客户对保险的偏见。为了提高成功率，最好主动设定一个时间限制，告诉客户不是要强迫他购买保险，只是想让他多了解一些保险方面的相关知识，至于买不买，决定权在客户手里。

保险销售人员在电话约见客户时，客户通常会以各种各样的理由拒绝，比如工作忙、没时间等。保险销售人员可以根据自己事先获得的资料，凭借客户的职业推断客户的自由时间，一般情况就是避开三餐时间、午休时间，遇到客户真的没有时间也可以预约下次通话时间，而下次通话一定要注意准时。客户拒绝以后，要及时调整自己的心态：

（1）被拒绝是客户面对不了解和不确定的事情时的正常反应，保险销售人员很容易被拒绝，不要因此就怀疑自己，要积极乐观。

（2）换位思考，设身处地为客户考虑，理解客户。

（3）心态摆正，适当解释，相信拒绝只是暂时的。

（4）不要气馁，用笑声感染客户，将正能量传递给客户。

另外，需要注意的是，不论客户态度如何，在挂掉电话之前，保险销售人员都应当对客户表示感谢，就占用了客户的时间表示歉意，以便给客户留下良好印象，为再次约访做好铺垫。

（资料来源：节选自中国铁道出版社2018年出版的《保险销售超级口才训练与实战技巧（情景案例版）》，作者汇智书源，节选时有删改。）

# 任务6　熟悉促成签单

保险销售人员经过不懈努力，终于获得客户的认同，建议书也获得了客户的肯定，此时就进入了保险销售的最后阶段——促成保险签单（促签）。只要客户与保险销售人员签下了保险合同，就意味着保险销售人员取得了成功，获得了一笔业务。因此保险销售人员一定要掌握好促签的时机，顺利完成交易。

## 一、促签时机的把握

成交是保险销售人员最向往的时刻，它意味着保险销售人员的努力终于有了回报。那么，如何判断促成的时机呢？一般来说，保险销售人员可在以下信息出现时提出签单。

### （一）提出解决方案后

当客户发生异议，保险销售人员合情合理地解决异议并使其满意时，就是提出签单的最好时机。

### （二）解释保险建议书后

当为客户量身定制保险建议书并向客户讲解清楚后，客户如果表示认同，就是促签的良机。如果客户提出异议，则应尽快予以更改和解决，并随即再次提出签单。

### （三）购买信号出现时

与客户进行洽谈，不一定非要等到所有程序走完才考虑签单。当在洽谈过程中客户出现下列购买信号时，保险销售人员应抓住机会，促成签单。

（1）客户要求保险销售人员就某一细节问题讲解清楚并再次确认公司的相关情况时。

（2）当客户有下列动作时，往往表示他已接受保险销售人员的观点，这是促签的良好时机：全身放松，身体向保险销售人员倾斜，认真倾听，表情愉快，频频点头，称赞产品，就投保建议书提出某个修改意见并与保险销售人员讨论细节，重新拿起投保单并思索相关内容。

（3）注意客户的眼神变化。人的内心活动往往会在眼神中表现出来：当两人谈得投机时，客户的眼神会发亮；当客户觉得谈话索然无味时，眼神会暗淡；当客户三心二意时，眼神会飘忽不定；当客户不耐烦时，会心不在焉，四处张望；当客户沉思时，眼神会凝视不动；当客户做出某项决定时，眼神会显得坚定不移。

（4）一般来说，当客户的行为明显与以前不同时，表示其心理已经发生变化，保险销售人员就应抓住时机进行促签。如果客户出现这些改变行为——客户忽然非常专心地倾听讲解，而以前都是不冷不热时；当客户在洽谈过程中伸手去拿保险销售人员所提供的资料而之前一直视而不见时；当客户的表情开始认真起来，面色凝重时；当客户开始附和保险销售人员的建议，表示明显的赞同时；当客户一直抱怨不已、喋喋不休而忽然沉默下来认真听讲时；当客户情绪高涨、兴高采烈时；当客户向家里或公司里的其他人征求意见时，以上均是促签的好机会，表示客户已经开始认同保险销售人员的观点和建议了。

（5）当客户在洽谈过程中出现购买点时，如果客户就以下方面一直提问并非常殷切地想了解清楚——关于保险金额、交费的方法、支付保费的方式等；保障范围有哪些以及理赔的手续与过程等；有关手续回扣问题；体检的方式与范围；今后的售后服务等，表明他已在心理上接受了这份保险，保险销售人员千万不能失去这样的好机会。

## 二、促成签单的方式和技巧

### （一）促签的方式

（1）提供选择，给予客户一定的选择，以满足其成功欲望，如给予客户选择交纳保费的方式、受益人所获保额的分配方式等。

（2）损失引导，告诉客户如果延迟购买可能会发生费率上调等情况而导致其发生损失，以及尽早购买的好处等。

（3）责任提醒，提醒客户其肩负的职责所在，既晓之以理，又动之以情，作为一家之主，为家人提供一份保障是其责任。

（4）以事服人，以周围的真实事例来说服客户，使其看到保险的巨大价值。

（5）最后争取，当多次努力仍无法成交时，不妨告诉客户你准备放弃了，并请他说出真实原因，这时客户因为防范心理降低，很有可能告诉你真正的原因，在了解真正原因后，保险销售人员可以进行最后尝试，看能否成交。

### （二）促签技巧

1. 假设成交法

假设成交法即从客户决定购买的角度讨论问题，带动客户的思维朝着达成交易的方向思考。使用该方法时不必探询客户的决定，只需等待成交。此时客户心理已经认可保险购买，保险销售人员可使用下列语句：

“吴先生，这份保单的保障能为您提供必需而全面的保障。如果没有问题，请您在这里签下字。”

“王小姐，请您签名，让我来安排一下体检的时间。”

“您准备用转账支票还是用现金支付保费？”

“您看是用趸交方式还是分期方式支付保费？”

“您看是购买一份主险、两份附加险，还是购买一份主险、三份附加险？”

一般来说，假设成交法通常采用一些反问语句，其技巧性需要保险销售人员仔细推敲和学习。

2. 激将法

请将不如激将。当保险销售人员采取种种方法解决了客户异议，可客户仍然无法做出决策、迟疑不定时，可以试试激将法。参考使用以下语句：

“您的亲戚朋友都买了保险，就您没买，我相信以你的能力，应该可以买上一份保险。”

“像您这么顾家的人，我相信您一定会为您的家庭购买一份保险，以尽自己的责任。”

“隔壁的张先生购买了保额100万元的保险，您呢，是50万元、100万元还是150万元？”

3. 二择一法

人们往往会对拿不定主意的事情一口回绝。二择一法就是针对这一心理进行巧妙促成的方法。当问询选择A还是B时，表面上有选择自由，实际上却缩小了选择范围，促使做出二择一的回答。人们往往在回答中不自觉地认为除二者外没有其他选择。例如：

“张太太，刚才我们谈到的几种方案，您看您是投保50万元还是80万元？”

“受益人您看是您的妻子还是您的女儿？”

“您是买一份附加险还是两份？”

二择一法能使客户回到保险销售人员事先预设的轨道上。

4. 利益诱导法

利益诱导法基于客户的趋利心理，以一些适当的小利益来促成客户签约。有时为了促销，保险公司通过举办一些有奖活动，在活动上进行促签，还可以在与客户洽谈与异议处理时采取这种方式。不妨使用如下语句：

“电视上说银行又要降息了，您得赶紧购买，能得到高息优惠，不然过几天一降息保费就会上涨，您要得到同样的保障要花更多的钱。”

“过几天您要过生日了，保费会根据年龄的增长而增加，您趁这几天把保险买了吧，免得生日后要花更多的钱。”

5. 行为促成法

行为促成法是指利用一些可以达成共识的动作来达到促成效果的方法，它表现为有利于促成结果的要尽快推进。这些动作包括：

（1）选择合适的座位，位置选择原则是，客随主便，由主人安排，但要选择便于书写和解释的地方，而且空间距离不要太大、太远，要缩小距离，减少距离感。

（2）展示建议书，展示要适时、及时，同时注意动作顺序，给人留下专业人士的印象。

（3）适时拿出投保单，估计对方已基本认同或产生信任时，且不会有太大的异议了，便应当拿出投保单。

（4）探询对方年龄，要方法巧妙，尽量做到不露声色，尤其是对于女性客户。

（5）请求客户出示身份证，表明保险销售人员期盼和欢迎客户购买，并愿意提供服务。

（6）确定受益人，可以用暗示法完成，或者用反客为主法完成。当询问谁是受益人时，应视客户情况不同而含蓄地征求意见。

（7）向客户传递手中的笔，目的在于引导客户在“投保人”一栏中签字。

（8）征询客户以何种方法交纳保费。通常是直截了当地发问。

6. 举例法

举例法，又称例证法或旁证法，是指用客户熟悉的人或事物做比较，刺激一下客户的自尊心，以促使其做出决定。例如：

“您的同事张××昨日在我这里购买了两份这样的保险，您呢？”

“××公司的林总经理也投了这种保险，听他说您和他是老同学啊。”

7. 核保促成法

告诉客户，“您看起来很健康，但是当您在考虑的时候，请允许我们公司为您体检，我们请您填写投保书，并进行核保。当您通过核保，收到保单时，您可以决定是否想要拥有它，如果您不想，请在十天内给我们书面答复，公司会如数退回您的钱，而且在您考虑的同时，您会拥有免费的保障。这样的方式您认为合理吗？”

8. 画“T”型图法

拿出一张白纸，告诉您的客户它可以帮助其梳理该计划的优点和缺点。写一个大的字母“T”在这张纸上，把“优点”写在左上角，“缺点”写在右上角，然后在左边写下方案所有的优点，拿给您的客户，请他在右边写下缺点，然后问道：“优点看起来似乎多过缺点，是吗？”

9. 危机意识法

运用即将发生的改变作为促成的方法。例如，如果客户快要超过一定年龄段时，可以说：“如果我们现在申请，您就能以较低的费率拥有保险保障，下个月，您会因为年龄增长一岁而支付更高的费率”。

**话术参考——销售促成**

您是一家之主，在您的呵护下，您的太太和孩子生活得无忧无虑。

每个人都有积累财富的目标，可我们存钱会买房买车，总也达不到储蓄的目标，人寿保险可以帮助您积累一笔资产，您有了这笔资产养老就不用愁啊！

目前养老压力越来越明显，如果购买了保险，等退休时您已经解决了自己的养老和医疗问题，不但没有给孩子带来生活负担，反而给孩子留下一大笔免税的遗产，您看我说得有道理吗？

## 三、促签的注意事项

在促签时，作为一名优秀的保险销售人员，必须考虑客户的感受，并设身处地为客户着想。

（1）尽量使用积极与中性的词语，避免过多使用死、伤、残、病等人人忌讳的字词。

（2）要选择合适的位置进行洽谈。

1）尽可能在安静的地方进行促成签约。人多吵闹时，不利于沟通且易引发反感与排斥。

2）与客户同坐一侧。以避免目光对视的不悦，有助于构建“正在购买”的感觉，有效消除对方的压迫感。

3）坐在客户右边，设法让所计算出来的各项数值进入客户的视野之内。

（3）事先准备好投保书。一开始就依序放好一切资料，给客户一种专业有序的印象，而不要等到客户决定签单了，才开始手忙脚乱地乱翻随身所带的提包，给客户一种不严谨的印象。

（4）让客户有参与感。让客户自己决定往往比“指导”客户更为有效，保险销售人员可通过给出一些简单的计算方法，让客户通过查表、测算，自己决定投保多少，以满足其参与感。

（5）创造一对一的促成环境，以确保客户集中注意力，排除外来的干扰。

（6）促成失败时，要努力创造复访机会。第二次复访时，不要先约时间，绝不能问“您考虑好了吗”，这样会给客户提供拒绝你的机会。

（7）要请对方介绍新的客户。一般而言，无论促成与否，最后都要请对方介绍新客户。当签约后，大胆拿出早已准备好的客户资料卡，请客户填上好朋友的姓名、单位、电话与职务等详细信息，由此获得第一手资料。有机会的话，请他帮忙打个电话并强调保险销售人员专业性强、服务态度好。要善于运用这样的好机会，这是主动开拓的重要途径。

（8）祝贺客户。祝贺客户会让对方对保险销售人员产生信任感，能够在某种程度上巩固他对保险销售人员的信心。可以握手表示祝贺，诚挚地说“恭喜您做出如此明智的选择，恭喜您今后生活在保险的庇护之下，相信我们公司的服务会让您满意的”，然后再道谢与再见。

（9）在促成的过程中避免下列行为：一是绝对不可以慌张，否则会引起客户的不信任；二是不讲多余的话，言多必失，避免给自己制造麻烦；三是客户签单后不要过于表露喜悦的神色；四是不可争辩也不可过于退让，争辩容易失去客户，过于退让容易让人觉得软弱可欺；五是要及时告退，不要过多逗留，以免节外生枝。

## 延伸阅读 4-6

### 如何促成签单

1. 假设成交法

假设成交法是在保险销售人员心中把每个客户当成已经成交的客户，不在成交与否的问题上纠缠，直接进行已经成交的动作，从而影响客户的心理，达到成交的目的。

例如，在销售面谈中，如果已经讲解完毕，客户却沉默不语，说明他需要我们进行促成，我们可以问客户：

“李先生，受益人写您太太呢还是直接写法定呢？”

“张先生，保单下来之后是送到您家里呢还是送到您的单位呢？”

“您单位的地址告诉我一下。”

“那您看，我们办手续的话您是工行方便还是农行方便？”

这时候要问的就是所有在成交中要办理的手续。但是各位请注意，签字这个程序要放到所有登记手续办完后再进行，因为签字会带给客户很大的压力，所以要等到客户心理逐渐认可，无法拒绝的时候再进行签字。

请记住，客户回答任何一个问题，都表明一件事：我已经决定要买了。

2. 预先框示法

预先框示法是把客户心理活动限制在我们自己设定的一个范围内，从而达到影响客户的目的。

例如：“王先生，您看，同样是6 000元钱，您存到银行一年仅仅是100多元的利息，可是放到保险公司，不但有红利，还有20万元的保障。您看，万一出现了风险（预先框示），哪个对您帮助更大呢？”

3. 反问成交法

反问成交法适合客户在一开始接触时的询问。例如，客户问：“你们有没有一种适合小孩子的保险呢？”多数人的回答都是“有”“对”等，但是这样的回答没有效果。

实际上应该怎么回答呢？通过反问：“您是给您的孩子买保险吗？”客户会回答“是”或者“不是”。如果回答“不是”，说明他最多是个转介绍，如果回答“是”，一来我们可以确定这是准客户，二来从客户潜意识里确认，是自己要给孩子买保险。请记住，成交从一见面就开始了。

4. 握手成交法

在解决完客户问题后，多数人往往会遭遇冷场，不知道该怎么办，这个时候客户不会主动说“我签字吧”，而我们也害怕一旦要求客户签字会被拒绝，这个时候可以采用握手成交法。

例如：“来，张先生，（伸出手）问题都解决了，我们合作愉快！”当客户和我们握手了，就意味着成交了。接着马上就是假设成交法的内容：“保单下来之后是送到您家里，还是送到您的单位呢？”“您把身份证给我，我给您登记一下。”千万不要说“您再考虑一下”等这样的话。

（资料来源：节选自保险岛网2019年5月22日的文章“如何促成签单？请看这份话术集合”，https://www.bxd365.com/weiyuedu/20190522/2de3e.html，节选时有删改。）

## 同步练习

1. 准客户的开拓方法有哪些？
2. 拜访准客户前要做哪些准备？
3. 电话约访要注意的事项有哪些？
4. 如何在保险面谈时吸引准客户的注意力？
5. 保险建议书说明时要注意遵循哪些原则？
6. 常见的异议类型有哪些？如何进行处理和化解？
7. 如何把握促成时机？
8. 促成的技巧有哪些？

# 典型案例分析

## 保险销售人员杨叶的经历

杨叶是一名保险销售精英，在异地从业三年来，由举目无亲到已积累400多位客户，每年都是公司的年度销售冠军。与公司新人分享经验时，她总会说起一句话“精耕细作，坚持做好陌生拜访”。她初入行时，就听过原一平的故事：早上出门左边裤兜里放十枚硬币，每拜访一位客户，就挪一枚硬币到右边口袋，十枚硬币全移到右边，才允许自己下班。杨叶也按照这种方法开始了每天十位陌生客户的拜访，一坚持就是两年。有一次，她走进一栋办公楼，从一层爬到五层，一共八家公司，都不让她进门。到第六层的一家医药公司时，她看到这家公司的门上贴着一张显眼的“拒绝推销”，还有一个很刺眼的大红叉，杨叶心里很不服气，于是径直走了进去，跟前台说要找总经理谈业务，前台通报之后，引她进了办公室。

总经理问她：“你是哪家公司的?”

杨叶答道：“我是××保险公司的，我叫杨叶。”

总经理直接叫过前台，不客气地训斥道：“不是让你别放推销的进来嘛!”于是杨叶被请出了办公室。

不到一分钟，杨叶又转身回到了办公室，总经理满脸诧异地问：“你怎么又回来了?”

杨叶礼貌地说：“我想请教您一个问题，如果您公司的医药代表被客户拒绝了一次就放弃了，您还会雇用这样的医药代表吗?”

总经理想了想，脸上神情缓和下来，回答道：“我不会。”

杨叶笑了笑，说：“所以，我又回来了……”

这位总经理也笑了，主动和杨叶聊了起来，几天之后，他成了杨叶的客户，不仅自己投了保，还为公司的员工买了意外险，而且，他介绍了很多熟识的朋友给杨叶。

杨叶常说：“每位客户都有50%的成交机会。我拜访十位客户，签下一单，属于正常；签下两单，属于意外；签下三单那是巨大的突破。”她的400多位客户都是这样由陌生到熟悉，由熟悉到信任，再到转介绍，一步步积累起来的。

（资料来源：节选自人民邮电出版社2019年出版的《保险销售人员超级口才训练（实战升级版）》，作者王宏，节选时有删改。）

仔细阅读上述案例并组织学生分组讨论下列问题。讨论完毕后要求每组派出一名代表对本组讨论结果进行陈述，时间不超过5分钟。各组陈述后由教师进行总结点评。

1. 常见的客户开拓方法有哪些？以上案例用到的是哪种？
2. 在寻找准客户时需要对哪些方面进行资格审查？
3. 在面对客户拒绝时有哪些典型的异议处理技巧？

## 销售工具

1. 客户情况分析表

| | | | | | | | | |
|---|---|---|---|---|---|---|---|---|
| 现有客户 | 哪些人 | | | | 买什么 | 不买什么 | 能推荐哪些新客户 | |
| | 名称 | 地址 | 电话 | 决策人姓名 | 产品名称 | 产品数量 | 其他公司 | 朋友、亲戚 |
| | | | | | | | | |
| 过去客户 | 哪些人 | | | | 为何失去 | 如何挽回 | 能买何种产品 | |
| | 名称 | 地址 | 电话 | 决策人姓名 | | | 产品名称 | 产品数量 |
| | | | | | | | | |
| 未来客户 | 哪些人 | | | | 如何促使其购买 | | 可能购买何种产品 | |
| | 名称 | 地址 | 电话 | 决策人姓名 | 需要产品 | 能否满足 | 产品名称 | 产品数量 |
| | | | | | | | | |

2. 保险团体准客户资料卡

**保险团体准客户资料卡**

| | | | |
|---|---|---|---|
| 团体名称 | | 营业地址 | |
| 团体性质 | | | |
| 联系电话 | | 经营规模 | |
| 主要决策人情况 | | | |
| 购买产品情况 | | | |
| 购买日期 | | | |
| 付款方式 | | | |
| 营业状况 | | | |
| 信用等级 | | | |
| 备注 | | | |

## 综合实训

借助本章所学的保险销售专业流程，选择拜访2～3个准客户，记录准客户开拓、拜访前准备、客户接洽、销售面谈、异议处理、促成六大步骤的实施过程，思考如何引导客户完成保险产品的销售。

# 项目 5

# 应用保险销售技术

## 学习目标

**知识目标**

- 了解不同险种的销售策略；
- 了解保险销售沟通的关键理念；
- 了解保险客户服务的基本内涵。

**技能目标**

- 灵活应用不同险种的销售策略；
- 掌握保险销售沟通的科学工具；
- 掌握保险销售沟通的基本技巧；
- 掌握保险客户服务的基本实务。

## 案例导读

**疫情之下，中国保险业的“变”与“不变”**

2020 年注定是一个不平凡之年。新冠肺炎疫情给各行各业带来深远的影响。企业在积极应对当前挑战的同时，也在思考此次疫情对未来行业格局的影响。而保险行业与公众健康和社会风险息息相关，尤其需要深入、冷静地思考当前疫情对行业未来究竟意味着什么。

### 一、疫情之下，保险业会有“三个变化”

（一）客户行为加速线上化

近年来，随着互联网和电商的发展，客户的数字化接受程度已经越来越高，而这次疫情越发加速了这一趋势。各种无接触、线上化、云端化行为爆发式涌现，以前难以想象的服务场景如今也已经出现，诸如在线法律调解、云端聚餐聚会、无接触快递等。

反观金融保险业，大多数寿险客户还是喜欢通过面对面沟通购买保险产品，寿险是基于信任、有温度的。这一逻辑依然成立，但是非常时期也出现了一些新现象。比如，迫于客观情况，客户希望从有接触到无接触、从面对面沟通到网上云沟通。这次疫情大大加速了客户行为的线上化迁徙。因此，能否提供线上化服务已成为衡量保险公司能否及时应对挑战的“试金石”。

（二）产品形态更具创新性

首先，在人身险方面，疫情进一步激发客户对健康险、意外险和寿险的需求，特别是针对老年人群、带病人群和慢性病人群的险种，这几类人群是本次疫情波及的主要群体，因此保险意识被大量激发。可以预见，未来在保障范围、相关服务等方面，寿险产品将迎来巨大创新机会。

其次，在企业相关保险方面，疫情的影响会进一步触发政府险（突发公共卫生事件公共责任险）、企财险（中小企业营业中断损失保险和取消保险）和责任险（雇主责任险）方面的需求。另一方面，我们也观察到，疫情期间，许多大企业和公司会给客户赠送“新冠主题保险”，这种 2B2C 合作模式也为保险公司提供了新客户触达机会；而中小企业的“可持续性经营”风险将大规模暴露，在政策支持、贷款信用违约风险防范等一系列领域，保险公司都将有参与机会。

（三）运营模式全面数字化

从营销业务角度观察，传统的线下渠道管理模式会变。原来保险销售人员被要求朝夕两会出勤率，而今很多人都在家通过视频参加晨会和培训；原来保险销售人员需要每天约访客户，如今保险销售人员明显加强了在线客户经营能力。

在客户服务方面，客户服务和理赔模式将得到优化。例如，针对传统人力密集型的电话中心，一些保险公司也积极开展居家坐席和远程坐席，在避免人员聚集的情况下继续为客户提供相应服务。可以预见，保险公司会进一步简化服务流程，提升自动化与自助化服务能力。

在内部管理方面，疫情发生后，许多保险公司已经全面利用各种远程办公系统协同工作，甚至有的公司还组织员工针对远程协作模式开展相应的培训，提高协同效率。未来在产品开发、运营管理、文档作业和信息技术支持等方面，都会更加强调云协作模式。

## 二、疫情之下，保险业也会有“三个不变”

（一）保险业长期向好趋势不变

保险行业在社会保障、国家战略和重点工程方面的风险保障作用和社会稳定器定位不会变。疫情之后，我们国家面临的主要挑战是复工复产、重振经济，保险行业更应该在社会治理、重大突发公共卫生事件的风险保障、民生保障、普惠金融、精准扶贫等方面继续发挥更大作用，满足更广泛的需求。通过保险公司的大数据积累和风险管理经验，与政府、医疗机构联动，共同参与突发公共卫生事件响应机制、风险预防、患者权益保障、医疗结费等领域建设。

（二）持续重视风险管理的方向不变

疫情增加了民众的风险意识，有利于保险行业未来发展。而保险公司自身的风险管理也需要持续加强，全面风险管理的弦不能放松。首先是承保风险，随着疫情发展，越来越多的创新类产品短时间上线，抢占市场和广告声量，但很多创新产品缺乏有效的精算历史数据，定价不准或者“多干快上”导致承保风险陡升。

（三）科技驱动创新的趋势不变

科技驱动一直是近年来保险行业发展的主旋律之一。随着国内头部险企和外资领先公司在科技创新方面的投入，以及金融科技和互联网生态玩家的积极参与，科技创新会是未来险企的核心竞争力之一，这个趋势不会改变。

（资料来源：节选自《中国银行保险报》于 2020 年 3 月 3 日发表的文章“疫情之下，中国保险业的变与不变”，https://mp.weixin.qq.com/s/Vb45Grh9iaEDXIa1pTH8jw，节选时有删改。）

**辩证性思考：**

1. 面对突发疫情，如何理解保险销售中的“变”与“不变”？
2. 机遇与挑战并存，如何理解保险客户服务中的“变”与“不变”？

# 任务 1　掌握不同险种的销售策略

不同险种的性质和特征不同，需要采取不同的销售策略，对于保险销售人员而言，意味着销售逻辑和销售技巧的多样化，以下主要从人身保险和财产保险两个方面来探析不同险种的销售策略。

## 一、人身保险销售策略

人身保险是以人的寿命和身体作为保险标的，按保障范围可分为人寿保险、意外伤害保险和健康保险。人身保险销售较为复杂，对于保险公司转型升级具有重要意义，对于保险销售人员在专业知识、业务技能和综合素养等方面的要求较高。

### （一）人寿保险销售策略

人寿保险是以人的寿命为保险标的，以人的生存、死亡为给付条件的保险。人寿保险产品种类繁多，大致可以分为生存保险、死亡保险和两全保险。其中，生存保险以被保险人的生存为给付保险金条件，主要是为老年人提供养老保障或为子女提供教育金等；死亡保险以被保险人的死亡为给付保险金条件，包括定期寿险和终身寿险；两全保险指被保险人在保险期限内死亡或保险期满时生存，保险人均给付保险金，其储蓄性极强。

保险销售人员阐明人寿保险的功用与意义，对于客户而言十分重要。人寿保险是关乎人身性命的特殊险种，获得广大公众的认同与接纳需要一个过程，不太可能一蹴而就；

同时，由于早些年人寿保险在中国的销售模式尚未成熟，客户服务能力有限，也使得部分公众对于人寿保险持不信任与怀疑的态度，销售时遭到拒绝的概率较大，所以，销售人寿保险，引导客户了解人寿保险的功用与意义，激发客户共鸣，获得客户信任，升华观念认同，对于促进销售成交至关重要。

必须注意的是，非价格竞争原则更适合寿险营销活动，其具体表现为寿险营销的服务性和专业性。首先，寿险服务不仅表现在寿险消费者购买保险之前根据投保人的需求设计保险方案，选择适当的保险公司或寿险险种，而且还表现在他们购买保险之后根据投保人寿险需求的变化和新险种的出现，帮助调整保险方案，或在损失发生时，迅速合理地进行赔付。其次，寿险销售需要高素质的专业销售人员，不仅要具备保险专业知识，还应具备诸如经济、法律、医学、社会学的知识等。因为对投保人而言，购买人寿保险并不是一种纯粹的消费行为，更重要的是一项风险管理计划、一项投资计划、一项财务保障计划。

另外，寿险销售人员必须从两个方面做到最大诚信：一是必须把了解到的寿险标的风险的真实情况，尤其是那些影响保险人决定是否承保和是否调整费率的重要事实，如实告知保险人；二是要对客户诚实守信，必须如实向客户介绍寿险公司的基本情况、寿险条款的内容等，尤其是寿险保单的保险责任和除外责任，不得夸张宣传，欺骗客户。

同时，秉承客户至上，以满足客户的需求为中心，一切从客户的利益出发。优质服务不仅体现在客户投保前，根据客户的自身需求，帮助客户设计寿险建议书及选择适当的寿险险种上，还表现在客户投保后，为客户续保、制订新的寿险计划、协助索赔等售后服务上。

再有，非常重要的一点，寿险销售人员的品德和信誉直接或间接地影响着寿险营销工作的开展，寿险销售人员应遵守职业道德，合法进行寿险销售工作。这样不仅可以树立自身良好的职业形象，有利于自身业务的开拓，而且也维护了寿险销售职业群体和寿险公司的形象，并促进寿险业健康、有序发展。

### （二）意外伤害保险销售策略

意外伤害是指人受到突然的、非本意的外力作用，致使身体遭受伤害的事实。意外伤害事件的突然性，往往会使受害人及家庭面对灾难时措手不及，因此，在生活中防范意外伤害事件对个人及家庭财务的威胁十分重要。

意外伤害保险是人身保险业务之一，以被保险人因遭受意外伤害造成死亡、残废为给付保险金条件的人身保险。保险销售人员向公众大力推荐意外伤害保险是十分必要的，因为很多时候我们不知道意外和明天哪个先来，而意外伤害保险就是意外的“克星”；同时，意外伤害保险的销售对于保险销售人员后续向客户推荐其他保险产品也发挥着先导作用。

保险销售人员在销售意外伤害保险时，一定要让客户关注意外伤害保险中意外身故、意外伤残以及意外医疗等三个部分，另外，还有保额，保额低的意外伤害保险实际上往往相当于没有什么保障。鉴于很多客户对于意外赔付的界定和范围不是特别清晰，容易导致意外伤害保险的理赔纠纷，保险销售人员也需要重点和客户说明。总体而言，销售意外伤害保险，保险销售人员需要注意以下几个方面：

一是销售的意外伤害保险必须适合客户。意外伤害保险的不同险种可以为客户提供不同的保障，但是每个人所需要的保障是不同的，保险销售人员要根据客户的实际需求推荐。例如，需要长期出差搭乘飞机的客户，可以向其推荐航空意外伤害保险；经常旅游的客户，则可以向其建议旅游意外伤害保险。

二是保险的保额要充分。买保险就是为了意外发生之后可以得到足够的赔偿，如果没有投保充分保额，就难以解决客户的实际问题，所以保险销售人员很有必要让客户充分认识到一份充足保额的意外伤害保险是十分重要的。

三是如果客户购买多份意外伤害保险，在意外事故发生后，保险公司会根据保险合同的保障范围进行赔偿。但是，保险销售人员必须和客户强调，赔偿视具体情况而定，如由意外事故导致的残疾或身故可以重复理赔，可以多家购买重复理赔；意外医疗费和意外住院津贴则不可以重复获赔。意外伤害医疗保险只可以报销一次。

四是要告知理赔事项，包括界定和流程等。很多客户都说购买保险容易理赔难，其实这大多是因为客户对保险理赔不太了解，如果保险销售人员帮助被保险人充分了解理赔相关事项，对于双方而言，都可以较为从容面地面对可能存在的理赔，减少理赔纠纷的发生。

### （三）健康保险销售策略

在现代快节奏的生活中，来自健康方面的威胁亦无处不在，如环境污染日渐严重、工作压力日趋加大、食品安全缺乏保障等，在这个“亚健康”较为普遍的时代，癌症等重大疾病的发病率以及年轻化趋势也在逐级递增，健康医疗保障已然成了一个必须正视的“全民课题”。

客观而言，随着医学技术的革新，重大疾病已不再是“不治之症”，但其治疗依旧是一场“持久战”。及时的治疗能够赢得最后胜利，而与之相伴的治疗费、护理费、误工成本以及精神压力是许多家庭难以长期承受之重。

如何避免“因病返贫”？借助健康保险来转移一部分医疗费用的压力和风险，被认为是最为科学有效的途径之一。

健康保险是对被保险人由于健康原因造成的损失承担给付保险金责任的险种，仅对患病、意外伤害等承担责任，而并非死亡。在当前的保险市场上，健康保险种类丰富，每类产品皆有其独特的功能。例如，重疾险可以转嫁恶性肿瘤等大病威胁对家庭财务造成的毁灭性打击；医疗险可以弥补社保报销后差额部分的医疗支出；女性健康险能为女性独有的妇科重症、生育分娩等特定风险提供保障等……作为社会基础医疗的有益补充，健康保险以人的身体为保险标的，可以提供各种保障，一方面能为被保险人及其家庭的医疗费用、康复营养费用等提供有效支持，另一方面，也能为投保人的养老金筹划减轻压力。

保险销售人员应该重点和客户强调健康保险的巨大价值，包括以下几点：

一是弥补损失，平安的时候有保障，若发生意外、重疾等事故导致大笔医疗费用支出，健康保险会给被保险人一笔保险金，弥补损失。

二是减轻家庭经济压力。不发生风险，相安无事，当风险来临时，有资金支持，减少家庭经济支出，防止陷入困顿。

三是健康保险意味着一些人对另一些人要继续生活下去的责任，如丈夫对妻子、父母对孩子、年轻人对父母。

四是健康保险具有分红返还功能，在获得保障的同时，也实现财富的保值增值。

五是健康保险是年轻时为年老时做准备，是有钱时为没有钱时做准备，未雨绸缪。

六是健康保险相当于客户的储蓄金、保障金、养老金、储备金及遗产金，并且早买划算，年龄越小费率越低，可以实现小投入大回报。

同时，在销售健康保险时，保险销售人员应该指导客户科学投保，注意以下几个方面：

首先，要提醒客户避免保单冲突无效，即客户所投的商业医疗保险的保障不要与其社会医疗保险相互冲突，还要避免保障项目及同一险种的重复投保。比如，报销型医疗险是一种针对医疗费用补偿型保险，最高报销限额不会超过投保人实际自费支出的金额，即使购买多份也无法获得重复理赔。

其次，要简洁明了地和客户解释主要的医疗保险术语，帮助客户理解关键术语。在实际的健康保险理赔过程中，经常会出现投保人因没有弄清某些关键术语而遭遇“拒赔”的情况，因此，要避免此类纠纷，就必须帮助投保人仔细阅读条款，解释得清楚明白，特别是提醒客户要注意弄清医疗保险在时间和额度上的限制。

再次，和客户强调如实告知的重要性。对于投保人来说，购买医疗保险产品时，如实向保险公司告知年龄、健康状况和既往病史等信息非常重要，一方面，这些信息会直接影响保险公司的承保决定及保费水平；另一方面，医疗保险拒赔的典型原因之一就是因为投保人、被保险人在投保过程中未尽到如实告知义务。

最后，站在客户角度，帮助客户及早规划、巧妙安排。对于不同的个人或家庭来说，一家人有老有少，有男有女，需求不同，偏好各异，没有必要一味追求“大而全”，将所有健康保险产品“一网打尽”。在具体规划配置上，可以帮助客户根据自己的年龄、职业、社保状况、健康状况等因素进行综合考量，也有利于赢得客户信任。

## 二、财产保险销售策略

财产保险是以财产及其有关的经济利益和损害赔偿责任为保险标的，包括机动车辆保险、家庭财产保险、企业财产保险、责任保险、农业保险、工程保险等。目前业内财产保险产品的差异性较小，对于保险公司而言，销售创新尤为重要，对于保险销售人员而言，如何提升自身销售竞争力是关键。

### （一）机动车辆保险销售策略

随着车险市场的不断扩大，很多保险公司在如何拓展车险业务方面陷入了瓶颈，与之竞争的车险公司越来越多，面临的问题也逐渐增加，如何销售车险，成了众多车险公司亟待解决的难题。近年来，保险公司立足于高新技术产业，推出网络直销平台，将电子商务巧妙地融入车险销售中来，以其小成本、效率高、门槛低的优势得到了广大车主的信任与认可。

如何销售车险，做合格的车险销售人员？目前保险公司也越来越注重对于车险销售人员自身技能的培养，一名合格的车险销售人员，最关键的就是先要明白汽车保险可以为投保人提供什么，让投保人得到什么，这就需要车险销售人员对于自己所要销售的产品和服务的特点及功能了如指掌，并且和同业同质化产品做好客观深入的分析对比。另外，以下几个方面也需要车险销售人员关注。

首先，做足充分的准备工作，包括对所联系客户情况的了解、自我介绍、该说的话、该问的问题、客户可能会问到的问题等，以及对于突发性事件的应对准备，在每次与客户联系之前，需要对可能预想到的事件做好心理准备和应急方案。

其次，车险销售人员需要具备良好的倾听能力，向客户推荐产品，客户一般都会有自己的想法，在客户决定是否购买时，通常也能从其话语中得到暗示，倾听能力往往能决定销售人员的成交比例。另外，不要打断客户话语，尊重客户，善于倾听，会加深客户对保险销售人员的印象与好感。

再次，对所销售的产品和服务及特征等烂熟于心。车险市场的竞争尤为激烈，差异化优势不甚明显，车险销售人员需要更为用心地琢磨产品和服务的特点及优势，特别是秉承客户至上的服务理念，提高差异化服务的竞争力，真正做到以客户为中心，凸显产品和服务的比较优势。

最后，成为一名合格的车险销售人员不仅要注重自身素质的提升，还要拓宽视野，了解车险以外的知识，这样在与客户沟通的时候才能游刃有余。

同时，值得关注的是，目前行业存在车险续保率低下的困境，真正差异化和专业化的竞争能力有限，保险公司须在战略层面真正树立并践行以客户为中心的核心价值理念，亦需立足车险业竞争与发展实际，强化战术层面的管理，在保险公司内部进一步健全续保组织体系，加强续保过程化管控和考核，力争严格做到盯人、盯车、盯单。策略包括：进一步健全配套措施，做好行业层面的监管和后续配套服务；继续推进车险实名制，进一步提升客户信息的真实性；大力发展直销业务，增强直面客户消费终端的能力，逐步降低专兼业代理渠道业务占比；进一步加强监管，强化保险销售人员销售行为管理，避免销售误导；配置以灵活的费用政策，做到及时赔付，最大限度消除客户的转保动机与隐患。总之，车险需要回归本源，就会创造巨大价值。

### （二）家庭财产保险销售策略

随着人们生活水平的日益提高，不断增强自身和家庭的保障能力已成为人们追求的目标，而选择投保家庭财产保险（以下简称家财险）则是寻求家庭保障的重要途径。据调查统计，对家庭财产需求保障的家庭达到70%以上。然而，真正投保家庭财产保险的却不到10%，与国外保险市场比较成熟的家财险普及率在70%以上形成鲜明对比。家财险的需求量如此之大，投保率却是如此之低，如何让家庭财产保险走进千家万户？

对于保险公司而言，应加大对家财险的宣传力度，让百姓一听即懂，全面提高优质服务水平，进一步充实和完善家财险条款，在理赔和责任方面创新，更新销售渠道，在采用原有好的销售办法的基础上积极推广电话服务中心销售家财险业务；同时，充分利用网络与客户交流与交易，让投保人根据自己的个人财产及保险需求，快捷方便计算保费，选择保险公司及其保险产品，用保险公司满意的产品和服务，唤醒千家万户的保险需求。对于保险销售人员而言，应该加强与客户的沟通，加深广大客户对于家财险条款的理解，以免在理赔时产生不必要的纠纷；在建议客户投保时，强调如实告知，要求客户不隐瞒保险标的真情，细看条款，不盲目投保，不超额投保或不足额投保。另外，家财险的创新销售也亟须关注和深度经营，可以体现在以下几个方面。

1. “车险+家财险”，提升车险客户的黏性

目前，汽车成为家庭财产和生活必需品，长期以来，车险也是财产保险的龙头老大。美国前进（Progressive）保险公司根据人口统计学特征、购买行为等信息，将客户细分后得出结论，说明“车险+家财险”的组合模式可提高客户黏性，客户的生命周期更长。例如，拥有自住房的客户如果其家财险没有与车险捆绑购买，客户与保险公司的生命周期一般为2～3年；而拥有自住房的客户，其家庭财产险与车险捆绑购买，则客户与保险公司的生命周期可达5～7年。

2. “家财险+家庭成员保险”，实现“一张保单保全家”

在产品设计上，以“家庭经济”为主打方向的家庭保险系列产品，将成为发展重点之一。据调查，保险客户年龄构成主要在26～55岁，占比高达79.9%。其中，36～55岁这一年龄段的保险客户人群投保意识和倾向相对更强。从婚姻状态来看，保险客户的已婚比例为81.5%，已婚人群更加偏好购买保险，这从侧面也说明，家庭顶梁柱对保险的需求较大。在车险几乎是刚需的情况下，正好体现财险公司组合销售的优势所在，保险销售人员要积极开拓客户潜在的全方位需求，如子女教育、财产安全、健康医疗、旅游休闲等，为客户规划好覆盖整个家庭全生命周期的保险计划，统一开发成一张保单，再配上私家车险，真正实现“一张保单保全家”。

3. “家财险+智能家居”，拓展家财险市场空间

家庭燃气爆炸和火灾事故，往往造成人员伤亡和财产重大损失，是家财险保险事故主要发生原因之一。保险公司可以针对当前家庭安全防护技能较弱的特点，与智能家防型科技公司合作研发、提供与家财险产品销售配套服务的智能家居和安防设备，再通过物联网技术与家庭住户手机 App 相连，实现实时监控家居安全状况，第一时间发现危险并报警及时处理险情，可极大降低家庭财产的风险事故，也极大地降低了家财险的承保风险，进而提升保险公司的经营效益。这种合作模式一旦形成规模化、产业化，家财险必将迎来快速发展的爆发期。目前，不少保险科技型公司已将目光投向了家财险领域并获得了风投的青睐。

4. “旅游险+家财险”，提供旅游出行的完整保障

当前，市面上常见的旅游保险产品保障范围主要涵盖住院医疗、意外身故、紧急救援费用、航班延误险、证件丢失赔偿以及托运行李延误等内容。然而，对旅游者外出期间的家庭财产保险却是个空白点，如果增加附加旅行期间家庭财产及责任场景下的碎片化家财险产品来满足旅游者的完整风险保障需求，尽可能发挥更多方面的风险保障功能，一定将会成为未来旅游保险市场的主流趋势。

## 延伸阅读 5-1

### 健康险市场今年有望破万亿元，互联网保险成风口

新型冠状病毒感染肺炎疫情出现后，对国内居民的健康保险意识起到激发作用，健康险市场的增速有望更进一步，整体规模在 2020 年或将突破 1 万亿元，销售渠道将加快从线下转向线上，互联网健康保险将持续成为风口。

从 2013 年开始，国内健康险进入高速增长阶段，直到 2017 年增速大幅放缓，2018 年重新开始提速，全年保费收入实现 5 448.1 亿元，同比增长 24%。

近日，中国银保监会公布了 2019 年保险业全年经营数据。健康险原保险保费收入为 7 066 亿元，同比增长 29.70 %，是保费增长的主要动力。

如果 2020 年健康险市场继续保持 30%左右的增速，全年保费收入将超过 9 000 亿元。业内人士预测，综合多方面因素，2020 年健康险市场将在 2019 年的基础上进一步提速，全年保费收入冲击万亿元。

首先是政策层面的利好。2020 年 1 月，银保监会等 13 个部门联合发布了《关于促进社会服务领域商业保险发展的意见》，明确提出要完善健康保险产品和服务。鼓励保险机构适应消费者需求，提供综合性健康保险产品和服务。力争到 2025 年，商业健康保险市场规模超过 2 万亿元。

其次是居民的保险需求将迸发。2019 年中国人均 GDP 首次突破 1 万美元大关，从

全球保险业发展的经验来看，当人均 GDP 达到 1 万美元的时候，居民对保险的需求将迎来爆发式增长，尤其是与健康相关的保险产品。

还有新型冠状病毒肺炎感染疫情的影响，从 2003 年非典疫情的经验来看，健康险的销售在疫情过程中和结束后都会有明显增长。“每一次大疫情过后，都会出现投保率增加的现象。”北京工商大学经济学院保险学系主任王绪瑾表示。

值得注意的是，疫情对健康险市场的影响远不止规模扩大。从长远来看，2020 年的疫情或将成为保险行业渠道变革的重要节点，未来健康险乃至寿险的销售都将进一步加快向线上渠道转型。

疫情蔓延期间，人际接触大幅减少，这对于线下保险销售将受到极大影响。从 2003 年非典的经验来看，疫情对于代理人团队的人员扩张、管理考核、营销活动都带来非常大的挑战。

近日，银保监会向人身险公司、财产险公司和保险专业中介机构分别下发文件，要求做好疫情防控保险服务工作，其中严禁从业人员聚集和客户集中拜访，严禁举行晨会、夕会、演说会、宣讲会、培训、推介会等聚集性活动。

但对于通过线上销售的互联网保险平台，在疫情期间除了集中办公会受到影响，获客、咨询、销售等环节的工作都与日常相差不大。由于特殊时期，保险客户也会倾向于“非接触式”咨询和购买保险，反而给线上渠道获得新客户创造了有利条件。

另外，此次疫情传播范围较广，很多三线及以下城市受到波及。这些地区的民众对于保险的看法将因为疫情出现而改变。据报道，近期湖北地区咨询和购买保险的人数都在显著增加。

三线及三线以下城市本就是传统保险中介鞭长莫及的区域，近几年阿里巴巴的蚂蚁保险、腾讯旗下的微保以及腾讯投资的水滴保险商城，借助互联网和科技的优势，将保险销售渠道不断下沉，同时将咨询、购买、支付、理赔等环节都在线上完成，大大提升了保险产业链效率。

目前，线下代理人仍是保险销售的主要渠道，但未来这种局面可能会改变。《2018 年互联网保险年度报告》显示，75.2%的网民接受互联网购险，在还未购买过保险产品的网民中，互联网已经成为仅次于保险业务员的、认知度排名第二的购险渠道。

未来几年，互联网保险将是一个非常大的风口。按照 2025 年健康险市场规模达到 2 万亿元的发展目标，如果互联网保险占比能够达到 20%，那将是 4 000 亿元的市场空间。这仅仅是健康险。如果互联网保险能够在年保费超过 2 万亿的寿险市场再有所突破，这个领域完全有可能成长起来 2～3 家百亿美元市值的平台型公司。

（资料来源：节选自《凤凰网财经》2020 年 2 月 6 日发表的文章“健康险市场今年有望破万亿，互联网保险成风口”，http://finance.ifeng.com/c/7tqnWO7mvB2，节选时有更新和删改。）

# 任务 2　提升保险销售沟通技能

保险销售沟通是保险销售人员与客户为满足客户需求和实现保险交易而进行的沟通与说服过程，影响着客户的思考与决策，直接决定能否签单达成交易。可以说，保险销售沟通能力对于保险销售的成败至关重要。

有效的保险销售沟通，需要保险销售人员充分明确沟通目的，了解沟通对象，把握沟通时机，建立良好心态及运用适当策略。也就是说，在与客户的每一次沟通中，保险销售人员都至少要明白“说什么”“对谁说”“何时说”“怎么说”“说多少”等问题，才能保证销售沟通不是漫无目的的闲聊或单刀直入的买卖，而是建立在满足客户需求之上的旨在实现交易价值的有效互动。

## 一、保险销售沟通的常见误区

在保险销售沟通的实践中，保险销售人员可能会遇到一些困惑，例如：

- 自己熟悉产品，可客户不感兴趣、不愿了解。
- 客户总觉得产品价格“贵了”，总以价格为由拒绝成交。
- 一次或几次销售容易，获得转介绍不容易，而维系长久客户关系更难，客户流失很伤脑筋。
- 腿勤口勤地积极拜访，可销售业绩总上不去。
- 经常和客户找不到共同话题，无法深入沟通，很是尴尬！

……

据此，可以归纳出保险销售沟通的三个常见误区。

### （一）重价格驱动，轻价值导向

很多时候，客户觉得价格“贵”，并不是没有实际交费能力，更多可能是还没有充分认识到保险产品的价值和服务，以及能为自己带来的真正利益是什么，因此觉得“不值”。如果仅就价格论价格，很容易遭到客户的敷衍与拒绝。

销售的核心在于满足需求和欲望，愉快地交换价值。在保险销售中，除了告知客户保险产品和服务的定价，保险销售人员更应该充分了解客户的需求，以及其为了满足需求和欲望而愿意付出的成本和代价。因此，了解客户需求，充分激发意愿，重视价值导向，比价格驱动更加有效，当客户已经充分认识到保险产品的最大化价值或能给自己带来真实利益时，接受价格可能往往并没有预想中的困难。

### （二）重单向说明，轻双向互动

保险销售沟通应该是保险销售人员与客户之间的双向互动，而非保险销售人员的

“独角戏”。

如果保险销售人员在销售沟通中仅顾着滔滔不绝地自说自话，一味单向说明，而不注重与准客户的双向互动，如何能保证客户是在有效参与沟通呢？又如何去发掘和了解客户的实际需求呢？因此，在保险销售沟通中，除了“说”，更需要“倾听”和“提问”，甚至不断扩大“倾听”和“提问”在沟通中的占比，即保险销售人员可以围绕事先设定的沟通目的积极提问，引导客户的思路，从客户的回答和反馈中捕捉有价值的信息，以确保保险销售人员的“说”是能够对接客户实际需求的，“说”得有效果，从而便于进一步输出保险产品和服务的价值以促成最终的签单。

### （三）重即时成交，轻赢得信任

在保险销售中，达成一次或几次交易不难，而要想经营长久的客户关系却不容易。掌握娴熟的销售技能可以加速成交过程，但建立客户信任才是销售制胜的前提条件。况且，客户信任会随着成交之后良好的客户服务与持久的关系经营与日俱增进而升华为信赖，客户信赖往往比客户认可更重要。客户信任度和满意度的不断提升，也是打造客户忠诚和保证永续经营的根本保障。因此，在保险销售中，注重客户体验，积极建立信任，维系长久关系，比一次或几次的成交业绩更为重要。赢得信任，才能获得或者延长客户愿意给予保险销售人员的沟通时间，也才有可能更加充分地与客户沟通。

## 二、保险销售沟通的关键理念

了解了保险销售沟通中的常见误区，不难归纳出成功实现保险销售的三个关键，即满足需求、重视沟通、赢得信任。如何抓住关键突破误区，从而顺利实现销售制胜，是保险销售人员必须掌握的理念。

### （一）找准需求，用心沟通

保险客户的需求是动态而多元的，找准客户需求，需要保险销售人员主动融入客户群体，“成为客户”并“超越客户”，与客户交朋友，用客户的思维来分析销售沟通中的要点，及时准确地了解客户的个性化需求，提升销售和服务的针对性，想客户之所想，急客户之所急，有效激发客户共鸣，积累深厚信任。并且，保险销售人员只有主动融入客户的生活场景，才可能将保险产品和服务真正融入客户的心智；只有精准把握准客户的需求，才能更加迅速地实现从“我让你选”转变为“我懂你”。

同时，沟通始于心，保险由于其产品的特殊性，较为容易让人误解，因此，保险销售沟通中的良好心态尤其重要，特别是“利他心态”和“真正关心”。利他，表示保险销售人员必须真正满足客户需求，必须以找准客户需求为前提，为客户提供实际价值和利益，成就客户就是成就自己，而不仅仅是出于完成自身销售业绩目标的心态去进行销售。关心，意味着用心服务客户，既包括面对客户需求时发自内心地感同身受，又体现在经营长久的客户关系中；既关心与销售相关的客户需求，又关心与销售无关的客户需求，这才是真正的关心。

### （二）望闻问切，有效互动

在保险销售沟通中，科学把握“望、闻、问、切”尤为重要。其中，“望”，是指销售沟通时的察言观色，也是找准客户需求和处理客户心情的重要前提。“闻”和“问”，代表倾听和提问，是获取客户信息、了解和分析客户需求的重要渠道。例如，提问是销售沟通的向导，保险销售人员可以通过询问客户现状、面临的问题或困难、无法解决问题或困难的后果等引导客户认识自身潜在的保险需求，从而主动确认需求；而善于倾听则可以帮助保险销售人员捕捉更多有价值的信息，进而更为全面地了解客户需求。“切”，即保险销售人员针对保险产品和服务的解释说明，切忌滔滔不绝向客户单向灌输信息，有效的产品说明和服务解释必须建立在找准客户需求和充分了解客户的基础上，有效沟通一定要双向互动，在保险销售沟通中，“闻”和“问”都比“切”重要。

### （三）持续服务，强化信任

保险销售人员的持续服务需要体现客户至上，强化信任则需要不断提升客户满意度，进而实现客户忠诚。客户至上不仅仅局限于客户服务标准的考量，更多是指保险销售人员面对客户需求时能否发自内心地感同身受，很多时候，仅仅满足客户需求还不够，力争超出客户预期，更能体现差异化服务，树立品牌优势。

建立信任是销售制胜的必要前提，客户接纳和信任保险销售人员，才可能愿意给予时间了解产品和服务，也只有与日俱增的信赖才能打造客户忠诚。熟练掌握销售技能重要，但如何与客户建立深厚信任，如何经营持久稳定的客户关系，如何不断提升客户满意度进而打造客户忠诚，比销售技能本身更为重要。当客户忠诚积累日益深厚时，往往无须更多销售技巧引导，也无须过于纠结客户流失。所谓“无须销售比娴熟销售更为重要”，强调的就是保险销售人员赢得客户信任的重要性。

## 三、保险销售沟通的科学工具

“工欲善其事，必先利其器”，在保险销售沟通实践中，科学工具能有效帮助保险销售人员事半功倍，以下主要归纳保险行业展业常用的 FABE 和 SPIN 两种销售工具，并给予具体说明。

### （一）FABE 销售法则

FABE 销售法则是由美国奥克拉荷大学企业管理博士、台湾中兴大学商学院院长郭昆漠总结出来的有效工具，属于非常典型的利益驱动法，具体明了，可操作性强。

简而言之，就是找出客户最感兴趣的产品特征，并分析产品特征的优势，再重点阐明这一优势能够带给客户的真实利益，然后辅以证据说明。通过这四个关键环节，解答客户的消费诉求，证实产品确实可以为客户带来实际利益，能够极为巧妙地处理客户所关心的问题，从而顺利实现产品的销售诉求。

1. FABE 销售法则的内涵

（1）F：特征（Features）。F 代表特征，产品的特质、特性等最基本的功能，以及如何用来满足客户需求。每款保险产品都有区别于其他产品的特征和功能，保险销售人员需要为客户介绍保险产品的基本信息，包括产品名称、险种、投保要求、保障利益等。同时，更为重要的是，为客户重点介绍产品的亮点，深度发掘产品特性，带给客户“情理之中，意料之外”的感觉，以提升客户兴趣。

（2）A：优势（Advantages）。A 代表优势，即产品的特征所能发挥的优势，旨在向客户证明“购买的理由”。注意，保险销售人员不仅需要单独介绍某一保险产品的独特优势，更应与业内同类产品进行详细对比，这也是保险销售人员专业能力的重要体现。在实事求是的原则下，保险销售人员以直接或间接的方式进一步向客户阐明自己所销售的产品的比较优势，凸显保险产品和服务的独特价值。

（3）B：利益（Benefits）。B 代表优势能带给客户的实际利益，即帮助客户充分明白保险销售人员所推荐的保险产品对于自己而言到底有什么利益和价值？能满足自身哪些需求？可以带来哪些具体保障？必须强调的是，保险销售人员对于利益和价值的强调应当建立在针对客户需求的基础上，一切以客户需求为导向，通过分析客户需求能够得到满足，或者展示客户可以获得的真实利益和实际价值，从而激发客户的购买意愿。这是FABE 销售法则中最重要的一个步骤，即把产品的重要优势转化为客户的真实利益。

（4）E：证据（Evidence）。E 表示向客户证明实际利益的存在，包括媒体报道、奖项表彰、品牌推广、客户反馈、宣传照片、案例示范等形式。在保险销售实践中，往往通过现场展示、相关图文报道、客户评价及产品和服务的品牌效应来佐证如前所述的特征、优势和利益，所有作为“证据”的素材都应该具备足够的客观性、权威性、可靠性和可见证性，旨在加深客户的信任度，对于保险产品的功用意义更容易感同身受，也更加认同保险销售人员的职业道德与专业价值。

总的来说，以上四个环节可以概括为列出产品特征、说明产品优势、解析客户利益及提出充实证据，即需要保险销售人员在进行销售沟通之前，首先自我回答“产品是什么”“产品怎么样”“产品可以给客户提供什么”“如何让客户相信”等问题，厘清这四个问题，有助于提高销售沟通效率，加速促成签单。

2. FABE 销售法则的应用

（1）FABE 标准句式。“因为（F——特征）……从而有（A——优势）……对您而言（B——利益）……您看（E——证据）……”，该句式的逻辑为首先阐述特征，回答“产品是什么”；然后强调差异化优势，解释“产品怎么样”，挖掘其特征如何发挥价值；紧接着告知客户“产品和服务的优势将如何满足客户需求”“可以具体保障什么”“可以提供哪些利益与价值”；最后，向客户提供证据，回答“怎么证明所言属实”，打消客户疑虑，增加认同与信赖。

（2）FABE 举例分析。

某著名 A 保险公司 2018 年度“开门红”产品涵盖了特别生存金、年金、满期金、身故保障等责任和功能，传承了该公司系列畅销产品的设计理念，具有安全保值、强力增值、灵活方便等特点，现运用 FABE 销售法则进行分析说明。

F——特征：作为 A 保险公司 2018 年的“开门红”主打产品，这是一款短期交费、长期持有、安全保值、强力增值、灵活方便的理财产品，既是工薪阶层教育和养老的理财工具，也是富裕阶层资产保全和资产传承的规划工具。

A——优势：保险理财产品与其他理财产品的最大区别就是安全确定，该产品仅需短期投入 3 年或 5 年，即可规划客户的长期理财需求。生存年金稳固可期，从合同生效第 5 年起开始领取生存年金，生存年金明确写进保险合同，保险合同受法律保护，每年领取的生存年金是安全确定的；满期返还本金，主险 20 年满期时，返还所有本金，若不幸在保险期间内身故，合计至少给付已交保费，客户本金不受损失；生存年金、满期金、身故金的设计至少保证了资产保值。在财富增值方面，采用分红+双账户复利增值的双驱动力设计，其终身万能账户，作为封闭账户，独立运作，高结算利率，目前结算利率为 5.1%，终身保底利率为 2.5%；其终身万能账户，作为开放账户，活期收益，灵活可追加，目前结算利率为 4.3%，终身保底利率为 2.5%。另外，该产品的高现金价值为高贷款进行了强力支撑，贷款比例高达现金价值/万能账户价值的 80%，客户需要小钱可以选择万能账户部分领取，需要大钱可以选择保单贷款，资金使用灵活，应对人生不同时期的保险需求。

B——利益：假设客户以自己的孩子（1 岁）作为被保险人投保该产品，连续投入 5 年，每年投入 10 万元，合同第 5 年可领取 6 万元，第 6 年可领取 4 万元，第 7 年到第 19 年每年可领取 3 230 元，第 20 年可领取 50 万元，仅这些确定领取的金额合计就有 641 990 元，将这些金额和每年的分红金放在万能账户进行月复利增值，假设以中档分红的中档结算利率（4.5%）为例，在合同生效第 30 年，万能账户价值约为 154 万元，第 60 年的万能账户价值约为 594 万元，第 80 年的万能账户价值约为 1 458 万元。万能账户支持追加，如果客户之后想继续追加资金也是可以的，当孩子需要教育费用或者自身需要养老资金的时候，可以选择从万能账户部分领取。客户不必再担心自己持有的财富会因为投资失败、通货膨胀等原因缩水，投入的这笔资产稳稳当当地在万能账户中增值，当外界投资市场利好时，客户也可以选择保单贷款进行短期二次投资。

E——证据：该产品已经正式开售，备受中高端人士关注，百万保单、千万保单接连不断，例如……再如……

（资料来源：节选自沃保网 2017 年 11 月 15 日发表的文章“2018 开门红××保险公司 FABE 模压话术”，https://news.vobao.com，节选时有删改。）

## （二）SPIN 销售模型

SPIN 销售模型主要是建立在客户需求之上，提出让客户重视的问题是 SPIN 销售模型有效且成功的主要因素，其发问流程完全是匹配客户在购买过程中的心理转变而设计的。保险销售人员可以通过一系列科学有效的提问来了解客户心理需求的发展与转变，促进客户更为强烈地认识到购买保险的紧迫性和重要性。

SPIN 销售模型旨在帮助销售人员发掘客户现状信息，引导客户说出隐藏性需求，放大客户需求的迫切程度，同时揭示销售策略的价值或意义。运用 SPIN 销售模型，也有利于销售人员全程掌控较长时间的销售过程中客户产生的细微心理变化。

### 1. SPIN 销售模型的内涵

SPIN 代表着状况性（Situation）、难题性（Problem）、暗示性（Implication）、需求确认性（Need-Payoff）等四类问题，指在销售沟通中运用实情探询、问题诊断、启发引导和需求确认等四类提问技巧来发掘、明确和引导客户的需求与期望，从而不断地推进销售过程，实现成功销售。

（1）S：状况性问题。状况性问题一般是针对客户目前现状和事实提问，用于了解客户现状以建立客户信息库（收入、职业、年龄、家庭状况……），保险销售人员通过客户资料的搜集，分析客户概况，从而有效发现客户潜在的问题，便于更好地引导客户。值得注意的是，状况性问题在 SPIN 销售模型的提问方式中效力最小，此类问题如果问得太多，容易招致客户反感，建议销售人员事先精心准备，避免不必要的状况性问题或发问适可而止。

例如："您从事什么行业？您在这家公司投保多长时间了？您更倾向于哪些理财方式？您一般如何防范家庭财务风险？"

（2）P：难题性问题。难题性问题主要是询问客户目前面临的问题、困难及不满，旨在确认客户的问题点，探询客户的隐藏性需求，与客户探讨共同关心的话题，激发客户兴趣，为引导客户发现自身明确需求做好准备。难题性问题比状况性问题更为有效，建议以客户面临的困难为提问出发点和考虑条件，不必过于铺陈产品的细节和特点。

例如："您目前的保障足够吗？对于 A 公司的这款产品满意吗？不知您有没有考虑过投保公司的品牌问题？如果这款保险产品无法满足您的潜在需求，您会如何决策？在现有条件下，有无其他更换资产配置的计划？"

（3）I：暗示性问题。暗示性问题主要是询问客户的难处、不购买产品的结果和影响，使得客户的问题与销售人员的对策相关联，即将保险产品或方案的优点和利益转变为具体的问题向客户有效提出，旨在将客户的隐藏性需求转化为显性需求，激发客户更为强烈的购买意愿。暗示性问题是 SPIN 提问方式中最为有效的一种，难度也最大，需要保险销售人员认真策划，向客户妥善提出问题。

例如："类似的波折和变动，对于您的家庭财务状况意味着什么？如果您目前尚未着手孩子的教育成长金，对于孩子将来教育成长的稳定性和家庭财务规划会产生什么影响？”

（4）N：需求确认性问题。需求确认性问题主要是询问产品和服务对于客户的直接价值或意义，在客户已通过暗示性问题明确显性需求后，往往会认同需求的严重性与紧迫性，较为容易立即采取行动。此时，保险销售人员需要引导客户注意力转移到问题的解决方案上来，同时，最好让客户充分认识并且能够自己说明解决问题的价值和购买利益，并认同和支持销售人员的解决方案，这样对于客户的影响更为积极有效。

例如：“解决这个问题对于您的家庭有多重要？还有没有其他可以帮助您解决问题的方案呢？这样一份保障全面、收益稳定的保险计划是不是可以妥善解决您的后顾之忧呢？”

需要补充的是，并非所有销售实践中的沟通都必须遵照 SPIN 销售模型的提问流程。例如，当客户立即表达明确需求时，保险销售人员可以马上提出需求确认性问题；有时保险销售人员在询问暗示性问题以探索隐藏性需求时，也可以适当辅以状况性问题来获取客户更多背景信息。总体而言，遵循 SPIN 销售模型的提问流程完全符合保险销售沟通的实践应用。

2. SPIN 销售模型的应用

在日常生活中，人们面临风险是多种多样的，保险销售人员在向客户销售保险时，最重要的是把关系到客户自身的利害关系说清楚！以下就不同客户群体，举例分析 SPIN 销售模型的实践应用。

**【例一】家庭主妇客户群**

S——状况性问题：“×太太，现在物价这么高，牛肉都快×元一斤了，您现在的家庭开支也涨了吧?”

P——难题性问题：“现在通胀率大概为×%，我帮您算算，大概 20 年后，您如果想保持现在的生活质量，每月开支预计需要×万元左右。那时您和您的先生应该已经退休，开始享受高品质的退休生活了吧，那您现在有没有为您和您先生的养老做准备呢?”

I——暗示性问题：“我有一个客户 Y 太太，她的先生之前很有钱，在深圳做电子设备生意，这几年电子产品更新换代特别厉害，生意越来越难做，前段时间又不小心被骗了几百万元，最近看到 Y 太太，感觉一下子憔悴了，儿子结婚，买了新房，老两口还债还贷，家底也慢慢薄了。您看，还是很有必要提前为自己将来自由自在的养老生活做些准备，对不对？”

N——需求确认性问题：“对了，现在有一种集养老保障、疾病保障于一体的双重保险方式，能够为您和您的先生提前进行养老规划，及时保障退休后高品质的生活质量，您感兴趣吗?”

**【例二】小企业客户群**

S——状况性问题："您现在从事什么行业？您觉得您的行业风险大吗？"

P——难题性问题："像您现在事业这么成功，有没有想过给自己做必要的资产配置，实现家庭资产和企业经营风险隔离，让您的资产免受债务的影响呢?"

I——暗示性问题："我有一位朋友，之前事业特别成功，后因给好朋友做担保导致企业破产，别墅也卖掉还债，还欠着很多债务，目前连孩子在国外留学的费用也支付不起了。如果他早些年能够提前做好资产配置和资产隔离，现在也不至于流离失所。不知您有没有构建家庭财务的防火墙呢？"

N——需求确认性问题："如果现在有一款保险既能帮助您隔离风险又能帮助您把资产安全有效地传承给子女，您感兴趣吗?"

**【例三】年轻父母客户群**

S——状况性问题："×小姐，您好，好久不见，您的预产期是什么时候啊？不知宝宝的生活用品都提前准备好了吗？"

P——难题性问题："我这边好多客户都说培养一个优秀的孩子实在太不容易了，特别是在一二线城市，竞争压力很大，平时还要为孩子报很多兴趣班，将来孩子就业、置业或者出国留学，开支也是蛮大的，不知您有预估过孩子将来大概需要多少花费吗？我帮您初步估算了一下，从您的小孩上小学一直到大学的费用总计大约×万元。这部分资金如果不提前规划准备，到时候会不会带来不必要的麻烦呢？"

I——暗示性问题："您看，20 年前的大学学费才一年几千元钱，现在学费可不止这个数了，这就是通胀的效果，再过 20 年，各项教育开支是不是就更高了呢？"

N——需求确认性问题："我这边有一款教育保险可以帮您实现宝宝未来资金需求的目标，切实关爱您未来孩子的教育成长，不知您有没有兴趣了解呢？"

（资料来源：节选自搜狐网 2018 年 10 月 8 日发表的文章"SPIN，四步走，保险销售其实真不难"，http://www.sohu.com/a/258308709_162179，节选时有删改。）

## 四、保险销售沟通的应用技巧

在保险销售沟通的过程中，涉及大量提问、回答、倾听、说明、说服的技巧。听、说、问、答等构成保险销售沟通的基本因素，具体技巧值得每一位保险销售人员学习和掌握。

### （一）提问的技巧

通过提问来探询客户的真实需求是销售成功的基础，因此，在销售沟通中，提问要有针对性，有效而明确，需要注意以下几点。

（1）要尊重客户，心平气和地提问，创造和谐积极的氛围，避免沟通陷入僵局。

（2）适时提问，不要打断客户话语。提问时最好经得客户的同意，并给予客户一定的考虑时间，切忌咄咄逼人，锋芒毕露。

（3）提问需要有的放矢，针对性强，先简单后复杂，逐渐深入。

（4）提问言简意赅，通俗易懂，让客户易于理解并便于作答。

（5）选择合适的提问方式，如求教式提问、启发式提问、协商式提问、澄清式提问等，有效引导客户提供有价值的信息。

### （二）回答的技巧

保险销售人员回答客户的疑问也是一个表明自己职业态度和专业技能的过程，回答要有诚意，让客户明白他的问题获得了真诚而如实的答复，从而产生信任感，需要注意以下几点：

（1）回答要有诚意，赢得客户信任是实现成功销售的重要前提。

（2）回答要有条理，让对方知道保险销售人员的专业素养，认同值得交往。

（3）回答要有分寸，综合考虑客户性格特征、职业等信息，顾及客户感受。

（4）回答要有信心，让客户不仅满意保险销售人员的答复，还能相信保险销售人员办得到。

（5）回答要有灵活性，包括答复方式的灵活和答复内容的灵活，要有技巧地回答客户，激发客户进一步了解的意愿；同时，对于暂时无法回答的问题，以灵活的方式和语气作答，便于随后加强与客户的联系。

### （三）倾听的技巧

通过仔细倾听来了解客户更多信息是保险销售人员必须掌握的技巧。良好的倾听技巧不仅能向客户传递更多真诚与关注，还能帮助保险销售人员探询到更多有价值的客户信息，及时调整沟通思路，促进沟通效果的提升。在倾听中，需要注意以下几点：

（1）要有耐心，倾听时要仔细、耐心、保持微笑，及时对客户的话语做出积极回应，或辅助一些肢体语言，比如，不时点点头，表示自己正在全神贯注倾听；保持目光接触，表达对客户的尊重。

（2）主动倾听，主动记录客户所讲的要点，并及时做出反馈，表示对于客户意愿的重视，既能营造良好的沟通氛围，又便于进一步探询希望获得的信息。

（3）综合判断，不依据表面或片面信息做出决定，综合分析和判断客户所提供的信息，学会理解和探究客户的真实意图。

### （四）说明的技巧

说明是保险销售人员在销售沟通过程中解释产品和服务，以及陈述自己观点和建议的过程，是证明保险销售人员专业性的重要体现。在说明中，需要注意以下几点：

（1）紧扣主题，将自己的意见或建议以最简单明了的语言告诉客户，让其明白保险销售人员所说明的是基于客户需求之上的适合的产品和服务，以及非常中肯的建议。

（2）通俗易懂，避免在说明过程中过多使用晦涩难懂的专业术语，过多的专业术语不仅让客户产生疑惑，也易引起疑心，最好以客户一听就懂的语言方式进行说明，加深双方的交流与理解。

（3）措辞得体，用符合双方身份与地位的话语进行沟通，不能使用过于夸张、带有贬义、暧昧不清或诱导刺激的语言等进行叙述，以免引起不必要的误会。

（4）有理有据，不对无把握、无法预测的事情进行绝对肯定或否定，以免引发不必要的纠纷和麻烦，也容易让客户对于保险销售人员产生不可靠或无法信任的感觉。

（5）运用适当的语言技巧，在说明或阐述时，要善于通过语言的抑扬顿挫来表达更多情感，适时改变说话的语气与语调，有利于引导客户产生共鸣。比如，叙述悲伤的风险事故时宜用缓慢、沉重的语气；讲到因保险而获得不错的收益与保障时要用积极、肯定、高兴的语气，以便进一步调动客户的同理心和参与度。

### （五）说服的技巧

说服是保险销售沟通中难度较大的技巧之一，主要针对客户的疑问或异议，向客户解释或澄清保险产品和服务的各种方案，说明利害得失，打消客户疑虑，促使客户接受方案或建议。保险销售沟通实质上是一个消除客户疑虑、说服客户购买保险、指导客户如何购买及购买多少的过程，在说明过程中，需要注意以下几点：

（1）要明确说服的各层次目标，由易而难，循序渐进。首先在沟通之前为自己设立多个难易程度不同的小目标，在与客户的销售沟通过程中视发展情况而定，逐步引导客户，由易而难，尽力取得最高目标的最好效果。

（2）尊重理解客户，建立良好的人际关系与和谐的谈判氛围。说服旨在让客户心悦诚服地购买保险产品和服务，而绝非在压力或强辩之下不情不愿或敷衍了事地接受建议。因此，在沟通过程中，保险销售人员首先应该站在客户视角去思考，为客户利益着想，通过有理有节、通情达理、摆事实、讲道理等组合方式灵活说服客户。

（3）旁敲侧击，迂回作战，若客户暂时拒绝保险销售人员的方案或建议，不宜勉为其难，宜表示充分理解客户的异议和顾虑，然后采取迂回战略，更多搜集客户信息和兴趣点，加深客户信任，赢得更多共鸣，再尝试说服客户购买。

（4）投其所好，适当让步，保险销售沟通是强调“双赢”，只有“双赢”的销售才可能维系长久的客户关系。因此，适当的让步是不可避免的，在适当的时间、适当的过程、适当的问题上进行合法合理地让步，有利于增强客户的签单意愿，促进双方尽快达成一致。

（5）善于运用语言艺术，将语言表达人性化、人情化。当与客户意见发生分歧或遭遇客户不友好言行时，保险销售人员不能正面交锋，不要直接回击，可以尝试运用含蓄、幽默、委婉的方式缓和客户情绪，处理好客户心情，再引入沟通正题。

## 延伸阅读 5-2

### 多类型保险客户开发技巧

如何针对不同类型客户的思想进行有效统一，由客户对保险的不了解、不认知、不感兴趣转移到理解保险是现代生活规避风险的绝佳工具，以进一步增强客户投保意识、转变客户投保观念，扩大对保险投资的比例，实现短、平、快签单，从技巧上解决困扰保险销售人员的签单难、举绩难、目标达成难、晋升难等问题，让保险销售成功签单的直通车驶入不同层次的客户，本文特进行以下分析。

（一）憨厚老实型客户

憨厚老实型客户平时寡言少语，有一说一，较为诚实守信，不会花言巧语，对事业和家庭忠诚度较高，领导同事交办的事情尽心尽力、仔细认真，做事比较靠谱，可交为朋友，在群众中具有较好信誉和较高威望。在瞬息万变的市场经济大潮中，对项目投资、购买保险产品比较谨慎，不会轻易出手，但是从众心理较重。

保险销售人员在与这类客户沟通时，切忌口若悬河，说起保险士气高昂、滔滔不绝，让客户难以搭话；或者不给客户考虑问题、分析问题和做出决策的时间，让客户很难接受，极易出现销售搁浅。保险销售人员适合抓住客户做事谨慎，喜欢给家庭和自己的生活留有余地的心理，用温馨的语言和清晰的思路引导客户，待获得客户的充分肯定后，再层层推进、环环相扣、步步为营，在客户完全认同的情况下进行每个销售步骤的运作，从而实现客户对于公司、保险销售人员及产品和服务的认同。

（二）智慧外露型客户

随着大数据、云计算、物联网、互联网、网络媒体的诞生实施、普及推广，信息传媒渠道的广泛传播，一大批“百事通”类型的客户脱颖而出，不仅熟悉国际国内时政热点、经济形势及社会变化，对于地理天文、历史文化等也有心得。这类客户为显示自己的智慧才能，喜欢发表自己的观点，也较为容易插话或者打断他人讲话以表示我懂、我会、我知道，显示自己知识渊博、睿智精明。

保险销售人员在和这类客户接触时，掌握的最基本的原则是：多赞美、少争辩，扬长避短，把握销售重点和中心环节，不在无关紧要的末梢枝节争高低，以免赢得立场，赔了市场。保险销售人员要善于发现客户的优点，多多赞美客户的长处。同时，也要明白，每个人都有自己的短板和弱项，客户在本行业可能是专家，跳出行业就不一定了。在保险领域，保险销售人员可以用深厚的专业知识、过硬的专业技能及优质的服务体验征服客户，尤其是保险条款熟知度对于很多客户而言是最大的盲区，保险销售人员可总结不同产品的卖点，用同年龄、同行业、同阅历客户购买的典型人物来打动客户、吸引客户，激发客户购买意愿。

（三）经济富裕型客户

经济富裕型客户多数具有一定的经营能力和经营方法，头脑较灵活，做事有主见，在当今经济社会发展中能当先锋、做表率、成为经济发展的领航者。

据某保险公司对1 000名经济富裕型客户的成功签单调查显示，这类客户购买保险的共同特点有如下三个方面。

1．适销对路

保险销售人员对这类客户进行产品推介时，把握的主线是适合客户实际生活需要且能代表客户身份、显示高品质价值的高保障类产品，如重疾险、防癌险、意外险等。在所调查的1 000名经济富裕型客户中，几乎家家都有这些类型的保险，这类保险已成为其家庭生活中的必需品。

2．经济节约

经济富裕型客户多数会精打细算，期盼自己的资金能发挥最大潜能，客户为利益最大化和价值最高化会竭尽全力、尽其所能。因此，保险销售人员在面对这类客户进行销售时，一定要找出客户购买此产品的利好理由和最大化利益。

3．更多赞美

这类客户中大约有73%的人喜欢赞美，不妨尽量满足客户的这种心理；或者，也可以用温和的语言向客户表达愿意和其这样的成功人士结交，向其学习请教等。

（四）沉默寡言型客户

这类客户不爱说话，显得特别老实，好像对什么事情都不在乎，但慢慢接触就会发现，其做事非常细心，不急不躁，也大多非常有主见，当涉及自身利益问题时会据理力争，提出的问题也较为刁钻，不易回答。

针对这类客户，保险销售人员要把握好三个原则。

1．有的放矢

在与客户沟通之前，要全面了解客户社会阅历、从业经历、家庭经济情况、家庭主要成员各类保障状况，并分析客户所在行业的发展潜力，找准家庭保障的短板，以及目前急需解决的问题，这样便于有针对性地找准销售沟通时的切入点。

2．保险适宜

对这类客户设计的保险方案要科学合理、主辅搭档、保障全面，让客户感受到保险销售人员是完全站在客户利益的高度来分析问题、考虑问题、处理问题的，把客户利益最大化放在首位，这样推介产品更有说服力，容易降低客户对于保险销售人员的戒备，增强信任感。

3．耐心讲解

保险销售人员不能急功近利，逼迫签单，这样往往适得其反。要讲解购买保险的功用意义，讲解得全面、具体、生动、形象。在客户考虑问题时，不要强行打断，对客户感兴趣的内容要讲解透彻，彻底打消客户疑虑，对客户不感兴趣的问题可一笔带过，关键在于帮助客户明白保险的真正价值是为了满足他们自己规避风险的需求。

（五）豪爽外向型客户

豪爽外向型客户多数性格直爽，快言快语，办事干练，抗拒心理较弱，容易接近，相对容易了解其意图和目的。这类客户心中有谱，带着目的性和保险销售人员接触，往往已准备好问题，并对保险销售人员的答复抱有预期，如果不购买保险，一般也不会拐弯抹角，而是直截了当，非常直白，有利于保险销售人员有针对性地了解问题、分析问题、解决问题，也更加有助于促成签单。

保险销售人员与这类客户接触，要用朴实的语言、浅显的道理、诚恳的态度与他们交谈，重点需要阐明险种的意义与价值，即客户购买这类保险后，对于本人和家庭今后的生活和发展所带来的利益和保障，以增强其购买的主动性。

（六）抢先争新型客户

在现实的保险市场上常常碰到这样一类客户，具有新思想，采取超前行为，喜欢赢得先机，争取主动，依新取胜。这类客户的共同特点表现为：具有强烈的求知欲，对新事物抱有新鲜感、认同感，善于思考问题和分析问题，做事认真大方，敢闯、敢试。

保险销售人员在对这类客户进行销售时，也宜多多赞美，并充分表达对客户的重视，而后再认真讲解险种的功能和意义；同时，要善于观察客户的表情，根据客户的肢体语言，分析客户提出的疑问，恰如其分地回答问题，打消客户疑虑，增强其购买保险的信心。

不同类型的客户，有着不同的性格，其发现问题、认识问题、分析问题和处理问题的角度、观点、能力也不尽相同。保险销售人员在日常工作中，要经常观察、了解、积累、探索不同类型客户成功签单的经验，总结开发不同性格客户的保险需求，找准方向、理清思路、厘定目标，灵活多变、有针对性地进行保险销售，不断提升签单成功率，不断扩大保单业绩积累，在保险销售的道路上成为业界高手。

（资料来源：节选自《中国银行保险报》2019年6月21日发表的文章“多类型保险客户开发技巧”，https://baijiahao.baidu.com，节选时有更新和删改。）

# 任务3 完善保险客户服务体系

当前，保险产品同质化现象普遍，当价格竞争空间越来越小时，创新和完善保险客户服务体系将是一种更有效、更长期的竞争手段。我国保险发展水平的提升和日益多元化的消费者需求，催生了更多、更高要求的保险服务。保险公司提供优质客户服务的能力，对建立和保持积极、持久和紧密的保险客户关系是十分重要的。保险客户服务以实现客户满意度最大化，维系并培养忠诚保险客户，实现客户价值与保险公司价值的共同增长为目标。

## 一、保险客户服务体系的主要内容

### （一）保险客户服务体系

1. 售前服务

售前服务主要是为潜在的消费者提供各种有关保险行业、保险产品的信息、资讯及咨询，协助客户进行风险规划、为客户量身设计保险保障等服务，主要包括在选取准客户的基础上，充分了解风险保障的需求，有针对性地进行相关的专业咨询和保障计划设计。保险业不是纯销售行业，也就是说，保险销售的并不仅仅是保险产品本身，而是保险产品服务理念和行为，由始至终贯穿保险专业销售全流程。在售前服务的时候，如果了解客户的需求和想法，有针对性地为客户制订贴心的投保计划，这是利人利己的好事。但如果是用所谓的“保险话术”引诱签单，造成客户的后悔情绪，引发投诉、退保等事件的发生，就得不偿失了。这时，保险销售人员为了一己的业绩，对整个保险行业的形象造成很大负面影响。只有诚信而专业地对待客户，“用专业的服务”对待自己的客户，才能利人、利己、利于保险行业的发展。

2. 售中服务

售中服务指在保险产品销售过程中为客户提供的各种服务。售中服务大致包括三个方面的内容：一是指导客户如实填写投保单，保险销售人员要利用自身的专业知识耐心指导客户如实填写投保单，提醒客户应该注意的问题，切实维护客户利益。二是接报案、查勘与定损服务，保险公司坚持“主动、迅速、准确、合理”的原则，严格按照岗位职责和业务操作流程做好各项工作，全力协助客户尽快恢复正常的生活和工作秩序。在定损过程中，要坚持协商原则，与客户进行充分的沟通交流，尽量取得共识，达成一致意见。三是核赔服务，核赔人员在符合保险条款及国家法律法规的规定下，要全力支持查勘定损同事的工作，在既定时间内完成核赔工作。核赔部门在与查勘定损部门意见有分歧时，应共同协商解决，将确定后的赔款额度及时告知客户；如发生争议，应告知客户解决争议的方法和途径。对拒赔的案件，经批复后要及时向客户合理解释拒赔的原因并发出正式的书面通知，同时要告知客户维护自身权益的方法和途径。

3. 售后服务

售后服务指在客户签单后保险公司为客户提供的一系列服务。一是防灾防损服务，这是财产保险客户服务的重要内容。保险公司应定期检查被保险标的的安全状况，并及时向客户提交关于消除不安全因素和隐患的书面建议。对于重要客户和大中型保险标的，应根据实际需要开展专业风险评估活动。二是理赔服务，在履行赔偿和支付责任时应按照保险合同的协议以高质量和有效的方式进行。三是增值服务，应向特定的客户群或潜在客户提供与保险保障无直接关系的扩展服务，也就是保单政策以外的服务。四是契约保全服务，应做好保险受益人变更、保险金额变更和保险期限变更等一系列维护工作，以确保保单的有效性。五是咨询与投诉服务，应该通过客户服务热线等多种渠道接受客户咨询和投诉，及时、准确、有效地回答客户问题和处理客户投诉。

### （二）保险客户服务实务

在保险客户服务实务中，重点介绍售后服务。保单销售之后，并不意味着销售工作的结束，而是进入另一个循环，即售后服务流程。在这个阶段，保险销售人员必须为客户处理一系列保全方面的问题，这也是与客户保持长远关系的开始。

1. 保单说明

在签单之后，保险销售人员收取保费并出立临时收据，随后回公司进行正本保单出立与开具正式发票，随后将出立的正本保单与发票递送给客户并请其签名。在递送的过程中，向客户解释保单条款的重点，使客户更进一步了解保险的功用，还可以请客户介绍亲属朋友等投保，这些有助于保险销售人员成功约见准客户和销售更多的保单。

（1）递送保单的重要性。

- 制造拜访机会。
- 建立个人信誉。
- 维系感情。
- 提高续保率。
- 获得客户转介绍。

（2）递送前的准备。

- 再次确认保单，以免有误。
- 确保该单已经在你的客户管理系统之中。
- 准备保单与封套。
- 预约时间。
- 对保单条款进一步进行详细分析与了解。
- 填写“递送保单备忘录”。
- 出发并再次对全部资料进行检查。

（3）进行保单说明。

- 祝贺客户。例如：“张先生，祝贺您成为我公司的重要客户，也恭喜您获得了一份未来的坚实保障。”
- 强调本保单能充分地满足客户的需求。
- 对保单的一些重点内容进行解说与确认。包括保单号、保单签发日期、保险期限、投保年龄、性别、受益人、投保人、被保险人、基本保额、保费、交费方式、交费年限、应尽义务等。

- 重点解释保单条款。包括本条款的内容、宽限期、犹豫期、免供款方式、减额交清、现金价值、展期保险、保险责任与责任免除、保险金申请方式与手续、保单贷款、红利领取、自杀条款、年龄误告条款等。
- 确认客户对保单的了解程度。例如："张先生，对现金价值您了解吗？能否讲给我听一下？"
- 让客户对你的服务进行评价。例如："张先生，为了进一步提升我的服务质量，您能否把我展业过程中的缺点与错误指出来，让我能在下次为您服务时进行改善？"
- 征求介绍新的客户。

2. 保单保全

一般来说，财险保单因为保险期限比较短，因此售后服务相对简单。对于财险保单签单后，一般的售后服务主要包括风险的预防与控制、损失的预防与减少。因此要求保险销售人员经常到客户处进行检查和感情联络，确保保险标的危险情况没有发生变动，并且能与客户保持长久关系，以保证续保率。

但对于寿险业务，由于保险期限一般非常长，如终身寿险可能长达数十年，因此在如此长久的时间内如何保证保单的有效性就是非常值得研究的一件事情，由此引入了保单保全的概念。保单保全服务是指为了维护已生效的人身保险合同，保险公司根据合同约定与客户需求所提供的一系列服务举措。保险公司在合同成立后的不同阶段可提供相应的保全服务内容。表5-1是某寿险公司人身保险产品的保全服务内容。

**表5-1　某寿险公司人身保险产品的保全服务内容**

| 序　号 | 保全服务项目 | 保险公司提供服务的时间 | | |
|---|---|---|---|---|
| | | 保险期限内 | | 年金给付期内 |
| | | 交费期限内 | 非交费期限内 | |
| 1 | 通信地址、住所变更 | √ | √ | √ |
| 2 | 姓名文字变更 | √ | √ | √ |
| 3 | 证件类别及号码变更 | √ | √ | √ |
| 4 | 性别错误更正 | √ | √ | √ |
| 5 | 出生日期错误更正 | √ | √ | √ |
| 6 | 更换投保人 | √ | √ | |
| 7 | 受益人变更 | √ | √ | √ |
| 8 | 增加附加险 | √ | √ | √ |
| 9 | 附加险续保 | √ | √ | √ |
| 10 | 投保要约的确认 | √ | √ | √ |
| 11 | 保险合同补、换发 | √ | √ | √ |
| 12 | 解除合同 | √ | √ | √ |
| 13 | 保险关系转移 | √ | √ | √ |
| 14 | 保单借款 | √ | √ | |

续表

| 序　号 | 保全服务项目 | 保险公司提供服务的时间 | | |
|---|---|---|---|---|
| | | 保险期限内 | | 年金给付期内 |
| | | 交费期限内 | 非交费期限内 | |
| 15 | 续期保费交费通知 | √ | | |
| 16 | 保费抵交 | √ | | |
| 17 | 保费自动垫交 | √ | | |
| 18 | 交费方式变更 | √ | | |
| 19 | 授权账号变更或撤销 | √ | √ | √ |
| 20 | 减保 | √ | √ | |
| 21 | 保额增加权益 | √ | √ | |
| 22 | 减额交清 | √ | | |
| 23 | 可转换权益 | √ | √ | |
| 24 | 合同效力恢复 | √ | √ | |
| 25 | 利差返还 | √ | √ | √ |
| 26 | 红利给付 | √ | √ | √ |
| 27 | 生存金额领取通知 | √ | √ | √ |
| 28 | 年金领取方式变更 | √ | √ | |
| 29 | 年金领取年龄变更 | √ | √ | |
| 30 | 犹豫期撤单 | 投保人签收合同的十天内（寿险合同） | | |

保单保全是对保险合同效力的维护，保险公司一般经过客户申请、受理初审、经办、复核、单证缮制与清分和日结归档六个处理阶段。

3. 理赔服务

理赔对于保险销售人员来说，意义非常重大，它是留住客户、拓展销售渠道和准客户的重要手段。然而，现在一些保险销售人员不注重理赔服务，让客户觉得投保时天天缠在身边，理赔时人影不见，从而使客户产生严重的抵触感和不信任感。因此，保险销售人员在得知客户发生保险事故时，应第一时间到达事故现场或到客户家中进行慰问，并及时说明公司的政策，帮助客户准备和填写相关的证明与材料，并带领客户到保险公司申请理赔，让客户感到保险销售人员的服务是无微不至的，从而产生信任感，提高忠诚度，并介绍客户和宣传保险知识或保险销售人员的声誉，使其在保险销售的事业上越来越成功。

4. 其他售后服务

另外，为了进一步留住客户、提高保单续保率，保险销售人员要在售后进一步加深与客户的感情，可做下列一些事情：

（1）纪念日祝贺。如客户的生日、结婚纪念日等有意义、有纪念性的日子里，打个电话或寄张贺卡，来表达你的心声。

（2）新年伊始，送一本年度记事本或工作日记，写上祝福的语句。

（3）年节问候。

（4）定期将最新的保险资讯或金融信息寄给客户。

（5）年末送上一本台历或挂历。

（6）定时在网上送上一张电子贺卡。

（7）开展活动，如开展产品说明会，组织客户俱乐部活动等。

（8）其他一切能加强与客户之间感情的活动。

## 二、当前保险客户服务存在的问题

### （一）客户服务意识不强，社会满意度不高

一些保险公司盲目追求发展速度和市场份额，忽视客户服务的有效性和持续性，容易造成在客户心目中口碑不佳，带来信任感的降低，进而导致客户关系难以维系，也会影响公司形象和市场份额。

### （二）客户服务的方式、手段比较粗放

服务模式局限于传统、功能与基础性的服务，日常提供的客户服务只是与保单本身相关，只有在客户出险或续保时才与客户联系接触，客户所需要的一些延伸服务还有很大的改善和提升空间。

### （三）保险产品创新力度不够

保险产品业务模式需要从“保险公司提供什么，消费者买什么”，逐渐转变为“消费者需要什么，保险公司提供什么”。在产生创新中，不能出于迎合消费热点，为了创新而创新，这是对于资源的极大浪费。保险产品创新主要在于对用户保险意识的培养与保险需求的挖掘，通过培育消费者消费保险的意识，提升其对于保险的需求，使产品能够精准触达消费者。

### （四）理赔服务的质量和效率不高

在自主理赔制度模式下，保险公司从展业到承保，从定损到核赔，每个环节都严格控制，大而全的模式造成理赔服务效率低。由于内部管理链条冗杂，理赔查勘到达现场的及时性、理赔立案结案的效率都受到较大影响，这也是影响客户满意度的重要因素。

### （五）保险条款不够严谨

一些客户遇到保险事故，在理解条款时经常与理赔人员存在差异，从而引起争议。有些条款，即使保险公司的专业人员在内部讨论时也有不同意见和分歧。甚至有的保险销售人员在展业过程中存在误导消费者行为，极大地损害了行业形象，也导致保单的失效率、退保率、投诉率居高不下。

## 三、构建保险客户服务体系的有效途径

目前，大多数保险公司有相关服务举措但不成体系，没有有效的客服管理机制，也没有进行有效的客户服务体系的管理。客户服务是一个有机系统，从不同角度看服务系统，可以分为营销服务系统、承保服务系统、理赔服务系统、附加服务系统等。因此，完善的客户服务体系是实现客户服务工作高效运行的基石，是保险公司与同业竞争的有效手段和方式。

### （一）客户服务管理体系应该遵循的原则

一是要适应中国特色的市场环境的原则。中国保险业发展历史并不长，特别是经过市场经济环境熏陶和洗礼的时间不长，存在一些有待完善之处，保险客户服务管理体系的构建必须遵循适应市场环境的原则。二是创立自身服务品牌效应的原则。对保险公司来说，要提升品牌塑造能力，主要需要在企业文化、人力资源和客户服务体系三方面打基础。三是客户服务规范化和可操作性原则。服务规范化是指针对服务流程制定制度、规程、指标等标准（规范），并严格实施，以使服务过程的进行能够完整、一致。对保险公司来说，诚信是生命线，这不仅体现在市场开拓中，也将体现在后续客户理赔等各个服务环节中，规范化服务是保险公司诚信建设的重要手段。

### （二）加强培训宣导，增强服务意识

保险公司应以保障被保险人的利益为出发点和立足点，切实加强对员工的培训教育引导，完善服务内容，明确服务标准，加强服务基础设施和资源配置，在接报案、咨询、投诉等客户接触端口实现标准化服务，建立服务质量监督考评机制，在企业文化中充分融入服务因素，倡导服务文化，牢固树立以客户为中心的观念，做到眼里有客户，心中有客户，全心全意为客户服务，最大限度地让客户满意，促进保险公司形象标准化、服务标准化、流程标准化和运营标准化建设，积极向社会和客户公开服务承诺，禁止误导和虚假性宣传，把投保人和被保险人的满意度作为衡量工作成效的根本标准，努力维护客户的合法权益，构建和谐共融的局面。

### （三）完善保险产品体系

随着社会发展趋向多元化，消费者的需要也有个性化的趋势，公司所要满足的已不再是单一的市场，而是个别的、有个性的消费者。强调目标市场的细分，根据不同销售渠道、消费者阶层、年龄层次的特点，进行相关产品的研发，积极完善、逐步形成完整的产品框架体系。此外，产品开发还要以市场需求为导向，强调市场需求分析、研究，来满足多元化的客户需求。

### （四）努力提升服务便捷度

除了在传统的业务渠道开展销售活动，还可以通过互联网、电话、银行、车行、社

区等渠道积极开展销售活动；除了进行现金支付，还可以通过当下流行的网络支付、银行划付等形式，提升便民服务效率。保险公司应积极借助科技的力量，利用“互联网+保险”、科技赋能对保险服务形式进行创新，提高客户满意度。

### （五）努力为客户提供增值服务

保险公司应努力为客户提供保险以外的增值服务，如专家讲座、免费体检、健康咨询、机场贵宾通道、便利购物，以及其他各种形式的衣食住行方面的服务。充分利用客户信息资源，在节日、生日、气候突变等时点通过适当的方式给予贴心服务，并在客户生病住院、子女就学、家政等方面开展更具针对性的人性化服务和帮助，提升客户对保险公司的忠诚度。

## 延伸阅读 5-3

**人工智能赋能客户服务**

2018年，中国太保寿险围绕集团公司打造“客户体验佳、业务质量优、经营风险低，成为行业健康稳定发展引领者”的转型2.0愿景，以及寿险公司“产品回归保障，服务创造价值，打造数字化生态圈”的战略方针，以客户为中心，加快人工智能与大数据核心技术驱动，建立了智能机器人和知识图谱两大平台，实现了“核动力”智能核保，“太慧赔”智能理赔、“智享家”智能柜面、“智享中心”全渠道客户服务中心四大人工智能应用，颠覆传统保险服务模式，引领人工智能服务新体验。

1．研发智能机器人平台，打造智能保险服务体验

2018年，中国太保寿险于行业内率先研发耳聪目明、心灵手巧的“灵犀”系列智能机器人。以“灵犀”系列智能机器人为载体，创新变革中后台服务能力，瞄准智能语音交互、活体认证、图像识别、激光导航等人工智能新技术的快速引入与高效迭代，通过数据建模、知识图谱构建，在理赔、柜面、承保、电话四大业务场景中率先实现智能化，并将前端保险服务融入医院、社区、商场、学校等生态资源中，为客户带来“心有灵犀”的智能保险服务体验，提升客户黏性、助力客户经营。

2．构建保险知识图谱，打造智能平台大脑

2018年，中国太保寿险着手建设保险知识图谱项目，聚焦保险专业领域知识，通过机器学习、NLP等算法进行模型训练优化，建立常态化知识供给机制，以场景作为首要驱动因素，构建知识内容框架，不断完善机器认知能力，迅速提升“灵犀”机器人智能化水平，支持营运生态圈场景应用。

截至2018年年底，知识管理系统已上线发布，且已完成在售109个产品条款的图谱构建，完成核保、保全、理赔、承保等领域知识的初步积累。知识图谱项目现已实现机器人、太平洋保险App、太平洋寿险官微等终端有关产品咨询、保全咨询、理赔咨询等

多业务场景的智能交互，提升了“灵犀”机器人认知能力。知识图谱的构建和不断完善，将为人工智能的深入应用奠定基础。

3．“核动力”智能核保，实现全天候AI核保

“核动力”以让AI成为生产力为目标，以客户为中心，以机器人为载体，以人工智能和大数据为驱动，重构了核保流程，通过客户端机器人智能交互采集客户信息，后台虚拟机器人实现智能核保，打造秒级机器核保模式。

AI核保，通过对海量历史数据进行分析、标注预处理，采用了特征分解、机器学习、协同训练、网格搜索等前沿智能算法模型进行AI核保模型构建并持续调优，实现了转核件的智能标保终审、核保补充资料要求及非标核保决定的智能辅助提示。

4．“太慧赔”智能理赔，让数据多跑腿，客户少跑腿

“太慧赔”是中国太保寿险在2018年打造的行业首家基于机器人和人工智能技术的全链路理赔服务体系。前端研发医院、柜面、电话、职场、移动端等多场景机器人提供理赔报案、咨询服务，中端借助医疗数据互联及IOCR（Input Output Conerol Routine）技术实现数据实时获取和结构化识别，后端开发智能决策模型替代人工作业，实现赔案秒级审核，并在理赔环节各触点引入涵盖预防、诊疗和康复等22项增值健康服务。

2018年8月10日“太慧赔”实现医疗数据互联首单无纸化理赔，客户通过移动端身份识别、授权申请，由医疗互联完成医疗信息的实时获取。

截止到2018年12月底，智能决策与反欺诈模型应用量为54 679件，完成无人工审核14 794件，件均用时3秒，准确率96%。

5．打破传统柜面模式，打造全新“智享家”服务

智享家（Intelligent Service Counter，ISC）：以客户为中心，将传统柜面打造为集服务办理、客户经营、品牌宣传为一体的线上线下互通的“智享体验中心”，并推行“智能（Intelligence）+交互（Interaction）+融合（Integration）”的3I服务标准。

客户可以在柜面通过和智能机器人的语音互动，及时便捷地办理业务。同时，柜面“金钥匙”服务管家团队跟进式服务，满足客户体验和业务办理需要，为到店客户提供全过程的满意加惊喜的服务。而对于不方便前往柜面的客户，“云柜面”则打通了服务的“最后一公里”，利用生物识别、智能路由、远程视频及大数据风控等技术，为客户提供云端柜面服务，界面画质清晰、语音效果流畅、专业服务贴心。无论客户在哪里，都能享受“即时即地、随心随意”的极致服务。

6．提升电话服务智能化，进入“智享中心”新时代

智享中心（Intelligent and Experienced Contact Center，IECC）：由电话中心升级为联络中心，全渠道接入，对外提供服务，对内共享资源，重点从四个应用场景切入解决当前服务痛点。

智能电话回访：借助语音识别、语义理解、文本转语音等新技术，通过智能语音机器人与客户语音交互完成电话回访，目前该产品应用于新契约电话回访，已能覆盖分红、传

统、万能三大种类，所有在售的52个险种，引领行业将智能语音技术应用于新契约回访。

智能语音服务平台：由智能机器人实现与呼入客户的语音互动应答，简化客户操作，分流人工服务，目前已经实现了 VIP 客户版全司上线，VIP 客户来电转人工时长缩短了 50%。

智能预警监测：由智能机器人对客户交互数据分析扫描，预警风险线索、监测客户反馈，提升风险防范和价值创造能力。

智能辅助作业：可在智能机器人的辅助下，规范、引导、简化及替代人工操作，提升人工服务的质量和效率。目前已在郑州营运中心部署了 50 席进行试点，支持对 12 个常见作业场景的智能辅助，有效提升客服代表的工作效率并避免人工服务差错。

（资料来源：节选自微信号太平洋寿险 e 世界 2019 年 3 月 19 日的文章“2018 中国保险年度服务创新案例——人工智能赋能客户服务”，节选时有删改。）

## 同步练习

1. 人身保险产品适合采用哪些销售策略？
2. 财产保险产品适合采用哪些销售策略？
3. 保险销售沟通中的常见误区有哪些？如何避免？
4. 保险销售沟通的关键理念是什么？
5. 保险销售沟通的科学工具有哪些？如何应用于实践？
6. 保险客户服务体系的基本内容包括哪些？
7. 如何优化和完善保险客户服务体系？

## 典型案例分析

### 案例 1：“灵犀一号”机器人在医院完成现场理赔服务首单

2018 年 8 月 1 日，太保寿险创新研发的灵犀一号智能机器人成功入驻上海第一妇婴保健院，并且实现了医院现场理赔的第一单，客户莫女士在医院现场仅用 12 分钟就完成门诊费和医药费的报销，并且当场收到了赔款。

作为行业内第一个入驻医院且深度定制的智能服务机器人，灵犀一号基于语音交互、活体认证、图像识别等人工智能技术，不仅可以为客户提供导医咨询、预约挂号、院内导航、线上排队等医疗相关服务，更是植入了太慧赔理赔板块，为客户提供 3 000 元以下门诊和住院快赔服务。灵犀一号通过语音导航，引导客户完成理赔报案申请，从理赔报案到收到赔款仅用时 12 分钟，大大提升了客户体验和满意度。

客户莫女士反馈："我从来没有想过机器人在医院除了预约挂号、自助取号，还能直接申请理赔。关键是它还非常亲切和贴心，全程都能与我语音交流互动，感觉真的很温馨。我就把身份证、病历和发票对着机器人的屏幕拍摄，没想到它能够自动识别出这些凭证并准确归类，真的很智能。在完成报案后，机器人给了我一张小票，扫一扫上面的二维码下载太平洋保险 App，离开机器人，在手机上也能查询到我的理赔进度，真的很方便。"

客户莫女士连说的三个"真的"很温馨、很智能、很方便，正是通过灵犀一号机器人太慧赔产品迈出的不断改进客户理赔体验的一步，也是寿险公司依托智能化保险服务拓展客户经营，打造客户健康生态圈的重要一步。

### 案例2："灵犀二号"落地深圳分公司完成首试

2018年10月26日，太保寿险创新研发的智能柜面机器人"灵犀二号"空降深圳分公司进行生产测试，完成上岗首秀。上岗当天，"灵犀二号"智能机器人不仅能陪来店客户聊天，还能提供业务咨询、客户信息变更、保单查询、理赔等保险业务办理，当天办理量约40件，已接近单柜员的日均业务办理量，上线当天就受到了柜面伙伴和客户们的广泛认可。

### 案例3："太慧赔"医疗数据互联首单

2018年8月10日，中国太保寿险"太慧赔"医疗数据互联，率先在湖北武汉成功上线。客户通过太平洋保险 App 使用"太慧赔"一键申请理赔，医院的就诊记录及医疗费用等信息实时自动传输到中国太保寿险理赔系统，即享免实物资料、免拍扫、坐等赔款到账的商保快赔服务新体验。

武汉客户江先生因急性心梗在武汉亚洲心脏病医院住院治疗向保险公司报案，8月10日上午十点，湖北分公司核赔专员赶到客户家中，现场指导客户通过手机太平洋保险 App 使用"太慧赔"为自己申请理赔，填写了自己的身份信息、银行账号和住院信息，签上姓名，仅仅过了30分钟，即收到了赔款到账短信。

江先生表示："感谢中国太保寿险为客户着想，现在的新技术理赔真的太简单、太便捷了！看病理赔在家操作即可，真的无须东奔西跑了！"

**专家点评：**

2018年，中国太保寿险利用科技赋能运营，探索人工智能应用，取得了初步成效，实现了灵犀智能机器人、智能语音回访、智能核保、智能理赔决策模型等行业首创，提升了客户体验，引领了行业未来服务创新的方向。更重要的是，为中国太保寿险下一步围绕客户全生命周期和全旅程体验，打造客户服务生态圈奠定了技术和平台基础，未来中国太保寿险将整合多方资源，融合业务场景，与健康管理、医疗服务、养老服务、教育服务等客户生活场景无缝衔接，及时捕捉和识别客户多元化、个性化服务需求，提供精准的产品和服务解决方案，通过附加高品质服务为客户和公司创造价值。

点评人：刘炳奎（中国太保寿险营运企划部总经理）

保险行业是服务行业，并且随着科技的进步，服务方式的变化，其服务效率和质量内容也在不断提升。中国太保寿险利用科技赋能运营，探索人工智能在保险经营过程中的智能语音回访、智能核保、智能理赔决策模型等方面的运用，提升了客户体验，提高了展业、承保、理赔等环节的服务质量和效率，取得了初步成效；同时，为客户全生命周期和全旅程体验，打造客户服务生态圈奠定了技术和平台基础。该案例的启示在于：第一，保险服务的手段必须随着科学技术的发展而推进；第二，采用与时代相适应的先进科技手段做好保险服务，将有效地提高保险服务质量和效率；第三，在现代社会，利用人工智能是提升保险服务质量、构建保险服务产业链、实现保险服务化的重要路径，也是提升保险公司竞争力、实现保险公司可持续经营的重要手段。

点评人：王绪瑾，教授、博士生导师，北京工商大学保险研究中心主任

（资料来源：节选自微信号太平洋寿险e世界2019年3月19日的文章“2018中国保险年度服务创新案例——人工智能赋能客户服务”，https://mp.weixin.qq.com，节选时有删改。）

## 销售工具

1. 保险计划书

### ××人寿保险公司××少儿保险计划书

所有的父母都希望孩子接受良好的高等教育，成家立业，过上幸福舒适的生活。在如今教育费用和生活成本越来越高的社会，如何为孩子铺就一条宽阔平坦的道路？

一、保险计划概要

被保险人姓名：　　　　被保险人年龄：　　岁　　　被保险人性别：

基本保险金额：　　　　交费方式：　　　年交　　　交费期限：　　　年

二、基本计划　　交费期限　　保险期间　　保险金额　　每期保险费

英才少儿（　份）　　年　　　　至　　周岁

三、保险利益

- 成才保险金

您的孩子在18岁成人时即可获得等于保险金额30%（　　元）的成才保险金。

- 立业保险金

您的孩子在 22 岁时可获得等于保险金额 30%（　　元）的立业保险金。

- 安家保险金

您的孩子在 25 岁时可获得等于保险金额 40%（　　元）的安家保险金。

- 身故保险金

如果被保险人于 18 周岁前不幸身故，可无息返还所交保险费的 1.5 倍（　　元）；于 18 周岁之后身故，将一次性付清其尚未领取的所有生存保险金。

- 保险费豁免

一旦投保人遭受不幸，××人寿保险公司将豁免所有未交保费，合同仍然有效，被保险人可以继续得到保护和资助。

四、投保范围

只要您的孩子出生满 60 天至 14 周岁，身体健康，而您年满 20～50 周岁，身体健康，就能为您的孩子购买××少儿保险。

五、保险期间

本合同的保险期间为本合同生效之日起至被保险人生存至 25 周岁的生效对应日止。

××保险股份有限公司代理人（工号：　　）祝您幸福美满！

××少儿保险热线：××××××

注：目前各公司一般都有本公司的电子版保险自动计划书可供使用。

2. 准客户拜访顺序表

准客户拜访顺序表

| 基本情况 | | 评分标准 | 客户姓名 | | | | | | | | | | | |
|---|---|---|---|---|---|---|---|---|---|---|---|---|---|---|
| 年龄（岁） | 25 以下 | 1 | | | | | | | | | | | | |
| | 26～34 | 3 | | | | | | | | | | | | |
| | 35～44 | 3 | | | | | | | | | | | | |
| | 45 以上 | 2 | | | | | | | | | | | | |
| 婚姻 | 单身 | 1 | | | | | | | | | | | | |
| | 已婚（无子女） | 2 | | | | | | | | | | | | |
| | 已婚（有子女） | 3 | | | | | | | | | | | | |
| 年收入（元） | 2 万以下 | 1 | | | | | | | | | | | | |
| | 2～5 万 | 4 | | | | | | | | | | | | |
| | 5～10 万 | 5 | | | | | | | | | | | | |
| | 10～30 万 | 5 | | | | | | | | | | | | |
| | 30 万以上 | 5 | | | | | | | | | | | | |
| 职业 | 销售业务人员 | 3 | | | | | | | | | | | | |
| | 一般行政人员 | 3 | | | | | | | | | | | | |

续表

| 基本情况 | | 评分标准 | 客户姓名 | | | | | | | | | | | |
|---|---|---|---|---|---|---|---|---|---|---|---|---|---|---|
| | | | | | | | | | | | | | | |
| 职业 | 专业人士 | 3 | | | | | | | | | | | | |
| | 工人 | 3 | | | | | | | | | | | | |
| | 负责人或管理人员 | 3 | | | | | | | | | | | | |
| | 家庭主妇 | 2 | | | | | | | | | | | | |
| | 军人、公职人员 | 2 | | | | | | | | | | | | |
| | 学生 | 1 | | | | | | | | | | | | |
| | 退休人员 | 1 | | | | | | | | | | | | |
| | 其他 | 1 | | | | | | | | | | | | |
| 认识时间 | 5年以上 | 3 | | | | | | | | | | | | |
| | 2～5年 | 2 | | | | | | | | | | | | |
| | 2年以内 | 1 | | | | | | | | | | | | |
| 接近难易 | 相当容易 | 3 | | | | | | | | | | | | |
| | 容易 | 2 | | | | | | | | | | | | |
| | 困难 | 1 | | | | | | | | | | | | |
| 推荐他人的能力 | 很好 | 3 | | | | | | | | | | | | |
| | 好 | 2 | | | | | | | | | | | | |
| | 一般 | 1 | | | | | | | | | | | | |
| 总分 | | | | | | | | | | | | | | |
| 等级 | | | | | | | | | | | | | | |

注：A级16分及以上； B级12～15分； C级8～11分； D级7分以下。

### 3. 获得转介绍表

获得转介绍表

| 介绍人 | 转介绍人 | 转介绍人年龄 | 职业 | 婚姻状况 | 子女人数 | 子女年龄 | 收入 | 地址 | 电话 |
|---|---|---|---|---|---|---|---|---|---|
| | | | | | | | | | |
| | | | | | | | | | |
| | | | | | | | | | |
| | | | | | | | | | |
| | | | | | | | | | |
| | | | | | | | | | |
| | | | | | | | | | |
| | | | | | | | | | |

## 综合实训

学生分组演练，试综合运用销售沟通的基本原理、方法技巧以及 SPIN、FABE 等工具，充分结合保险实践，设计撰写情境模拟脚本，并分角色演绎保险销售场景。要求：情境设计贴近实践，销售思路清晰明确，工具运用科学合理，话术表达专业到位。

# 项目 6

# 分析保险产品

## 学习目标

**知识目标**

- 了解各类保险产品的概念、构成要素、产品特征和产品分类；
- 理解各类保险产品的保险责任；
- 掌握各类典型保险产品的保费计算方法；
- 掌握确定各类保险产品的目标客户群、营销渠道的方法。

**技能目标**

- 能够正确区别保险产品的类别；
- 能够正确分析各类保险产品的保险利益；
- 能够计算各类典型保险产品的保费；
- 能够确定各类保险产品的目标客户群；
- 能够正确选择保险产品合适的营销渠道。

## 案例导读

**“网红”百万医疗险再迎新变革**

近年来，百万医疗险以其极高的性价比、全面的医疗保障，在互联网上迅速蹿红，成为备受消费者欢迎的“网红保险”，不少保险公司也应运推出了百万医疗险产品。但目前市场上的百万医疗险多为一年期，因此，下一年能否顺利续保、续保时保费是否会上涨等问题就成了很多消费者购买此类产品最大的“心头隐患”。

为了解决这一主要痛点，业界创新者腾讯微保联合实力寿险公司泰康人寿，重磅推出了微医保·长期医疗险。据悉，该产品不仅延续了百万医疗险高性价比的优点，也是一款六年期长期医疗险，也就是说，用户在投保时将一次性获得保险期限为 6 年的保险合同，不需要一年一买，而 6 年之后按续保条件可直接续保该款产品，仍可继续拥有长期的保障。当然，与目前市场上的百万医疗险产品类似，微医保·长期医疗险续保时也是免核保、免等待期的，消费者的医疗保障可无缝衔接。

（资料来源：节选自环球财富网于 2019 年 5 月 23 日刊登的文章"'网红'百万医疗险再迎新变革保障期长达六年且承诺续保的产品诞生!"节选时有删改。）

辩证性思考：

1．请你谈谈对百万医疗险的理解。它的保障范围是怎样的?

2．百万医疗险是属于人身保险、健康保险还是意外伤害保险?

3．这款保险和我们平时接触的保险有哪些不同的地方？它有哪些特点和优势?

# 任务 1　认识保险产品

## 一、保险产品的概念

保险产品是由保险人提供给保险市场的，能够引起人们注意、购买，从而满足人们减少风险和转移风险，必要时能得到一定的经济补偿需要的承诺性组合。从营销学的角度来看，保险产品包括保险合同和相关服务的全过程。

这个定义有四层意思：它能引起人们注意和购买；它能转移风险；它能提供一定的经济补偿；它是一种承诺性服务组合。因此，保险产品的真正含义是满足消费者的保障与补偿的需要。它保障被保险人在发生事故时仍能拥有生活下去的基本条件，并能使人们以最小的代价获得最大的经济补偿。

一种产品要能够在市场上顺利流通，必须既有一般产品的共性，又有其特殊性。理想的保险产品，既要满足保险服务提供者的需要，又要满足保险服务需求者的需要。因此，优良的保险产品还应具有以下条件：是被保险人真正需要的；能保证被保险人的利益不受侵害；费率合理公正，能令双方接受。

## 二、保险产品的构成要素

保险产品的构成要素一般包括保险责任、保险费率、保费交付方式、保险期限、保险赔款或保险金给付方式。

### （一）保险责任（和除外责任）

保险责任是保险人所承担责任的风险范围，即保险产品中约定的风险发生后，保险人承担赔偿或者给付保险金的责任。除外责任是保险人不负赔偿或者给付保险金责任的范围。

### （二）保险费率

保险费是保险人向投保人收取的费用，以作为保险人承担保险责任的报酬。保险费率是指单位保险金额中保险人应收取的保险费。在保险实务中，保险费率通常是以千分数来表示的。保险费率的确定是依据保险标的的风险程度、损失概率、保险责任范围、保险期限和保险人的经营管理费用等因素来综合加以考虑的。

### （三）保费交付方式

保费的交付一般有两种方式：一种是合同成立时投保人一次交纳，即趸交；另一种是投保人分期交纳保费。

### （四）保险期限

保险期限是指保险人对保险标的承担保险责任的时间范围，或者说是保险责任开始到终止的有效期间。保险期限是保险产品的重要内容，也是确定保险事故的重要依据。财产保险产品的保险期限较短，通常为一年；人寿保险产品的保险期限较长。在实务中，保险人一般允许续保，即投保人可在旧保单满期后继续交纳保险费，并规定续保期限。

### （五）保险赔款或保险金给付方式

在保险有效期内发生保险责任范围内的损失或事件时，保险人要按照合同的约定向被保险人或受益人支付保险赔款或保险金。被保险人或受益人领取保险赔款或保险金的方式在财产保险与人寿保险中存在一定的区别。在财产保险中，一旦保险事故发生，被保险人可以一次性领取保险赔款。在人寿保险中，被保险人或受益人领取保险金可以采取三种方式中的一种：一次性领取保险金；以年金形式分期领取保险金；将上述两种方式混合使用，即保险金的一部分一次性领取，剩余部分以年金形式领取。

## 三、保险产品的特征

保险产品是一种特殊产品，与其他产品相比有明显的不同之处，具体表现在以下五个方面。

### （一）保险产品是一种非渴求性产品

消费品一般按人们的购买习惯分为四类：便利品、选购品、特殊品和非渴求品。

1. 便利品

便利品是人们生活中必不可少的、购买频繁而且无须刻意比较就能立即做出购买决定的产品，如食盐、糖等。

2. 选购品

选购品是指消费者在购买过程中会刻意去比较其适用性、价格、质量和风格式样的产品，如家具、家用电器等。

3. 特殊品

特殊品是指那些有独特性或高度的品牌知名度的产品。消费者为了取得这些产品往往愿意付出更高的代价和更大的努力，如残疾人专用设施、专卖店中的专卖品等。

4. 非渴求品

非渴求品是指那些消费者不知道或即便知道也不会主动考虑购买的产品。保险产品在很大程度上就属于这类产品，是很多人不主动考虑或不愿意考虑的产品。因为保险产品在很大程度上与死亡、伤残等“不吉利”的字眼相联系。

### （二）保险产品是一种服务性产品

保险产品不同于有形的、实物性的产品。它是一种产品和服务，是一种建立在契约基础上的相互信任。保险人在接受投保人的投保后，便开始了对投保人或被保险人承担的一切责任和服务。

保险产品的服务主要包括三层含义，如图6-1所示。

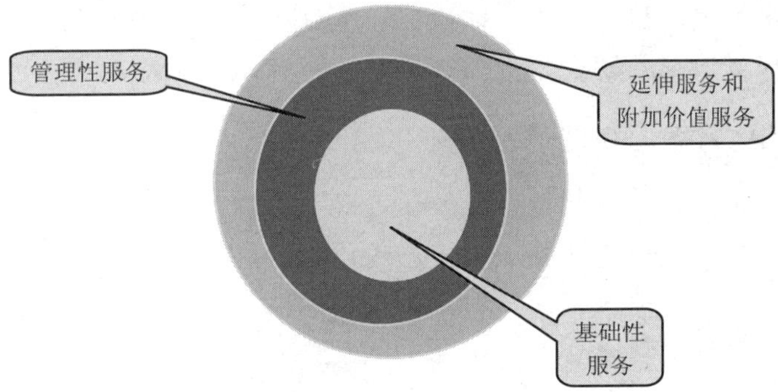


图6-1　保险产品的服务

1. 基础性服务

基础性服务包括开发满足消费者个性化、多样化需求的产品，设置合理的组织机构和网点布局，提供完善、高效的技术服务系统。其核心是提供给客户效用最大化的保险产品保障与服务功能。

2. 管理性服务

管理性服务包括为客户提供适应市场的营销系统与高效的营销管理体制，方便客户、体现客户与公司双方利益、完善健全的业务管理（核保、承保、理赔等）制度体系，以及为实现上述服务功能所必需的高效的员工队伍。

3. 延伸服务和附加价值服务

延伸服务包括保险公司利用自己的资源技术优势，为客户提供保险责任以外的服务。例如，欧美某些保险公司利用自己所拥有的医院或康复中心，为客户提供免费或低价的护理、康复服务。我国的保险公司可以结合我国实际情况，开展一些符合现实要求、具有自己特色的延伸服务，如寿险公司可以提供定期免费体检、附加康复护理及健康咨询等。保险公司还可以为客户提供与教育、再就业、家庭理财等方面相关的附加价值服务。

### （三）保险产品有明显的期限性

投保人所购买的保险产品，一般都有明确的期限。财产保险产品的保险期限较短，通常为一年；人寿保险产品的保险期限较长，可能是几年甚至几十年。在这方面，保险产品与储蓄有所不同。虽然储蓄也有明显的期限性，但储蓄在原则上可以由存款人自由地、随时地、无条件地提取，而为了购买保险产品所支付的保险费原则上不可以由个人自由提取。

### （四）保险产品有互助互济性

保险产品是一种“一人为众、众人为一”的互助互济的产品，它通过聚集社会上的闲散资金，达到一方有难、八方支援。但它与救济又有所不同。救济通常是政府部门、社会团体或个人单方面的行为，作为无偿的赠与，其补偿一般只能维持在低水平，而且救济对象和数额的多少由救济方单方面确定。而保险产品则由多人共同参加，通过交付保险费建立保险基金，帮助解决少数人因遭受灾害和意外事故后产生的困难。

### （五）保险产品有损失补偿性

从性质上看，保险产品与其他产品的不同在于：保险产品是一种避害性产品，其他产品则多为趋利性产品。正是这种避害性，使得保险产品尤其是财产保险产品能够在被保险人发生合同范围内的损失时，按合同规定得到一定的经济补偿，以保证被保险人在遭受保险事故后，得以迅速恢复正常生活。

## 四、保险产品的分类

保险产品按保险标的可分为财产保险与人身保险；按投保主体可分为个人保险和团体保险；按保险实施的形式分为强制保险和自愿保险；按保险的需求效用分为保障型保险、储蓄型保险和投资型保险；按经营目的分为商业保险和社会保险；按承保方式分为原保险和再保险等。

### （一）财产保险与人身保险

财产保险是以物品或其他财产及其有关的利益为保险标的的保险产品。它分为有形的财产保险与无形的财产保险。有形的财产保险主要是指以各种物品或其他财产为标的的保险产品，如海上保险、火险、盗窃险、车险、运输险、工程险、农作物险、牲畜险等。无形的财产保险主要是指以与财产有关的利益和责任为标的的保险产品，如责任保险、保证与信用保险。

人身保险是以人的生命、身体或健康等作为标的物所构成的保险产品，如寿险、健康险、平安险、重大疾病险、意外伤害险等。

二者的主要区别主要有三点。第一，性质不同。财产保险所保的风险是与财产损坏相关的各种风险，如自然灾害和意外事故，而人身保险所保的风险则主要是与死亡、生存或残废相关的风险。第二，技术操作不同。由于财产保险的标的是各种财物，其价值一般可以用货币加以衡量和估算，因此其保险金额的确定和损失赔偿可以财产的实际价值和实际损失为依据。但人身价值通常无法用货币加以衡量和估算，因此，其保险金额只能由投保人根据自己的保障需要和交付能力与保险人协商确定。此外，财产保险费率的计算通常是以过去有关保险财产损失的统计资料为依据计算的，而人身保险的保险费率的计算主要是以人的死亡率或生存率、利率等为依据计算的。第三，期限不同。财产保险的期限多属于短期保险，期限一般为一年。而人身保险的期限多属长期保险，可以是 5 年、10 年或 10 年以上等。

### （二）个人保险与团体保险

个人保险是指以个人或家庭等自然人为单位购买的保险产品，如家庭财产保险、人寿险、健康险等。

团体保险是指以企业、商店等法人为单位购买的保险产品，如海上保险、火险、运输险等。

二者的主要区别：涉及的风险种类不同。个人保险关注的更多的是与个人或家庭利益联系紧密的险种，而团体保险关注的更多的是与企业或商店本身以及与其相连的整体利益的险种。

### （三）强制保险与自愿保险

强制保险，又称法定保险，是根据法律而自动生效的，不管被保险人是否愿意投保或保险人是否愿意承保，都必须依法成立的保险买卖关系，如各种社会保险、旅客意外伤害保险、汽车第三者责任险等。

自愿保险是投保人和保险人在公平互利、自愿协商的基础上，通过订立保险合同而建立起来的保险买卖关系。

二者的主要区别有三点。第一，建立的依据不同。自愿保险是通过自愿签订合同建立起来的保险买卖关系；强制保险则主要是根据法律而建立起来的买卖关系。第二，保障的程度不同。自愿保险的保障程度根据个人或团体投保标的的实际价值与交付保险费的能力来确定，保障水平较为充分；强制保险保障程度则主要依国家经济实力与国家政策来确定，保障水平较低。第三，实施的目的不同。实施自愿保险的目的是满足个人或单位减少风险、转移风险，以及损失补偿的需要；实施强制保险的目的则更多的是从稳定社会、安定民心、承担社会责任等社会目标出发而实施的。

### （四）保障型保险、储蓄型保险和投资型保险

保障型保险是以风险保障为目的的保险产品，它是在万一发生不幸事故时，能够有一定数额的赔偿保障。大多数保险产品都属于保障型保险，因此，它是保险产品的基本

类型。

储蓄型保险是具有明显储蓄特征的保险产品，它提供了保障与保值相并举的功能。这是为了满足人们既希望得到保障又能得到一定意义上的保值愿望而开发的新型保险产品。

投资型保险是具有明显投资特征的保险产品，它提供了保障与收益相并举的功能。这是为了满足一些人希望将购买保险产品，既当作一种保障，也当作一种投资手段，为被保险人带来更多收益的愿望而开发的另一种新型的保险产品。

### （五）商业保险与社会保险

商业保险是以营利为目的，投保人自愿购买的保险产品，如各种财产险、人身险等。

社会保险是不以营利为目的，投保人被强制购买的保险产品，如社会养老保险、失业保险等。

社会保险的实施主体一般为国家，通过法律和法规强制实行，其主要目的是实现社会政策目标，稳定社会，安定民心。商业保险的实施主体一般为各种经营单位，它通过为社会成员提供一种安全保障和经济补偿来实现自己的利润目标。

### （六）原保险与再保险

原保险是指保险人对被保险人因保险事故所致的损失承担的直接的、原始的赔偿责任的保险，也叫第一次保险。

再保险是指保险人以其所承保的风险，再向其他保险人进行投保，与之共担风险的保险。再保险以原保险为基础，因此，也称第二次保险。其主要目的是更好地分散风险，稳定保险业经营，扩大保险人的承保能力。

# 任务2　分析人身保险产品

人身保险是以人的生命和身体机能作为标的的一种保险，旨在解决生、老、病、死的人生四大问题，因此人身保险有着无穷的开拓题材，可随人类社会的发展而不断推出更全面、更高保障的各个具体险种，实现从“生命保险”向更高级的“生活保险”过渡，以提高全社会的生活质量保障条件，解决社会老龄化的保障问题。

人身保险具体分为人寿保险、意外伤害保险和健康保险，而在实践中也出现许多综合性的保险，将其中的两种甚至三种结合为一体的险种也越来越多。

## 一、认识人寿保险产品

人寿保险是以人的生命为保险标的、以人的生存或死亡为给付条件的人身保险。

### （一）传统型人寿保险

1. 定期寿险

定期寿险，又称定期死亡保险，提供特定期间的死亡保障，如 1 年、5 年、10 年、20 年，或到被保险人的某个年龄为止。被保险人在特定期间内死亡时，由保险人向受益人给付保险金；如特定期间届满，被保险人仍然生存，则保险人不承担保险责任。除长期险种，定期寿险通常没有现金价值，为非储蓄性产品。

2. 终身寿险

终身寿险，又称终身死亡保险，提供被保险人终身的死亡保障，一般到生命表的终端年龄 100 岁为止。只要保险合同效力维持，不论被保险人在 100 岁以前的何时死亡，保险人都向受益人给付保险金。如果被保险人生存到 100 岁，保险人向其本人给付保险金。

依交纳保险费的方式，终身寿险分为三种形式。

（1）普通终身寿险。投保人在被保险人生存期间，每年都要交费。它是人寿保险公司提供的最普通的保险。由于采用均衡保费方式，年均保费较低，适宜中等收入者购买。

（2）限期交费终身寿险。投保人的交费期间并非终身，而是限定在某一特定期间。特定期间有两种表示方法：一种以特定的年数表示，如 10 年限交终身寿险；另一种以特定的年龄表示，如 60 岁交清终身寿险。

（3）趸交终身寿险。投保人一次交清保费。由于一次交纳高昂的保费，一般人对它兴趣不大，对于偏重于储蓄或逃避遗产税的人比较有吸引力。

上述三种形态的终身寿险，就储蓄成分而言，趸交终身寿险最高，普通终身寿险最低，而保障成分恰恰相反。

3. 两全保险

两全保险又称生死合险或储蓄保险，是生存保险与死亡保险的结合。被保险人在保险期内死亡或生存到保险期满时保险人均给付保险金。由于同时考虑生存与死亡这两种生命的状态，既提供强大的储蓄功能，又能防止储蓄期间的死亡危险，因此它既可以保障被保险人退休后生活的需要，又可以解除由于被保险人死亡而给家庭生活困难所带来的后顾之忧。它是人寿保险中最受欢迎的一个险种。

4. 年金保险

年金保险是指保险人在约定的期限内或指定人的生存期内，按照一定的周期给付年金领取者一定保险金的保险。这种周期可以是年、半年、季或月，但以月为主。年金保险是生存保险的特殊形态，目的是保障晚年的经济收入。在年金保险中，保费可以采用一次交清方式，也可以采取按月或年的分期交费方式。但不论采取何种方式，在开始领取年金以前，投保人必须交清所有的保费，因此年金领取日也就是交费截止日。

年金保险的种类很复杂，按照分类标准的不同而有不同的年金保险。

（1）按照交费方法的不同，分为趸交年金与分期交费年金。趸交年金的投保人一次交清全部保费，分期交费年金的投保人分期交纳保费。

（2）按照年金给付开始的时间不同，分为即期年金与延期年金。即期年金是指投保人支付所有的保费后，保险人立即按期支付年金。

（3）按照被保险人的不同，分为个人年金、联合及生存者年金、联合年金。个人年金又称为单生年金，被保险人仅为一人，并以其生存作为给付条件。

（4）按照给付期限的不同，分为定期年金、终身年金与最低保证年金。定期年金是指保险人在约定的期限内给付年金，并以约定期满与被保险人死亡两者之间的先发生者作为终止给付年金的时间。终身年金是指保险人以被保险人的死亡作为给付年金的终止时间。最低保证年金是为了防止被保险人过早死亡，丧失领取年金的权利而产生的年金保险形式。

（5）按照给付额是否变动，分为定额年金与变额年金。定额年金的给付额是固定的，而变额年金的给付额随着货币购买力的变动而不断调整，因此变额年金克服了定额年金在通货膨胀条件下保障水平低的缺点。个人购买变额年金可以主要看作一项投资，而购买定额年金主要看作一种储蓄。

### （二）创新型人寿保险

由于保额通常为一个固定的数额，没有考虑通货膨胀因素，保险的保障功能因通货膨胀会明显减弱，同时人寿保险公司的大部分投资是固定收益率的长期投资，即使有分红保单，传统的人寿保险对通货膨胀的反应也是很弱的。高利率与高通货膨胀率诱发了大量的退保与大幅度增加保单质押贷款，严重威胁人寿保险公司的财务安全；与其他金融产品相比，传统寿险产品的竞争力削弱，人寿保险公司在金融机构之间的竞争中处于不利地位。上述因素引发了人寿保险业的创新。人寿保险公司开发出了一系列对付通货膨胀和更灵活满足客户需求的产品，如变额人寿保险、变额可调整人寿保险、万能人寿保险、变额万能人寿保险等。

#### 1. 变额人寿保险

变额人寿保险，按美国保险监督官协会制定的《变额人寿保险示范法规》的观点，基本上是一种普通终身寿险，提供可变的死亡保险金给付，在法律上是一种证券。它具有以下特点：

（1）它的保费固定，但死亡给付金额是变动的，只有一个最低限额。

（2）保险公司对它实行单独账户管理，同其他寿险品种分开投资，资金主要用于投资，保单所有人拥有投资选择权。因此，变额人寿保单又称与股权相联系的保单。最初，变额人寿保险只提供一种普通股账户，后来提供多种投资账户，如股票和债券组合账户、低风险普通股账户、高风险普通股账户、货币市场基金账户等。保单所有人可以在其中做出选择。显然，保单所有人承担投资风险，而保险公司只承担死亡率和费用变动的风险。

（3）现金价值随保险公司的投资组合和投资实绩的变动而变动。

(4)人们购买变额人寿保险的目的是希望受益人能得到金额较大的死亡保险金给付。其给付金额按被保险人死亡时投资组合的市场价值提供。

2. 变额可调整人寿保险

变额可调整人寿保险改变了变额人寿保险交费固定的特点，死亡给付金额、保费、保险期限在一定的限制条件内都可以变动，产品的灵活性因而大大增加。保险公司推出该产品，是为了增强公司经营综合人寿保险的竞争力。

3. 万能人寿保险

万能人寿保险又称综合人寿保险。它具有灵活性与投资特征，能满足客户的需要，能与银行、投资基金和其他金融机构进行业务竞争。万能人寿保险适合需要长期保障又相对注重投资安全的人购买。万能人寿保险的特点表现在以下几方面：

（1）灵活性是它最显著的特点。在保险期间，它的保费可以随保单所有人的需求与经济状况而改变，投保人甚至可以暂时停止支付保费。这里的保单所有人是指拥有保单各种权利的人。保单所有人是在投保人与保险人订立保险合同时产生的，他可以与投保人、受益人是同一人，也可以是其他任何人，如被保险人的法定继承人。

（2）保险公司为每个保单所有人设立了单独账户。

（3）保险公司至少每年向保单所有人寄送一份报告书，向他显示所交保费如何在提供死亡给付保障、费用和现金价值间的分配。传统型具有现金价值的保单并不区分死亡率、投资与费用的构成。

（4）现金价值与实际投资收益率相联系。万能人寿保险一般以投资于中、短期金融工具为主，而传统型人寿保险以长期投资为主。

（5）保单所有人不仅可以进行保单质押贷款，而且还可以提取出部分现金价值，合同却继续有效。

4. 变额万能人寿保险

变额万能人寿保险又称第二代万能人寿保险。它融合了万能人寿保险的保险费和死亡给付金额的灵活性与变额人寿保险的投资灵活性特征。该产品允许投保人改变交费的数额，并允许投保人使用投资账户中的现金价值支付保费。

## 延伸阅读 6-1

**平安个人税收递延型养老年金保险 A 款（2018）**

### 一、保险利益

（一）养老年金

被保险人生存至养老年金开始领取日，本公司根据被保险人在养老年金开始领取日的产品账户价值，按投保人指定的养老年金领取方式及投保时本公司提供的养老年金领取标准表，确定被保险人每月（或每年）养老年金领取金额，养老年金领取方式及领取金额将在领取凭证上载明。被保险人开始领取养老年金后，本公司注销产品账户，并按被保险人选定的领取方式按期给付养老年金，同时按税延政策规定从当期给付的养老年金中扣除应纳税款。

本公司提供的养老年金领取方式为保证返还账户价值终身月领（或年领）、固定期限15（或20）年月领（或年领）。

保证返还账户价值终身月领（或年领）在养老年金开始领取日及其后每月（或每年）的对应日，如被保险人生存，本公司按确定的领取金额给付养老年金，并按税延政策规定扣除当期给付的养老年金对应的应纳税款，直至被保险人身故或身体全残。如被保险人身故或身体全残时，本公司已给付的养老年金总和（扣除应纳税款前）小于养老年金开始领取日的产品账户价值，本公司按养老年金开始领取日的产品账户价值与已给付的养老年金总和（扣除应纳税款前）的差额一次性给付，并按税延政策规定扣除对应的应纳税款，本合同终止。

固定期限15（或20）年月领（或年领）在养老年金开始领取日及其后每月（或每年）的对应日，如被保险人生存，本公司按确定的领取金额给付养老年金，并按税延政策规定扣除当期给付的养老年金对应的应纳税款，直至固定领取期限届满，本合同终止。如被保险人在固定领取期限届满前身故或身体全残，本公司按固定领取期内尚未给付的养老年金之和（扣除应纳税款前）一次性给付，并按税延政策规定扣除对应的应纳税款，本合同终止。

（二）身故保险金

被保险人于开始领取养老年金前身故，且身故发生在60周岁保单生效对应日零时前，本公司向身故保险金受益人给付申请身故保险金时的产品账户价值，并按税延政策规定扣除对应的应纳税款，同时按申请身故保险金时的产品账户价值的5%额外给付身故保险金，注销产品账户，本合同终止。被保险人于开始领取养老年金前身故，且身故发生在60周岁保单生效对应日零时后，本公司向身故保险金受益人给付申请身故保险金时的产品账户价值，并按税延政策规定扣除对应的应纳税款，注销产品账户，本合同终止。

（三）身体全残保险金

被保险人于开始领取养老年金前身体全残，且身体全残发生在60周岁保单生效对应日零时前，本公司给付申请身体全残保险金时的产品账户价值，并按税延政策规定扣除对应的应纳税款，同时按申请身体全残保险金时的产品账户价值的5%额外给付身体全残保险金，注销产品账户，本合同终止。被保险人于开始领取养老年金前身体全残，且身体全残发生在60周岁保单生效对应日零时后，本公司给付申请身体全残保险金时的产品账户价值，并按税延政策规定扣除对应的应纳税款，注销产品账户，本合同终止。

## 二、产品特色

（一）个税递延，政策优惠

个人在计算应纳税所得额时予以限额据实扣除，到养老年金领取时再进行交纳，实现个人税收递延。

（二）终身保障，领取便捷

提供养老年金、身故和身体全残保障，提供多种类型的终身或者定期领取方式。

（三）收益固定，确保安全

本产品是收益确定型保险产品，产品账户按照保证利率年利率 3.5%进行增值；产品账户收益确定，有效降低通货膨胀，同时兼顾养老保障。

（四）定期结算，账户透明

根据保证利率结算产品账户利息，并将结算利息等额计入产品账户价值，清晰掌握产品账户增值状况；本公司每月至少结算一次，原则上每月 1 日为结算日，充分了解产品账户变动情况。

（五）产品自由转换，满足风险偏好

根据自身投资风险承受能力，可实现税延养老险产品各类型之间的自由转换。

## 三、投保示例

30 周岁刘先生给自己规划养老保障，并希望兼顾稳定的投资收益，选择购买了“平安个人税收递延型养老年金保险 A 款（2018 版）”，每月 1 000 元保险费，初始费用 1%，约定的养老年金领取年龄为 60 周岁。假设自本合同生效后至开始领取养老年金前，在每个结算日，根据产品账户的保证利率结算产品账户利息，并将结算利息等额计入产品账户价值，则未来刘先生的产品账户价值演示如表 6-1 所示。

表 6-1　平安个人税收递延型养老年金保险 A 款（2018）保险利益　　　单位：元

| 保单年度 | 保单年度内累计保险费 | 自生效日起累计保险费 | 保单年度内累计初始保险费 | 保单年度内累计进入保险账户的金额 | 保单年度末产品账户价值 |
|---|---|---|---|---|---|
| 1 | 12 000 | 12 000 | 120 | 11 880 | 12 104 |
| 2 | 12 000 | 24 000 | 120 | 11 880 | 24 632 |
| 3 | 12 000 | 36 000 | 120 | 11 880 | 37 598 |
| 4 | 12 000 | 48 000 | 120 | 11 880 | 51 018 |
| 5 | 12 000 | 60 000 | 120 | 11 880 | 64 908 |
| 6 | 12 000 | 72 000 | 120 | 11 880 | 79 283 |
| 7 | 12 000 | 84 000 | 120 | 11 880 | 94 162 |
| 8 | 12 000 | 96 000 | 120 | 11 880 | 109 562 |
| 9 | 12 000 | 108 000 | 120 | 11 880 | 125 501 |
| 10 | 12 000 | 120 000 | 120 | 11 880 | 141 997 |

注：1. 产品账户的保证利率为年复利 3.5%。2. 本公司每月至少结算一次，以上演示假设每月一日为结算日。3. 以上演示假设投保人没有发生过产品转换申请。4. 被保险人的各项保险保障均与其产品账户价值金额相关，保险保障的具体描述及其相关应纳税款扣除详见本产品说明书的“保险责任”。

（资料来源：选自平安保险公司官网关于“平安个人税收递延型养老年金保险 A 款（2018）”的产品介绍，http://yl.pingan.com/shuiyaninsurance.shtml。）

## 延伸阅读 6-2

### 太平盛世长安定期寿险

1．保单利益

（1）被保险人在合同生效或复效（以后发生者为准）180 日内因疾病身故或全残，保险人将给付保险金，数额等于投保人已交保险费之和，不计利息，合同终止。

（2）被保险人因意外伤害所致身故或全残，或在合同生效或复效（以后发生者为准）180 日后因疾病所致身故或全残，保险人给付合同约定保险金额全数，合同终止。

2．产品特色

（1）保费低，保障高，是目前太平洋保费最低的主险之一。

（2）投保年龄跨度大，18～60 岁均可投保。每个年龄段可根据自身需求与各种产品搭配。

（3）风险保障期限灵活，投保人可为被保险人任意选择一种保险期间。

（4）交费方式灵活，可按不同需求选择交费期限；人性化的设计，保险权益转换，实现一代投保两代受益；平准型交费，递增型保额，可满足特定生命周期保障需求，充分体现人生价值。

3．目标客户群

各类谨慎、不喜好风险和生活波动之人士；家中有需要抚养或赡养对象之人士。

4．适合营销渠道

个人营销型，即通过保险个人代理人；直复型营销渠道，即通过网络、电话等营销；专业经代型，即通过专业经纪公司、代理公司等渠道开展业务。

5．投保示例

A 款：30 岁男性，选择保险期间至 60 岁，交费期 30 年，保额 10 万元；每月只需交 44.2 元，年交 530 元/年（或趸交保费 9 190 元）。

保障：

（1）疾病身故：180 天内给付 530 元，一年后至保险期满给付 10 万元。

（2）意外身故：保险期间给付 10 万元。

B 款：30 岁男性，选择保险期间至 60 岁，交费期 30 年，保额 10 万元；年交保费 1 040 元，每月只需 86.7 元（或趸交保费 17 950 元）。

保障：

（1）疾病身故或全残：180 天内给付 1 040 元，180 天后至保险期满前因疾病身故或全残给付当年度保险金额。

首年为 10 万元，以后每年递增 5 000 元保额，最高可获 24.5 万元保障。

（2）意外身故全残：保险期间因意外身故或全残给付当年度保险金额。

首年为 10 万元，以后每年递增 5 000 元保额，最高可获 24.5 万元保障。

当年度保险金额=10 万×［1+0.05×（保单年度数−1）］

（资料来源：选自太平洋保险官网于 2018 年 5 月 30 日刊载的文章“太平洋人寿太平盛世·长安定期寿险”，http://www.cpic.com.cn/c/2018-05-30/1517527.shtml。）

## 二、理解意外伤害保险产品

### （一）意外伤害保险的概念

意外伤害保险是以被保险人的身体或劳动能力作为保险标的的保险。当被保险人因意外伤害造成死亡、残废时，由保险人给付保险金。

意外伤害保险中，被保险人的死亡或伤残必须是由意外伤害引起的。如果是由于疾病、生育或自然死亡引起的，保险人不负任何责任。

由于某些疾病患者比完全健康的人遭受意外伤害的可能性大，因此意外伤害保险一般都规定，凡全部丧失劳动能力者或精神病、癫痫病患者不能投保。

### （二）意外伤害的认定

意外伤害保险的支付条件必须是死亡或伤残是由意外伤害引起的。首先，所谓意外伤害，是非本意的，即事故的发生不是本人意志的结果，事故发生的结果是本人不能预见的，或者即使能预见也是无法避免的，如行人被飞来之物砸伤，工人在操作中不慎触电而亡，警察与歹徒搏斗时受伤等。

其次，是外来的，即伤害是由被保险人自身以外的原因造成的，而不是由被保险人自身原因造成的。例如，被保险人因疾病而死亡或伤残，就不属于意外伤害。

最后，是突然的，即意外伤害的原因是突然出现的，而不是长年累月形成的。例如，长期接触汞的人发生汞中毒，长期接触粉尘的人导致矽肺，虽然都是外来有害物对人体的侵害，但由于伤害是在较长时间内缓慢发生的，被保险人应该已经预见到，所以不同于意外伤害。

### （三）意外伤害保险的特点

1. 保险金额

意外伤害保险的保险金额确定与人寿保险相同。由于人的生命和身体是无法用货币衡量价值的，所以，投保人应根据保障的需要和保费的支付能力来确定保险金额。

2. 保险期限

意外伤害保险的保险期限一般为 1 年，最长为 5 年，也可以为几个月。

3. 保险责任

意外伤害保险的保险责任与人寿保险中的定期死亡保险责任有交叉。对于因意外伤害引起的死亡事故，两者都负责；但对于非意外伤害引起的死亡事故，意外伤害保险不负责，定期死亡保险负责；因意外伤害引起的伤残，意外伤害保险负责，定期死亡保险不负责。

4. 赔偿方式

意外伤害保险中，采用定额给付方式，按保险合同中约定的金额给付保险金，而不管被保险人的实际损失是多少。一般在意外伤害保险合同中分别列明死亡保险金额和伤残保险金额。当被保险人因意外伤害而死亡时，支付死亡保险金的全部，保单同时终止。当被保险人因意外伤害致残时，根据伤残程度按比例赔付伤残保险金，但赔付总数不超过伤残保险金额。被保险人在保险期限内多次遭受意外伤害时，保险人对每次意外伤害造成的残废或死亡均按合同规定给付保险金，但给付总额累计不超过保险金额。

例如，某被保险人由于一次意外伤害造成一肢永久完全残废（残废程度百分率为50%），并丧失一拇指（残废程度百分率为25%）；保险金额为1万元。该被保险人各部位残废程度百分率之和为75%，小于100%，保险人应给付残废保险金7 500元，即10 000×（50%+25%）=10 000×75%=7 500（元）。

如果该被保险人由于一次意外伤害造成双目永久完全失明（残废程度百分率分别为50%，即双目为100%），并一肢永久完全残废（残废程度百分率为50%），由于身体各部位残废程度百分率之和为150%，已超过100%，保险人只按保险金额给付残废保险金1万元，保单同时终止。

如果被保险人的保险金额为1万元，在保险期限内，该被保险人第一次遭受意外伤害造成一肢完全永久残废，给付残废保险金5 000元，第二次遭受意外伤害造成一拇指全部丧失，可以再给付残废保险金2 500元，第三次遭受意外伤害造成两目完全永久失明，这时保险人只能给付残废保险金2 500元，以使保险金给付总额不超过保险金额，同时保单终止。

## 延伸阅读6-3

### 常见人身意外伤害保险条款

1．保险对象

凡身体健康能正常工作或正常劳动，年龄在16周岁至65周岁的公民都可以作为被保险人投保。

2．保险期限

保险期限一般为1年。

3．保险费率

保险费率根据被保险人所从事的行业、工种或工作性质分别确定，具体如下：

（1）机关团体、事业单位、一般工商企业岗位的人员，费率2‰。

（2）从事建筑、冶炼、伐木、搬运、装卸、筑路、地面采矿、汽车驾驶、警务、高空作业等行业的人员及退休、无业人员，费率为4‰。

（3）从事井下采矿、海上钻探、海上打捞、海上捕鱼、航空执勤、野外勘探等行业（工种）的人员，费率为7‰。

（4）出国人员，费率为10‰。

4．保险责任

（1）被保险人在保险有效期内，因遭受意外伤害以致死亡（含自遭受意外伤害之日起180天内死亡的），保险人给付保险金全数。

（2）被保险人在保险有效期内，因遭受意外伤害部分致残时，保险人根据伤残程度给付全部或部分保险金（见表6-2）。

**表6-2 意外伤害致残给付比例表**

| 残疾程度 | 给付比例 |
|---|---|
| 1. 双目永久完全失明者<br>2. 两上肢腕关节以上或两下肢踝关节以上缺失者<br>3. 一上肢腕关节以上及一下肢踝关节以上缺失者<br>4. 一目永久完全失明及一上肢腕关节以上缺失者<br>5. 一目永久完全失明及一下肢踝关节以上缺失者<br>6. 四肢关节机能永久完全丧失者<br>7. 咀嚼、吞咽机能永久完全丧失者<br>8. 中枢神经系统机能或胸、腹部脏器机能极度障碍，终身不能从事任何工作，为维持生命必要的日常生活活动，全需他人扶助者 | 100% |
| 9. 两上肢，或两下肢，或一上肢及一下肢，各有三大关节中的两个关节以上机能永久完全丧失者<br>10. 十手指缺失者 | 75% |
| 11. 一上肢腕关节以上缺失或一上肢的三大关节全部机能永久完全丧失者<br>12. 一下肢踝关节以上缺失或一下肢的三大关节全部机能永久完全丧失者<br>13. 十足趾缺失者<br>14. 双耳听觉机能永久完全丧失者 | 50% |
| 15. 一目永久完全失明者<br>16. 语言机能永久完全丧失者<br>17. 一上肢三大关节中，有二关节之机能永久完全丧失者<br>18. 一下肢三大关节中，有二关节之机能永久完全丧失者<br>19. 一手含拇指及食指有四手指以上缺失者<br>20. 一下肢永久缩短5厘米以上者<br>21. 十足趾机能永久完全丧失者 | 30% |

续表

| 残疾程度 | 给付比例 |
|---|---|
| 22. 一上肢三大关节中，有一关节之机能永久完全丧失者<br>23. 一下肢三大关节中，有一关节之机能永久完全丧失者<br>24. 两手拇指缺失者<br>25. 一足五趾缺失者<br>26. 两眼眼睑显著缺损者<br>27. 一耳听沉机能永久完全丧失者<br>28. 鼻部缺损且嗅沉机能遗存显著障碍者 | 20% |
| 29. 一手拇指及食指缺失，或者拇指或食指有三个以上手指缺失者<br>30. 一手拇指或食指有三个或三个以上手指机能永久永久完全丧失者<br>31. 一足五趾机能永久完全丧失者 | 15% |
| 32. 一手拇指或食指缺失，或中指、无名指和小指中有二个或以上缺失者<br>33. 一手拇指及食指机能永久完全丧失者 | 10% |

（3）被保险人在保险有效期内，不论一次或多次发生意外伤害事故，保险人均按规定给付保险金，但累计给付金额达到保险金额全数时，保险责任终止。

5．责任免除

由于下列原因所致被保险人身故或伤残，保险人不负给付保险金的责任：

（1）投保人或受益人的故意行为。

（2）被保险人自杀或故意自伤身体。

（3）故意犯罪、吸毒、斗殴、醉酒。

（4）战争、军事行动或动乱。

（5）核爆炸、核辐射或核污染。

（6）无照驾驶、酒后驾驶。

（资料来源：选自人保财险官网于 2018 年 3 月 11 日刊载的文章“人身意外伤害条款介绍”，http://www.epicc.com.cn/EbsWeb/proposal/E/EPE/EbsEPEProposalFrameClause.htm。）

## 延伸阅读 6-4

### 平安团体意外伤害保险

1. 保单利益

意外身故：保险公司按保额给付，为家人提供一份经济保障。

意外伤残：保险公司按伤残程度给付，为本人日后生活提供经济保障。

保险金额限制如表 6-3 所示。

表 6-3　保险金额限制

| 被保险人职业类别 | 一类 | 二类 | 三类 | 四类 | 五类 | 六类 |
|---|---|---|---|---|---|---|
| 保额限制（万元） | 500 | 300 | 200 | 100 | 50 | 20 |

2．产品特色

（1）保费低，保障高，转移企业由于员工遭受意外而引起的财务压力的风险。

（2）根据被保险人的职业类别确定费率，公平合理。

（3）团体投保，手续简便。

（4）残疾比例由保监会统一规定，理赔确定。

3．目标客户群

机关、团体企事业单位可作为投保人为在职人员投保。

16～65 周岁的身体健康、正常工作，由其所属团体为其向本公司投保，获取意外保障。

4．适合营销渠道

直销型，即通过公司在编外勤人员开展业务；兼代型，即通过与行业部门签订兼业代理协议，通过兼业代理网点开展保险业务。

5．投保示例

某咨询公司有员工 50 人。该公司为其全体员工投保平安团体意外伤害保险，该企业员工的职业类别为一类，每人保额 200 000 元，共计保费 14 000 元（50×200 000×0.14%）。

在保险期限内，两员工公出，发生交通意外，导致一人死亡，一人左腿截肢。根据保险公司规定，其残疾程度为 50%，则保险公司给付死亡员工家属死亡保险金 200 000 元和给付伤残员工伤残保险金 100 000 元（200 000×50%）。对死亡人员的保险责任终止，对伤残人员的保险责任继续有效，保险金额降为 100 000 元。

（资料来源：选自平安保险商城于 2019 年 10 月 1 日关于“平安团体意外伤害保险”的保险产品介绍，http://baoxian.pingan.com/product/，节选时有删改。）

## 延伸阅读 6-5

### 中国人寿意外险与意外医疗险（主险）主要险种

表 6-4　中国人寿意外险与意外医疗险（主险）主要险种

| 险种名称 | 保险期限 | 投保条件 | 保障范围 | 赔付额度及方式 | 险种特点 |
|---|---|---|---|---|---|
| 机动车驾乘人员意外伤害 | 一年 | 驾驶员<br>乘客 | 意外伤害事故<br>意外下落不明<br>意外伤害残疾<br>意外伤害医疗 | 死亡保险金<br>残疾保险金=保额×残疾程度<br>医疗保险金（保额的 20%为限）=（费用−100 元）×80% | 意外伤害、意外医疗双重责任保障 |
| 乘客人身意外伤害 | 极短期 | 凡持有效车（船）票乘坐商业营运交通工具的乘客 | 意外伤害事故<br>意外下落不明<br>意外伤害残疾<br>意外伤害医疗 | 死亡保险金<br>残疾保险金=保额×残疾程度<br>医疗保险金（保额的 20%为限）=（费用−100 元）×80%（门诊 15 日，住院 90 日为限） | 意外伤害、意外医疗双重责任保障 |

续表

| 险种名称 | 保险期限 | 投保条件 | 保障范围 | 赔付额度及方式 | 险种特点 |
|---|---|---|---|---|---|
| 人身意外伤害综合 | 一年 | 6～65周岁 | 意外伤害事故<br>意外下落不明<br>意外伤害残疾<br>意外伤害医疗 | 死亡保险金<br>残疾保险金=保额×残疾程度<br>医疗保险金（保额的20%为限）<br>=（费用−100元）×80% | 意外伤害、意外医疗双重责任保障 |
| 观光景点、娱乐场所人身意外伤害 | 极短期 | 在观光景点或娱乐场所内参观游览、休闲娱乐的人员 | 意外伤害事故<br>意外下落不明<br>意外伤害残疾<br>意外伤害医疗 | 死亡保险金<br>残疾保险金=保额×残疾程度<br>医疗保险金（保额的20%为限）<br>=（费用−100元）×80%（门诊15日，住院90日为限） | 意外伤害、意外医疗双重责任保障 |
| 住宿旅客平安 | 极短期（住宿期间） | 16～65周岁在持有营业执照的旅店登记住宿的旅客 | 意外伤害事故<br>意外下落不明<br>意外伤害残疾<br>意外伤害医疗 | 死亡保险金<br>残疾保险金=保额×残疾程度<br>医疗保险金（保额的20%为限）<br>=（费用−100元）×80%（门诊15日，住院90日为限）<br>丧葬保险金 | 意外伤害、意外医疗双重则责任保障 |
| 旅游意外 | 入境旅游<br>国内旅游<br>出境旅游 | 境内旅游团全体成员，包括旅游者、导游、领队人员 | 急症身故<br>意外伤害事故<br>意外下落不明<br>意外伤害残疾<br>医疗费用<br>死亡处理及遗体遣返费用 | 急症、意外伤害死亡保险金<br>残疾保险金=保额×残疾程度<br>医疗保险金（保额的20%为限）<br>=（费用−100元）×80%（门诊15日，住院90日为限）<br>丧葬保险金 | 急症、意外伤害、医疗、丧葬多重责任保障 |

（资料来源：节选自大家保网于2018年4月21日刊载的文章“中国人寿保险公司意外险险种介绍”，http://www.dajiabao.com/zixun/21675.html，节选时有删改。）

## 三、熟悉健康保险产品

### （一）健康保险的概念与类型

1. 健康保险的概念

健康保险是为人类健康提供保障的保险。这是以人的身体作为保险标的，在被保险人因疾病或意外事故所致医疗费用支出或收入损失时，保险人承担赔偿责任的一种人身保险。

（1）健康保险是人身保险的一大分类，它所提供的保障事故包括意外伤害和疾病两种。意外伤害和疾病两者发生的原因和性质是不同的。意外伤害是指突发的、非预期的、身体外部原因造成的；疾病的发生是由身体内在原因间接引起的。虽然疾病可起因于外来原因，但必须于身体内部经一定时间的酝酿，才形成疾病。健康保险将这两者作为其保险事故。

（2）健康保险的责任是意外事故或疾病所致的医疗费用或收入损失。在保险给付处理上，意外事故所致的给付与疾病所致的给付有所不同，前者较后者宽大。这是由于伤害事故的发生较为确定，如四肢残缺、失明、死亡等，甚为明显。疾病则不然，可能存在一部分或全部的心理因素，疾病的发生、持续或其严重性，道德风险因素存在的可能性较大。在疾病发生中，小疾大医，一人保险、全家受益的情况也时有发生，因此疾病的给付必须审慎。

（3）健康保险和意外伤害保险同属于短期性保险。在其基本情况上具有共同的特征。在国外两者归类为非寿险，在保险期限、保险事故、保费计算及要素、责任准备金性质等方面，两者共同区别于人寿保险。这里仅就健康保险和意外伤害保险进行比较，以进一步认识健康保险。

保险责任不同。健康保险和意外伤害保险都将意外伤害作为保险事故，但两者的责任范围不同。意外伤害保险的责任限于被保险人因意外事故所致的死亡或残废，而健康保险则承担因意外事故所致的医疗费用或收入损失的赔偿责任。

合同性质不同。意外伤害保险大多是定额给付，属给付性合同，保险事故发生后，保险人按合同约定的金额进行给付。健康保险合同大多属于补偿性合同。

因此，在健康保险中，存在着重复保险和代位赔偿的问题。如果保险事故是由第三方责任引起的，保险人既可以在给付保险金后，要求被保险人将向第三方追偿的权力转交于保险人，也可在第三方进行赔偿后，又予给付或补足差额（限于补偿性的健康保险合同）。如果存在重复保险，也应按重复保险下的赔偿方式进行给付。意外伤害保险则一般不存在上述问题。

2. 健康保险的类型

（1）按承保对象，健康保险分为个人健康保险和团体健康保险。

个人健康保险是以单个自然人为投保对象的健康保险。个人健康保险按合同的形态划分又可分为普通健康保险、简易健康保险、不可撤销的健康保险、保证更新的健康保险、不可更新的健康保险、有条件更新的健康保险、特种健康保险。

- 普通健康保险指保险人可任意更新和任意撤销的健康保险。
- 简易健康保险与普通健康保险一样，保险人在合同到期时既可以更新合同，也可以撤销合同。这种健康保险类似于简易人寿保险。
- 不可撤销的健康保险又叫不可解除的健康保险，被保险人在相当长的时期内或达到退休年限以前有权更新保单。
- 保证更新的健康保险指被保险人拥有与不可解除的健康保险合同相似的更新保单的权利，但保险人有权每年对某类别的被保险人调整费率。
- 不可更新的健康保险指保单到期时终止，不能更新，如旅程、学年结束。
- 有条件更新的健康保险指保险人有权在合同到期时，按合同规定的条件拒绝更新保险单。

- 特种健康保险包括三种：特种疾病保险、特别风险保险、旅行风险保险。

团体健康保险是以团体作为投保人的健康保险。团体健康保险可分为普通团体健康保险、集团健康保险、协会健康保险和综合健康保险。

- 普通团体健康保险。这是一般所说的团体健康保险，以团体成员作为被保险人。
- 集团健康保险。这种保险通常以小团体作为投保人，团体的成员以个人的方式予以承保，保单由被保险人领取，保障范围限于雇主—员工关系的团体。
- 协会健康保险。此险种的承保对象为工会或专业协会的会员，与集团健康保险类似。
- 综合健康保险。其承保对象为从事同一行为的团体成员，如球队队员、消防队队员等。综合健康保险与其他团体健康保险最大的区别在于被保险人不必被个别予以认定。

（2）按实施的形式，健康保险分为自愿性健康保险和强制性健康保险。

自愿性健康保险是根据自愿原则实施的健康保险。这类保险由专门健康保险的公司、意外伤害保险公司、人寿保险公司和服务性的组织（如美国的蓝十字和蓝盾协会等）经营，绝大多数健康保险属于自愿性健康保险。

强制性健康保险是根据一定的法规或政策强制开办实施的健康保险。例如，我国目前开办的公费医疗保险、企业职工疾病医疗保险等。这类健康保险一般由商业保险公司以外的保险机构办理，也可由商业保险公司代办。

（3）按损失形态，健康保险分为医疗费用保险和收入损失保险。下面对前者进行介绍。

### （二）医疗费用保险

医疗费用保险，简称医疗保险，是健康保险的一大险种。医疗费用保险是指被保险人因意外事故或疾病所需的医疗费用由保险人进行补偿的健康保险。医疗费用保险既可以单独承保，也可以附加于人寿保险和意外伤害保险。例如，我国中小学生平安险中附加有医疗费用保险。

#### 1. 医疗费用保险中的规定

（1）观察期，又称试保期。为了防止已有疾病（带病投保）的存在，在医疗费用保险中一般都有观察期的规定。观察期是指从保险合同生效日开始后的一定时期内（一般为半年），被保险人因疾病所致的医疗费用，保险人不承担责任，观察期过后，保险人才承担责任。但观察期内因意外事故所致的医疗费用仍在保险人的责任范围内，保险人应承担给付保险金的责任。观察期的规定同样适用于收入损失保险。

（2）免赔额。为了避免小额的经常性的医疗费用赔款的支出，节省费用，医疗保险一般都有免赔额的规定，即只有被保险人的实际医疗费用超过一定的额度时，保险人才开始给付。医疗费用保险一般采取绝对免赔额的赔款方式。例如，中国人民保险公司开办的团身险、团意险附加意外伤害医疗保险条款规定："对于每次事故只负责5元以上部分。在保险期内医疗费给付累计总数以不超过保险金额为限。"

（3）保险限额。医疗保险的赔偿总限额是合同上约定的保险金额。除此之外，医疗保险对单项医疗费用也规定了限额。其内容主要包括：

规定住院费用的给付限额，包括每天的给付限额和住院天数的限制。例如，某人投保医疗保险，保单上规定甲型肝炎的住院天数限额为10天，每天住院费限额为150元，此人因此手术实际住院15天，总住院费用为2 500元，保险人只能给付1 500元（每日限额150×住院天数限额10天）。

规定外科手术费用的给付限额。对于外科手术费用，在医疗保单中常列表规定各项手术的给付限额，此表称为外科费用表。

规定每次门诊费用的给付限额。医疗费用保险对每次门诊的医疗费用规定给付限额，并要规定给付门诊的次数。大额的医疗费用保险还对一定时期内的总的医疗费用给付实行限额控制，如每年的医疗费1 000元，超过1 000元部分自负。

规定各种疾病的给付限额。对每种疾病的医疗费用（包括门诊、住院、手术等费用）规定一个给付限额。例如，成都市人民保险公司开办的健康保险规定，在保险期内，发生肺结核、肺炎、小儿麻痹症等，在有效保额内最高给付10 000元。

（4）共保条款。大多数大额医疗费用保险都有共保条款。共保条款的内容是，被保险人要按一定的比例自负一定的医疗费用，如共保比例为80%，意指被保险人自负20%的医疗费用，其余80%由保险人赔偿。如果同一张保单既有免赔额又有共保比例，一般是超过免赔额部分的医疗费用按共保比例给付。例如，某医疗费用保单规定每次门诊的免赔额为10元，共保比例为80%，某被保人实际支出医疗费用100元，即保险人给付的医疗费用为72元，被保险人自付18元。

（5）除外责任。医疗费用保险都有除外责任的规定，不同的保险具体的除外责任有所差异，但总的来说，医疗费用保险的除外责任包括：

投保前被保险人的健康状况。规定被保险人在投保前患有的疾病不属于保险责任。投保前患有的疾病可解释为已经接受治疗或应该去治疗的疾病。

战争或战争行为。

除作为定期航班上乘客外的空难。

自我伤害，不论被保险人精神正常与否。

各种整容外科手术、牙科治疗、视研检查及眼镜、助听器、怀孕及产科费用。

其他社会保险支付的医疗费用。

2. 医疗费用保险的分类

医疗费用保险又常分为普通医疗保险、住院保险、总括医疗保险、手术保险、特种疾病保险。

（1）普通医疗保险是指保险人对被保险人因意外事故或疾病所致的一般性医疗费用（外科除外），承担给付责任的医疗保险。普通医疗保险人的给付以在医院的医疗费为主，也可以包括因疾病在家疗养或在私人诊所治疗等费用。这些费用主要包括门诊费用、医药费用、检查费用等。由于医药费用和检查费用的支出难以控制，因此此险都规定有免赔额和共保比例。

（2）住院保险，又称住院费用保险。保险人承担被保险人因住院而发生的各项费用的疾病保险。住院费用主要包括每天医疗房间的费用、住院期间医生费用、利用医院设备费用、手术费用、医药费用等。由于住院时间的长短直接影响费用的高低，一般此险种都对每次住院的时间做了限制，并且有每日给付限额及共保比例的规定。

（3）总括医疗保险。保险人对于被保险人因疾病或意外事故所致的医药费、住院费、手术费、检查费、化验费等，不分项目，规定一个总的给付限额，在限额内给付。由于保险责任包括一切医疗费用，因此此险种的保险费率较高。一般都要确定一个免赔额和共保比例。

（4）手术保险。保险人承担的责任是被保险人因病或意外事故需做必要的手术而发生的所有的手术费用。一般都规定了给付限额和给付期间。

（5）特种疾病保险。保险人仅以保险合同中订明的疾病为依据给付医疗保险费用。特种疾病一般是指较为严重的、难以治愈的疾病。通常这种保险的金额较高，以满足特种疾病对各种医疗费用支出的需求。特种疾病保险的给付方式一般是在确诊为特种疾病后，立即一次性支付保险金。

## 延伸阅读 6-6

### 国寿康宁终身重大疾病保险（2012 版）

1．产品概述

产品类型：主险

投保年龄：28 天～60 岁

交费期限：趸交，10 年

保险期间：终身

等待期：180 天

2．产品特色

传统保障型重疾险，中国人寿拳头产品，销售超过 10 年。

保障范围广：40 种重大疾病保障+10 种特定疾病保障+高残保障+身故保障。

特定疾病提前给付保额的 20%，不影响高残和身故保额。

3．保险利益（见表 6-5）

表 6-5　国寿康宁终身重大疾病保险（2012 版）保险利益

| | | |
|---|---|---|
| 重大疾病保险金 | 保额 | 投保 180 天后，被保险人确诊患合同指定重大疾病，保险公司按合同保额给付重大疾病保险金，合同终止。若已赔付特定保险金，重疾保额=保额−已给付的特定保险金 |
| 身体高度残疾保险金 | 保额 | 投保 180 天后，被保险人因疾病导致高度残疾，保险公司按本合同保额给付高度残疾保险金 |
| 身故保险金 | 保额 | 被保险人年满 18 岁，因意外身故或投保 180 天后因疾病身故，保险按保额给付身故保险金 |
| | 所交保费 | 被保险人在年满 18 周岁的保单周年日前身故，保险公司按所交保费给付身故保险金 |
| 特定疾病保险金 | 保额×20% | 投保 180 天后，被保险人确诊患合同指定特定疾病，保险公司按合同保额×20%给付特定疾病保险金，最高给付 10 万元，给付后，合同继续有效 |

（资料来源：节选自中国人寿官网产品中心关于“国寿康宁终身重大疾病保险”的产品简介，Http://www.e-chinalife.com/product/gerenbaoxian/jiankangbaoxian/kangningzs2012.html，节选时有删减。）

## 延伸阅读 6-7

### 中国人寿健康保险主要险种一览表

1．按个人承保的险种（见表 6-6）

表 6-6　接个人承保的险种

| 险种类别 | 险种名称 | 保险期限 | 投保条件 | 保障范围 | 赔付额度及方式 | 险种特点 |
|---|---|---|---|---|---|---|
| 重大疾病 | 康宁终身 | 终身 | 0～70 周岁 | 10 大疾病和手术 | 疾病 2 倍保额<br>高残、死亡 3 倍保额 | 终身保障，重大疾病 |
| | 康宁定期 | 10 或 20 年 | 0～65 周岁 | | | 定期保障，重大疾病 |
| 特种疾病手术 | 生命绿荫疾病保险 | 终身 | 3～60 周岁 | 581 种急重性疾病和手术 | 按每个病种手术对应额度定额赔付 | 定额给付，操作简便，确诊预付，补偿适度，终身有效 |
| | 视力康复 | 接受手术时至期满（180 或 90 日） | 指定医院认可进行视力康复治疗的患者 | 因实行眼部 4 种特定手术引起的意外伤害 | 按每个手术治疗效果对应的给付比例赔付 | 固定比例给付，以术后康复程度为赔付标准，针对手术造成的意外伤害 |

续表

| 险种类别 | 险种名称 | 保险期限 | 投保条件 | 保障范围 | 赔付额度及方式 | 险种特点 |
|---|---|---|---|---|---|---|
| 急救 | 医疗急救 | 一年 | 60周岁以下 | 意外伤害和突发性疾病、意外和医疗急救 | 伤害按比例、突发疾病给付首15日 | 补偿意外伤害和突发疾病及急救押金预支 |
| | 意外伤害急救 | 一年 | 3～70周岁 | 意外伤害、意外急救 | 意外伤害按定额给付、急救在定额内预付 | 补偿意外伤害及施救费用预支 |
| | 境外意外伤害及紧急救援 | 按合同约定（最长一年） | 3～70周岁（有中国国籍） | A 意外伤害<br>B 紧急救援<br>C 紧急门诊、牙科门诊 | A 按保额<br>B、C 按定额支付 | 对境外旅游者提供意外伤害及紧急救援保障 |
| 特殊人群 | 母婴安康 | 分娩住院期间 | 待娩孕妇 | 母婴分娩期意外伤害身故、残疾 | 定额给付 | 补偿分娩期母亲意外伤害、残疾及母婴死亡损失 |
| | 病员安康 | 住院及住院等待期 | 指定医院就诊病员 | 住院（最高30天）及住院等待期（最高3天）意外伤害身故、医疗、麻醉意外 | 定额给付 | 补偿因意外伤害或医疗意外身故、伤残损失 |
| | 整形外科手术 | 一年 | 接受整形手术者 | 因整形外科手术造成的医疗事故 | 按不同事故等级的固定比例给付 | 针对特定人群，对医疗事故带来的伤害或损失进行保障 |
| | 出境人员传染病 | 按合同约定 | 正式办理出境手续的出境人员 | 在中国境外感染12种急性传染病以及造成的死亡 | 给付疾病医疗保险金和死亡保险金 | 为出境人员提供特定疾病医疗保障和死亡保障 |
| | 关爱生命女性疾病A | 至70岁 | 16～60周岁 | A 身故、高残<br>B 女性特定疾病和手术 | A 死亡、高残保险金<br>B 保额40%的癌症给付<br>C 保额20%的系统性红斑狼疮给付<br>D 保额5%的手术给付<br>E 保额5%髋部骨折给付 | A 专为女性设计<br>B 保障全面<br>C 保障程度高<br>D 保障期限长<br>E 寿险与医疗保障的有机组合<br>F B款更加适合育龄女性<br>G 还包括对新生婴儿的保障 |
| | 关爱生命女性疾病B | 至70岁 | 16～40周岁 | 除A款责任外还包括：<br>A 怀孕期疾病<br>B 婴儿先天性重大疾病和死亡 | 除A款责任外：<br>1. 一定比例的怀孕期疾病给付<br>2. 保额15%的婴儿的先天性重大疾病给付和保额10%死亡给付 | |
| 附加住院 | 住院生活津贴 | 一年 | 同主险 | 住院期间600余种病 | 按病种确定每一疾病最高补贴额度 | 补偿因疾病住院期间生活、工资等费用损失 |

续表

| 险种类别 | 险种名称 | 保险期限 | 投保条件 | 保障范围 | 赔付额度及方式 | 险种特点 |
|---|---|---|---|---|---|---|
| 附加住院 | 住院医疗 | 一年 | 同主险 | 住院期间实际支出的医疗费用 | 按实际支出医疗费用的诊疗项目的最高报销限额按比例报销 | 既补偿被保险人的医疗费用，又不诱导过度医疗费用的支出 |
| | 补偿金 | 同主险 | 同主险 | 住院期间的伙食补偿、误工补偿、护理补偿 | 最高补偿额度均为 180 天 | 分项目补偿、保险金额为三者之和乘 180，可自由选择 |
| | 残疾 | 一年 | 同主险 | 因意外或疾病所致残疾 | 按国家规定的各类残疾的赔付比例补偿 | 专保残疾，按比例定额补偿 |
| | 住院医疗补贴金 | 同主险 | 同主险 | 因意外伤害或疾病住院治疗给予补贴金 | 免赔为 3 日，累计给付日数以 180 日为限，金额为人民币 30 元/日 | 对因意外伤害或疾病住院的补偿其生活或工资损失 |
| 附加重大疾病 | 三大特定疾病 | 同主险 | 同主险 | A 恶性肿瘤<br>B 突发心肌梗塞死亡<br>C 脑溢血死亡以及突发心肌梗塞和脑溢血病造成的后遗症 | 按不同疾病定额给付 | 定额给付，提供三种重疾保障 |

2．按团体承保的险种（见表 6-7）

**表 6-7　按团体承保的险种**

| 险种类别 | 险种名称 | 保险期限 | 投保条件 | 保障范围 | 赔付额度及方式 | 险种特点 |
|---|---|---|---|---|---|---|
| 特种疾病手术 | 生命绿荫团体疾病 | 三年 | 16～65 周岁 | 571 种急重性疾病、手术 | 按每个病种手术对应额度定额赔付 | 定额给付，操作简便，确诊预付，补偿适度，三年有效 |
| | 国寿计划生育手术 | 计划生育手术后 24 小时内 | 计划生育手术育龄夫妇 | 保障计划生育 4 种手术所致身故、感染 | 死亡全额给付、感染或并发症 80%报销 | 配合计划生育国策设计，充分保障育龄夫妇利益 |
| | 重大疾病 | 三年 | 16～65 周岁，30 人以上团体 | 10 种重大疾病 | 1．60 日内初次发生重大疾病，给付保额的 20%<br>2．60 日后初次发生重大疾病，按保额给付 | 可团体购买比同业公司类似产品保障的疾病更全面，价格更便宜 |
| 综合医疗 | 职工团体补充医疗 | 一年 | 16～65 周岁 | 基本医疗保障范围以上的高额医疗费用，最高 15 万元保额 | 按 1 万～4 万元、4 万～8 万元、8 万元以上分别确定从 85%～95%的报销额度 | 充分保障高额医疗费用支出的负担，与国家或行业现行基本医疗制度的政策相配套 |
| | 国寿团体医疗 | 一年 | 16～60 周岁 | 主要保障住院医疗费用，可附加门诊特约 | 住院费按项目：床位、诊疗、手术、意外伤害等分别确定报销比例及最高限额 | 分项目保障 |

续表

| 险种类别 | 险种名称 | 保险期限 | 投保条件 | 保障范围 | 赔付额度及方式 | 险种特点 |
|---|---|---|---|---|---|---|
| 综合医疗 | 国寿大额疾病 | 一年 | 16～60周岁 | 社会医疗保险保障的范围 | 免赔额500元（个人投保为1 000元）、90日免责期、床位费10元/日，40日为限、检查费300元为限 | 分级累进，比例给付，可与社会医疗相补充 |
| | 团体补充医疗A | 一年 | 参加基本医疗的城镇职工 | 当地社保规定的基本医疗保险范围内应由被保险人分担的医疗费用 | 1. 门急诊：免赔额以上部分按约定比例给付<br>2. 住院、急诊室：免赔额以上部分按约定比例给付<br>3. 交通事故扣除100元免赔额按90%给付 | 基本医疗最全面、最灵活的补充方式<br>保障交通意外事故<br>可根据不同情况设定费率和报销比例<br>被保险人享有公共保额保障 |
| 特殊人群 | 中小学生、幼儿园儿童住院医疗补充 | 一年 | 中小学在册学生、幼儿园入园儿童 | 因疾病或意外伤害住院诊疗支出 | 15%赔付 | 针对中小学生和幼儿园儿童的主险，可单独投保 |
| | 团体女性安康 | 一年 | 16～60周岁 | 主要保障原发性乳腺癌、卵巢癌、子宫内膜癌、宫颈癌 | 定额赔付，最低保额10 000元 | 专门保障女性多发性癌症 |
| 综合医疗（附加险） | 团体综合医疗 | 一年 | 65岁以下团体及家属 | 意外、疾病门诊、住院医疗费用 | 门诊按50%～100%确定报销比例<br>住院按15%～100%分项目确定报销比例及最高赔付额度 | 赔付比例和额度、费率可以专门为所保单位灵活确定，保障范围广 |
| 疾病（附加险） | 疾病住院 | 同主险 | 同主险 | 疾病住院的医疗费用 | 100元免赔额，分5级累进，按50%～90%给付 | 与主险配套，保障全面 |
| 特殊人群（附加险） | 学平险附加住院医疗 | 一年 | 学校和幼儿园、大中小学生 | 意外伤害、疾病住院的医疗费用 | 100元免赔额，分5级累进，按50%～100%给付 | 与主险配套，提供充分保障 |
| | 学平险附加意外伤害医疗 | 一年 | 同上 | 因意外伤害发生的医疗费用 | 50元免赔额<br>85%赔付比例<br>门诊给付以15日为限、住院给付以90日为限 | 与主险配套，提供充分保障 |

（资料来源：节选自中国人寿官网关于中国人寿保险险种介绍，http://www.chinalife.com.cn/chinalife/product/insurance/，节选时有删改。）

# 任务3　分析财产保险产品

财产保险是保险人对被保险人的财产及其有关利益在发生保险责任范围内的灾害事

故而遭受经济损失时给予补偿的保险。《保险法》第九十五条规定："财产保险业务，包括财产损失保险、责任保险、信用保险、保证保险等保险业务。"

## 一、了解财产损失保险

财产损失保险包括企业财产保险、家庭财产保险、运输工具保险、货物运输保险、工程保险等多个种类。

### （一）企业财产保险

传统的企业财产保险一般分为财产保险基本险和财产保险综合险。

1. 财产保险基本险

财产保险基本险是专为企事业单位提供保障的一个险种。任何属于被保险人所有或与他人共有而由被保险人负责的财产、由被保险人经营管理或替他人保管的财产、其他具有法律上承认的与被保险人有经济利害关系的财产都可在保险标的范围内。

2. 财产保险综合险

财产保险综合险对火灾、爆炸、雷击、暴雨等原因造成保险财产的损失承担赔偿责任，但对由于地震、被保险人故意行为等原因造成保险财产的损失不承担赔偿责任，保险责任得到较大扩展。在投保了财产保险综合险的基础上，还可与财险公司协商加批若干附加条款。

**延伸阅读 6-8**

**平安财产保险综合险**

1. 保单利益

承保之危险事故，因下列情况所致损失负赔偿责任：

（1）火灾、爆炸、雷击、洪水、暴雨、雪灾、突发性滑坡等（以条款为准）。

（2）飞行物体或其他空中运行物体坠落。

（3）因自用的供电、供水、供气设备发生保险事故，引起停电、停水、停气以致保险标的的直接损失。

（4）为减少损失采取合理措施造成保险标的损失。

额外费用之补偿，是指为减少损失而支出的合理的施救、抢救、保护费用。

影响费率因素包括建筑等级、使用性质及周围环境，被保险人风险管理水平、防灾安全措施、以往损失记录，被保险人自负额等。

常见附加险有以下两种。

（1）附加盗窃险。承保对象及标的物：投保了财产综合险的保险财物；一般不包括条款列明的特约保险财产及不保财产。

保险责任范围：抢劫、偷窃；盗贼暴力侵入的偷窃或损坏财物。

投保规定：投保财产综合险才可附加本险种。

（2）附加财产利润损失险。承保由于主险责任范围内的原因使被保险人在一个时期内，停产、停业或营业受到影响所造成的间接济损失。这一经济损失是指毛利润损失和受灾后为了维持和恢复生产而支付的合理的增加费用。

2．产品特点

主要针对非住宅用的建筑物、货物等有形财产，承保因火灾、暴雨、雪灾等自然灾害和意外事故引起保险标的的直接损失；多以承保企业财产为主，也适用于国家机关、事业单位、人民团体的投保。

（资料来源：选自平安保险官网关于平安财产保险综合险的产品介绍整理，http://property.pingan.com/ index.shtml，节选时有删改。）

### （二）家庭财产保险

家庭财产保险是以城乡居民室内的有形财产为保险标的的保险。家庭财产保险为居民或家庭遭受的财产损失提供及时的经济补偿。我国目前开办的家庭财产保险主要有普通家庭财产险和家庭财产两全险。

1. 普通家庭财产险

根据保险责任的不同，普通家庭财产险又分为灾害损失险和盗窃险两种。

（1）灾害损失险。灾害损失险的保险标的包括被保险人的自有财产、由被保险人代管的财产或被保险人与他人共有的财产。通常包括日用品、床上用品；家具、用具、室内装修物；家用电器，文化、娱乐用品；农村家庭的农具、工具、已收获入库的农副产品等。

保险人通常对以下家庭财产不予承保：损失发生后无法确定具体价值的财产，如货币、票证、有价证券、邮票、文件、账册、图表、技术资料等；日常生活所需的日用消费品，如食品、粮食、烟酒、药品、化妆品等；法律规定不容许个人收藏、保管或拥有的财产，如枪支、弹药、爆炸物品、毒品等；处于危险状态下的财产；保险人从风险管理的需要出发，声明不予承保的财产。

灾害损失险规定的保险责任包括火灾、爆炸、雷击、冰雹、洪水、海啸、地震、泥石流、暴风雨、空中运行物体坠落等一系列自然灾害和意外事故。对于被保险人为预防灾害事故而事先支出的预防费用，保险人原则上不予赔偿；但对于在灾害事故发生后，为防止灾害损失扩大，积极抢救、施救、保护保险标的而支出的费用，保险人将按约定负责提供补偿。

灾害损失险的保险期限为一年，即从保单签发次日零时算起，到保险期满日24时为止。

（2）盗窃险。盗窃险的保险责任指在正常安全状态下，留有明显现场痕迹的盗窃行为，致使保险财产产生损失。除自行车、助动车以外，盗窃险规定的保险标的的范围与家庭财产、灾害损失险完全一样。

2. 家庭财产两全险

家庭财产两全险是一种具有经济补偿和到期还本性质的险种。它与普通家庭财产保险不同之处仅在于保险金额的确定方式上。家庭财产两全险采用按份数确定保险金额的方式：城镇居民每份1 000元，农村居民每份2 000元，至少投保1份，具体份数多少根据投保财产的实际价值而定。

目前，随着财产保险的发展，家庭财产保险已不再仅为家庭财产提供保障，保险客户的个人责任已纳入保障的范围。

## 延伸阅读6-9

### 平安新世纪系列家庭财产保险

平安新世纪系列家庭财产保险主要有安居型、无忧型、祥和型三种类型，扩展条款有信用卡盗窃损失险，现金、金银珠宝盗窃损失险，水暖管爆裂险三个附加险种。安居型和无忧型险种承保对象及标的物为房屋、房屋附属物、房屋装修、服装、家具、家用电器、文化娱乐用品、保险责任范围内的相关租房费用、保险事故范围内的第三者责任及相关费用。祥和型家财险承保对象及标的物：出租的房屋、房屋附属物及房屋装修；出租屋内的家具、家用电器；保险责任范围内的原因使房屋不能居住，合理的租金损失。

1. 保单利益

（1）安居型家财险。承保之危险事故，因下列情况所致损失负赔偿责任：火灾、爆炸、雷击、洪水、暴雨等；空中运行物体坠落、外界物体倒塌；被保险房屋内因发生意外事故致使第三者人身伤亡和财产损失。

额外费用之补偿，包括合理施救费用、临时租房费用、经认可的诉偿费及其他费用。

（2）无忧型家财险（安居型+盗窃）。承保之危险事故，相当于安居型家财险附加盗窃险。

（3）祥和型家财险。承保之危险事故，因下列情况所致损失负赔偿责任：火灾、爆炸、雷击、洪水、暴雨等；空中运行物体坠落、外界物体倒塌；被保险房屋内的财产被盗窃、抢劫。

额外费用之补偿，包括合理施救费用和临时租房费用。

2. 产品特点

（1）形式多样，选择灵活。“定额”和“不定额”两种投保形式；三个大类七种组合，保险费从几十元到几百元不等。

（2）多层需求，多重保障。

（3）适用于家居房或出租屋的不同需求。

（4）增加了传统家财险不予承保的信用卡、现金、珠宝盗窃、个人责任保障等其他附加保障。

（资料来源：选自平安保险官网关于“平安新世纪系列家庭财产保险”的产品介绍整理，http://baoxian.pingan.com/product/。）

### （三）运输工具保险

运输工具保险承保因遭受自然灾害和意外事故造成的运输工具的损失及第三者损害赔偿责任。常用险种有船舶保险、飞机保险、机动车辆保险等。

1. 船舶保险

船舶保险是指以各种船舶、水上装置及其碰撞责任为保险标的的保险。它是运输工具保险中的主要险种之一，一般分为内河船舶保险和远洋船舶保险。船舶保险一般采用定期保险单或航程保险单。

（1）船舶保险的保险责任。船舶保险的保险责任一般包括各种水上风险，具体有以下几项：

海上灾害。在海洋运输中所遭遇的恶劣天气、海啸、沉没、碰撞、火灾、爆炸等意外事故。

船舶失踪。船舶在海上航行，因遇大风或其他海难中失踪且通过委请有关方面进行搜寻，仍无法确定船舶去向和下落，只要超过规定时间，即可按推定全损处理。

碰撞与碰撞责任。船与船相碰、船与码头和其他固定建筑物碰撞等造成被保险船舶的损失。

船舶碰撞责任是由于航行疏忽或过失致使他人财产受损，在法律上应负的民事损害赔偿责任。对碰撞责任的划分一般有以下几种情况：一是不可抗拒力所致，如台风造成的失控，碰撞船舶与被碰撞船舶双方损害自负；二是由单方面过失所致，其损害赔偿责任应由过失方承担，这种情况大多发生在港内行使或锚泊等过程中；三是互有过失所致，其损害赔偿责任要按每一方的过失程度的比例，各自赔偿对方所受到的损失。对船舶碰撞的保险属于财产保险范围，对船舶碰撞责任的保险则属于责任保险的范畴。

（2）船舶保险的保险期限。船舶保险的保险期限分为定期保险和航次保险两种。

定期保险是船舶保险期限的主要形式。定期保险期限一般为 1 年，最短不能少于 3 个月。起讫时间以保险单上注明的日期为准。保险责任期满时，如被保险船舶尚在航行中或处于危险中或在避难港或中途港停靠，经被保险人事先通知保险人并按日比例加付保险费后，本保险继续负责到船舶抵达目的港为止。若保险船舶在延长时间内发生全损，需加交 6 个月保险费。

航次保险的保险期限以保险单订明的航次为准，起讫时间按下列规定办理：空载船舶自起运港解缆或起锚时开始，到目的港抛锚或系缆完毕时终止；载货船舶自起运港装货时开始，至目的港卸货完毕时终止，但自船舶抵达目的港当日午夜零时起，最多不得超过30天。

（3）船舶保险金额的确定。一般按船壳、机器、锅炉或特种设备（如冷藏机）等保险标的在投保当时的市价和保险费的总和计算。保险金额按保险价值确定。保险金额不得超过保险价值，超过部分无效。

2. 飞机保险

飞机保险是以飞机及其相关责任、利益为保险标的的保险。它是随着飞机制造业的发展，在海运险和人身意外伤害险的基础上发展起来的一个保险领域。

飞机保险的险别大体可分为：机身保险、第三者责任保险、旅客责任保险、货物责任保险、战争险、劫持非法拘留险；其他与飞机有关的保险业务，如机场及操纵人员法定责任保险、产品法定责任险、机组人员人身意外保险、丧失使用保险、自动人身意外或承运责任保险等。飞机责任保险属责任保险范畴，但在传统习惯上一般仍旧归入与飞机有关的险别中。

（1）机身保险。机身保险是指保险人承保飞机在飞行、滑行及地面停放时，不论任何原因（不包括除外责任）造成飞机及其附件的意外灭失或损坏，并负责因意外事故引起的飞机拆卸、重装和清除残骸的费用。

在国际保险市场上，机身保险的保险标的包括飞机机身、推进器、机器及设备。根据各国保险公司适用的飞机保险合同条款的规定，机身险的责任范围除少数采用指定危险方式外，多数为一切险。我国现行的飞机机身保险都是一切险方式。

机身保险的除外责任一般包括飞机不适航而飞行，被保险人的故意行为，飞机任何部件的自然磨损、腐蚀和制造上的缺陷，停航、停运的间接损失，战争、劫持险的保险责任和除外责任等。

机身保险的保险费，由保险人依据飞机的型号、用途、事故记录、历年的损失率、被保险人的经营管理水平，拟定具体的保险费率，计算出相应的保险费数额。

机身保险的保险赔付因保险标的的全损和部分损失而有区别。飞机机身全损的，保险人按保险金额赔偿，不扣除免赔额。飞机发生部分损失的，保险人按实际的修理费用扣除免赔额后予以赔付。此外，无论是全损还是部分损失，保险人还负责赔偿施救费用、救助费用、飞机从出事地点运往修理厂的运输费用、修理后的试飞和政府检验费用、飞机修好后运往出事地点或指定地点的运输费用等。

（2）第三者责任保险。第三者责任保险又称飞机公众责任保险。它承保被保险人因飞机坠落或从飞机上坠人、坠物造成第三者人身伤亡或财产损失而依法应承担的赔偿责任。

“第三者”是指保险人、被保险人以外的第三方。由被保险人支付工资的机上和机场工作人员不属于第三者之列。

第三者责任保险的除外责任一般包括下列原因造成的人身伤亡或损失：飞机不适航而飞行，被保险人故意行为，战争、劫持等。因第三者责任保险事故产生的善后工作所支出的费用，保险人也不予赔付。

（3）旅客责任保险。旅客责任保险是由保险人承保被保险人因旅客在乘机或上下飞机过程中遭受意外事故造成的人身伤亡和财产损失（旅客所携带或业已交运的行李、物品的损失或因行李物品迟延交付造成的损失）依法应承担的赔偿责任。

旅客责任保险的保险费是按照飞机的座位数计收的。而旅客在投保其已向航空公司声明价值的行李或货物时，应向保险人交纳一定比例的附加费。

（4）货物责任保险。货物责任保险，亦称承运人航空运输货物责任保险，或空运货物赔偿责任保险，它是承保航运方在受托运送的货物遭受损失时依法应负的赔偿责任的一种责任保险。按现行国际航空运输公约的规定，航空承运人对所受托运的货物如在航空运送期间发生损毁灭失、延迟到货的损失，除非能被证明其本人及其代理人已采取措施防止损害，或确实无法进行损害防范，否则，均应负赔偿责任。保险人承担责任与否，亦以此为依据，并受保险合同的制约。

3. 机动车辆保险

机动车辆保险所承保的机动车辆包括汽车、电车、电瓶车、摩托车、拖拉机、各种专用机械车、特种车。机动车辆保险分为基本险和附加险，基本险是指车辆损失险和第三者责任险，附加险不能独立保险。

（1）基本险。

车辆损失险：负责赔偿由于自然灾害和意外事故造成车辆自身的损失，是车险中最主要的险别。

第三者责任险：负责赔偿保险车辆因意外事故，致使第三者遭受人身伤亡或财产的直接损失，保险人依照保险合同的规定给予赔偿。投保这个险种是最有必要的。我国从2006年7月1日起实行机动车交通事故责任强制保险（简称交强险）制度。《机动车辆交通事故责任强制保险条例》规定：交强险是由保险公司对被保险机动车发生道路交通事故造成第三者的人身伤亡、财产损失，在责任限额内予以赔偿的强制性责任保险。交强险主要承担的是广覆盖的基本保障，对于更多样、更高额、更广泛的保障需求，消费者可以在购买交强险的同时自愿购买商业三责险和车损险及其附加险，使自己具有更高的保险保障水平。

（2）附加险。车辆损失险的附加险有全车盗抢险、玻璃单独破碎险、自燃损失险、新增加设备损失险、车辆停驶损失险。

第三者责任险的附加险有车上责任险、无过错责任险、车载货物掉落责任险。

车辆损失险与第三者责任险共同的附加险有不计免赔特约险。

## 延伸阅读 6-10

### 机动车交通事故责任强制保险费率方案（2008 版）

机动车交通事故责任强制保险费率方案（简称费率方案）适用于经中国保险监督管理委员会批准的机动车交通事故责任强制保险业务。

1．基础保险费的计算

（1）一年期基础保险费的计算。投保一年期机动车交通事故责任强制保险的，根据“机动车交通事故责任强制保险基础费率表”中相对应的金额确定基础保险费。

（2）短期基础保险费的计算。投保保险期间不足一年的机动车交通事故责任强制保险的，按短期费率系数计收保险费，不足一个月按一个月计算（见表 6-8）。具体为：先按“机动车交通事故责任强制保险基础费率表”（见表 6-9）中相对应的金额确定基础保险费，再根据投保期限选择相对应的短期月费率系数，两者相乘即短期基础保险费。

短期基础保险费=年基础保险费×短期月费率系数

表 6-8　短期月费率系数表

| 保险期间（月） | 1 | 2 | 3 | 4 | 5 | 6 | 7 | 8 | 9 | 10 | 11 | 12 |
|---|---|---|---|---|---|---|---|---|---|---|---|---|
| 短期月费率系数（%） | 10 | 20 | 30 | 40 | 50 | 60 | 70 | 80 | 85 | 90 | 95 | 100 |

表 6-9　机动车交通事故责任强制保险基础费率表（2008 版）

| 车辆大类 | 序　号 | 车辆明细分类 | 保费（元） |
|---|---|---|---|
| 一、家庭自用汽车 | 1 | 家庭自用汽车 6 座以下 | 950 |
| | 2 | 家庭自用汽车 6 座及以上 | 1 100 |
| 二、非营业客车 | 3 | 企业非营业汽车 6 座以下 | 1 000 |
| | 4 | 企业非营业汽车 6～10 座 | 1 130 |
| | 5 | 企业非营业汽车 10～20 座 | 1 220 |
| | 6 | 企业非营业汽车 20 座以上 | 1 270 |
| | 7 | 机关非营业汽车 6 座以下 | 950 |
| | 8 | 机关非营业汽车 6～10 座 | 1 070 |
| | 9 | 机关非营业汽车 10～20 座 | 1 140 |
| | 10 | 机关非营业汽车 20 座以上 | 1 320 |
| 三、营业客车 | 11 | 营业出租租赁 6 座以下 | 1 800 |
| | 12 | 营业出租租赁 6～10 座 | 2 360 |
| | 13 | 营业出租租赁 10～20 座 | 2 400 |
| | 14 | 营业出租租赁 20～36 座 | 2 560 |
| | 15 | 营业出租租赁 36 座以上 | 3 530 |
| | 16 | 营业城市公交 6～10 座 | 2 250 |
| | 17 | 营业城市公交 10～20 座 | 2 520 |
| | 18 | 营业城市公交 20～36 座 | 3 020 |

续表

| 车辆大类 | 序　　号 | 车辆明细分类 | 保费（元） |
|---|---|---|---|
| 三、营业客车 | 19 | 营业城市公交 36 座以上 | 3 140 |
| | 20 | 营业公路客运 6～10 座 | 2 350 |
| | 21 | 营业公路客运 10～20 座 | 2 620 |
| | 22 | 营业公路客运 20～36 座 | 3 420 |
| | 23 | 营业公路客运 36 座以上 | 4 690 |
| 四、非营业货车 | 24 | 非营业货车 2 吨以下 | 1 200 |
| | 25 | 非营业货车 2～5 吨 | 1 470 |
| | 26 | 非营业货车 5～10 吨 | 1 650 |
| | 27 | 非营业货车 10 吨以上 | 2 220 |
| 五、营业货车 | 28 | 营业货车 2 吨以下 | 1 850 |
| | 29 | 营业货车 2～5 吨 | 3 070 |
| | 30 | 营业货车 5～10 吨 | 3 450 |
| | 31 | 营业货车 10 吨以上 | 4 480 |
| 六、特种车 | 32 | 特种车一 | 3 710 |
| | 33 | 特种车二 | 2 430 |
| | 34 | 特种车三 | 1 080 |
| | 35 | 特种车四 | 3 980 |
| 七、摩托车 | 36 | 摩托车 50cc 及以下 | 80 |
| | 37 | 摩托车 50cc～250cc（含） | 120 |
| | 38 | 摩托车 250cc 以上及侧三轮 | 400 |
| 八、拖拉机 | 39 | 兼用型拖拉机 14.7kW 及以下 | 按保监产险[2007]53 号实行地区差别费率 |
| | 40 | 兼用型拖拉机 14.7kW 以上 | |
| | 41 | 运输型拖拉机 14.7kW 及以下 | |
| | 42 | 运输型拖拉机 14.7kW 以上 | |

注：1. 座位和吨位的分类都按照“含起点不含终点”的原则来解释。

2. 特种车一：油罐车、汽罐车、液罐车。特种车二：专用净水车、特种车一以外的罐式货车，以及用于清障、清扫、清洁、起重、装卸、升降、搅拌、挖掘、推土、冷藏、保温等的各种专用机动车。特种车三：装有固定专用仪器设备从事专业工作的监测、消防、运钞、医疗、电视转播等的各种专用机动车。特种车四：集装箱拖头。

3. 挂车根据实际的使用性质并按照对应吨位货车的 30%计算。

4. 低速载货汽车参照运输型拖拉机 14.7kW 以上的费率执行。

2．机动车交通事故责任强制保险基础浮动因素和浮动比率

机动车交通事故责任强制保险基础费率浮动因素和浮动比率按照《机动车交通事故责任强制保险费率浮动暂行办法》（保监发 200752 号）执行。

3．保险费的计算办法

交强险最终保险费=交强险基础保险费×（1+与道路交通事故相联系的浮动比率）

4．解除保险合同保费计算办法

根据《机动车交通事故责任强制保险条例》规定解除保险合同时，保险人应按如下

标准计算退还投保人保险费。

（1）投保人已交纳保险费，但保险责任尚未开始的，全额退还保险费。

（2）投保人已交纳保险费，但保险责任已开始的，退回未到期责任部分保险费：

退还保险费=保险费×（1–已了责任天数/保险期间天数）

（资料来源：选自百度百科关于“机动车交通事故责任强制保险”的介绍整理，https://baike.baidu.com/item，节选时有删改。）

## 延伸阅读 6-11

### 中国人保营业用汽车损失保险

本保险合同中的营业用汽车是指在中华人民共和国境内（不含港、澳、台地区）行驶的，用于客、货运输或租赁，并以直接或间接方式收取运费或租金的汽车（简称被保险机动车）。

保险期间内，被保险人或其允许的合法驾驶人在使用被保险机动车过程中，因下列原因造成被保险机动车的损失，保险人依照本保险合同的约定负责赔偿：碰撞、倾覆、坠落；外界物体坠落、倒塌；暴风、龙卷风；雷击、雹灾、暴雨、洪水、海啸；地陷、冰陷、崖崩、雪崩、泥石流、滑坡；载运被保险机动车的渡船遭受自然灾害（只限于驾驶人随船的情形）。

发生保险事故时，被保险人为防止或者减少被保险机动车的损失所支付的必要的、合理的施救费用，由保险人承担，最高不超过保险金额的数额。

保险金额由投保人和保险人从下列三种方式中选择确定，保险人根据确定保险金额的不同方式承担相应的赔偿责任：

（1）按投保时被保险机动车的新车购置价确定。本保险合同中的新车购置价是指在保险合同签订地购置与被保险机动车同类型新车的价格（含车辆购置税）。

投保时的新车购置价根据投保时保险合同签订地同类型新车的市场销售价格（含车辆购置税）确定，并在保险单中载明，无同类型新车市场销售价格的，由投保人与保险人协商确定。

（2）按投保时被保险机动车的实际价值确定。本保险合同中的实际价值是指新车购置价减去折旧金额后的价格。

投保时被保险机动车的实际价值根据投保时的新车购置价减去折旧金额后的价格确定。折旧率表如表 6-10 所示。

折旧按月计算，不足一个月的部分，不计折旧。最高折旧金额不超过投保时被保险机动车新车购置价的 80%。

折旧金额=投保时的新车购置价×被保险机动车已使用月数×月折旧率

表6-10　折旧率表

| 车辆种类 | 月折旧率 | |
|---|---|---|
| | 出　租 | 其　他 |
| 客车 | 1.10% | 0.90% |
| 微型载货汽车 | 1.10% | 1.10% |
| 带拖挂的载货汽车 | 1.10% | 1.10% |
| 低速货车和三轮汽车 | 1.40% | 1.40% |
| 其他车辆 | 1.10% | 0.90% |

（3）在投保时被保险机动车的新车购置价内协商确定。

（资料来源：选自中国人保官网关于“中国人民财产保险股份有限公司营业用汽车损失保险条款”的介绍整理，http://www.picc.com.cn/html1/insure/2/369-1.htm。）

### （四）货物运输保险

货物运输保险承保货物在运输中因遭受自然灾害和意外事故所造成的损失。其常用险种有国内水路、陆路货物运输保险，国内航空货物运输保险，海洋运输货物保险及各种附加险和特约保险。下面主要分析国内水路、陆路货物运输险。

1. 承保对象及标的物

货物运输保险的承保对象及标的物是水路、铁路、公路和联合运输方式运载的货物。

2. 保险责任范围

货物运输保险分为基本险和综合险两种险别，不同的险别规定了不同的责任范围。

（1）基本险。承保之危险事故，因下列情况所致损失负赔偿责任：

1）因13种自然灾害导致损失，如火灾、爆炸、雷电、海啸、地震、洪水等（详见条款）。

2）因运输工具发生意外事故导致损失，如搁浅、触礁、倾覆等（详见条款）。

3）装货、卸货或转载时因遭受不可抗力或意外事故导致损失。

4）为减少损失采取合理措施造成保险标的损失。

5）额外费用之补偿，指为减少损失而支出的合理的施救、抢救、保护费用；共同海损的分摊费用。

（2）综合险。除上述基本险责任外，还包括：

1）因受震动、碰撞、挤压导致货物散失的损失。

2）液体货物因受震动、碰撞、挤压导致容器损坏而渗漏或由此导致货物腐烂的损失。

3）遭受盗窃、整体提货不着、雨淋等所致损失。

（3）影响费率因素包括运输工具种类、运输行程、货物包装情况、运输方式及运输季节等。

国内货物运输保险一般采用定值保险方式承保，这是由运输保险标的的流动性、出险地点的不确定性，以及货物的价格在各地的不一致性决定的。保险价值可按下列标准中的任何一种确定：起运地成本价；目的地成本价；目的地市价。

投保人在保险人或其代理人签发保险单（凭证）的同时，应一次交清应付的保险费。

## 延伸阅读 6-12

### 太平洋国内水路、陆路货物运输保险

除国家规定的禁运物资外，运输过程中的货物一般均可作为本保险标的。

（1）基本险。主要承保运输途中因火灾及其他灾害事故造成的损失：

- 因火灾、爆炸、雷电、冰雹、暴风、暴雨、洪水、地震、海啸、地陷、崖崩、滑坡、泥石流所造成的损失；
- 由于运输工具发生碰撞、搁浅、触礁、倾覆、沉没、出轨或隧道、码头坍塌所造成的损失；
- 在装货、卸货或转载时，因遭受不属于包装质量不善或装卸人员违反操作规程所造成的损失；
- 按国家规定或一般惯例应分摊的共同海损的费用；
- 在发生上述灾害、事故时，因纷乱而造成货物的散失及因施救或保护货物所支付的直接合理的费用。

（2）综合险。除了基本险责任，还承保：

- 因受震动、碰撞、挤压而造成破碎、弯曲、凹瘪、折断、开裂或包装破裂致使货物散失的损失；
- 液体货物因受震动、碰撞或挤压致使所用容器（包括封口）损坏而渗漏的损失，或用液体保藏的货物因液体渗漏而造成保藏货物腐烂变质的损失；
- 遭受盗窃或整件提货不着的损失；
- 符合安全运输规定而遭受雨淋所致的损失。

货物发生保险责任范围内的损失时，按货价确定保险金额的，保险人根据实际损失按起运地货价计算赔偿；按货价加运杂费确定保险金额的，保险人根据实际损失按起运地货价加运杂费计算，但最高赔偿金额以保险金额为限。

如果被保险人投保不足，保险金额低于货价时，保险人对其损失金额及支付的施救保护费用按保险金额与货价的比例计算赔偿。保险人对货物损失的赔偿金额，以及因施救或保护货物所支付的直接、合理的费用，应分别计算，并各以不超过保险金额为限。

（资料来源：选自太平洋保险在线商城关于“太平洋国内水路、陆路货物运输保险”的产品介绍整理，http://www.ecpic.com.cn/chanpin/gnslllhwysbx/index.shtml，节选时有删改。）

### （五）工程保险

工程保险主要承保各项工程由于一切不可预料的事故造成的损失、费用和责任。其常用险种有建筑工程一切险、安装工程一切险、机器损坏保险等。

1. 建筑工程一切险

建筑工程一切险简称建工险，是以建筑工程中的材料、装饰物料、设备等为保险标的的保险。

（1）承保对象及标的物。

物质损失部分，包括建筑工程及其材料、设备，安装项目，施工用机具及设备，清除残骸费用，其他建筑物及财产。

第三者责任部分。保险事故范围内的第三者责任及相关费用。

（2）保险责任范围。承保之危险事故，因下列情况所致损失负赔偿责任：

自然灾害，如地震、海啸、雷电、洪水、暴雨、地崩等（以条款为准）。

意外事故。不可预料及无法控制的突发性事件，包括火灾和爆炸；与工程相关的意外事故致使第三者人身伤亡和财产损失。

额外费用之补偿，包括合理施救费用；经认可的诉偿费及其他费用。

（3）影响费率因素。

工程本身的危险程度、工程性质及建筑高度。

工地及邻近地区的自然地理条件。

工期包括试车期的长短及施工季节，保证期长短及其责任大小。

承包人及其他关系方的资信度，同类工程以往的损失记录。

免赔额的高低等。

（4）常见附加条款。

提前60天取消保单条款。

交叉责任条款。

增值条款。

时间调整条款。

扩展保证期责任条款。

工地外暂存和内陆运输条款。

额外费用条款。

地下电缆、管道条款等。

（5）产品特点。

保险标的的特殊性。该保险标的大部分都位于露天，抵御风险的能力低，在施工过程中始终处于一种动态的过程，各种风险因素错综复杂，使风险程度增加。

保险期限的不确定性。保险期限据实际工期而定，而且通常加保保证期，所以总保险期可长达数年。

承保风险的综合性。保单承保责任包括除外责任以外的任何自然灾害或任何意外事故的损失。

被保险人的广泛性。除了业主、保险人，还涉及承包商、分包商、设计师等。

保险金额的变动性。建筑工程保险的保险金额是在保险期内随着工程建设的进度和工程材料及人工的不断投入而逐渐增长的，工程要到验收移交时保险金额才会达到最高水平。

2. 安装工程一切险

安装工程保险，简称安工险，是建工险的姐妹险种。它专门承保新建、扩建或改建的工矿企业的机器设备或钢结构建筑物的整个安装、调试期间，由于责任免除以外的一切危险造成保险财产的物质损失、间接费用，以及安装期间造成的第三者财产损失或人身伤亡而依法应由被保险人承担的经济责任。

安工险责任免除与建工险责任免除的区别：该保险条款的第五条内容是因设计错误、铸造或原材料缺陷或工艺不善引起的本身损失，以及纠正这些缺陷错误所支出的费用。建工险对错误设计造成的损失一般除外，而安工险对错误设计“引起的本身损失”除外，对由此引起的其他保险财产的损失予以赔偿。第六条内容是由于超负荷、超电压、碰线、弧花、走电、短路、大气放电及其他电气原因造成电气设备或电气用具本身的损失。本责任免除与责任范围内的第四条是相对的。

安工险的第三者责任附加险的保险责任和责任免除与建工险相同。

安工险的保险项目分物质损失、特种危险赔偿和第三者责任三大部分，其中后两部分的内容和赔偿限额与建工险相同。

安工险费率制定的依据与建工险基本相似。它的组成除试车为单独的一次性费率和安装施工用的机器设备为单独的年度费率外，其他项目均为整个工期的一次性费率。

3. 机器损坏保险

机器损坏保险是在传统的锅炉、蒸汽机保险的基础上发展起来的。它是从财产保险中分离出来的一个险种。国际保险市场上针对不同的机器设备的风险特点，设计开发了不同的机器损坏保险，如工程设备保险、低压设备保险、农用机械保险等。我国从 1980 年起开始办理该保险。

在保险期限内，保险单明细表中列明的被保险机器设备及附属设备因承保原因引起突然的、不可预料的意外事故造成物质损坏或灭失，保险公司负责赔偿。

责任范围包括：

（1）设计、制造或安装错误、铸造和原材料缺陷。

（2）工人、技术人员操作错误、缺乏经验、技术不善、疏忽、过失、恶意行为。

（3）离心力引起的断裂；超负荷、超电压、碰线、电弧、漏电、短路、大气放电、感应电及其他电气原因。

（4）除“除外责任”规定外的其他原因。

### 延伸阅读 6-13

**太平洋建筑工程一切险**

承保标的的范围包括永久性和临时性的工程及物料、施工用机具、业主或承包人在工地的原有财产、安装工程项目、场地清理费用等。

1．保单利益

主要保险责任包括因自然灾害或意外事故造成的物质损失及相关费用。建筑工程一切险下附加投保的第三者责任险，主要保险责任为在保险期内，因施工造成建设场地之内及邻近区域的第三者人身伤亡、疾病或财产损失，依法应由被保险人承担的经济赔偿责任。

2．险种特点

承保对象为以土木工程为主体的工程业主或主承包商；保险金额的确定可按照保险工程合同规定的工程概算总造价投保。

（资料来源：选自太平洋保险在线商城关于“太平洋建筑工程一切险”的产品介绍整理，http://www.ecpic.com.cn/chanpin/jzgcyqx/。）

## 二、掌握责任保险

责任保险是以被保险人的民事损害赔偿责任为保险标的的保险。责任保险除可以附加在各种财产保险上承保外，还可以单独承保，如公众责任保险、产品责任保险、雇主责任保险和职业责任保险。

### （一）公众责任保险

1. 可承保对象

可承保对象包括三资企业、私人企业、国内股份制公司、国有企业、事业单位、集体企业及集体或个人承包的各类企业。

2. 保险责任范围

（1）必须是在保单列明地点因经营业务发生意外事故而致的赔偿责任。

（2）第三者的人身伤亡或财产损失。

（3）经认可的诉偿费及其他费用。

3. 除外责任

（1）协议责任。

（2）被保险人自己的人身、财产、一直占用的物品和土地，以及为被保险人服务的人所受伤害。

（3）因火灾、地震、爆炸、洪水、烟熏、各种污染引起的损失和责任。

（4）罚款、惩罚性赔款、精神损害。

（5）其他共同不保事项等。

4. 影响费率因素

（1）被保险人的经营性质、管理情况及以往损失记录。

（2）保险地点所处的地理环境、营业面积、安全设施等。

（3）赔偿限额、免赔额的高低等。

5. 常见附加条款

（1）交叉责任条款。

（2）契约责任条款。

（3）罢工、暴乱、民众骚乱及恶意破坏条款。

（4）广告及装饰装置责任条款。

（5）建筑物改变条款等。

6. 产品特点

（1）保险标的无形。该险种的保险标的是被保险人的法律责任，为无形标的。

（2）适用范围较广。该险种可适用于工厂、办公楼、旅馆、住宅、商店、医院、学校、影剧院、展览馆等各种公众活动的场所。

（3）表现形式丰富。主要有普通责任、综合责任、场所责任、电梯责任、承包人责任等，我国则主要表现为场所公众责任。

7. 营销要点

公众责任保险适用范围极其广泛，既可以承保不同行业的企业和团体在生产、经营活动中因意外事故造成他人人身伤害和财产损失应承担的赔偿责任，也可以承保家庭或个人在日常生活中因意外事故造成的他人人身伤害和财产的损失应承担的赔偿责任。对因被保险人的雇员在从事所保业务活动时，因意外事故对第三者造成的人身伤害（疾病、残疾、死亡）和财产的损害或灭失所引起的法律赔偿责任，保险人也负赔偿责任。

### （二）产品责任保险

产品责任保险是指由于被保险人所生产、出售的产品或商品在承保区域内发生事故，造成使用、消费或操作该产品或商品的人或其他任何人的人身伤害、疾病、死亡或财产损失，依法应由被保险人负责时，保险公司在约定的赔偿限额内负责赔偿的一种保险。对被保险人应付索赔人的诉讼费用以及经保险公司书面同意负责的诉讼及其他费用，保险公司也负责赔偿，但此项费用与责任赔偿金额之和以保险合同中列明的责任限额为限。如果被保险人或其代表漏报、错报、虚报或隐瞒有关保险的实质性内容，则保险合同无效。

### （三）雇主责任保险

雇主责任保险是指被保险人所雇用的员工在受雇过程中从事与保险单所载明的与被保险人业务有关的工作而遭受意外或患与业务有关的国家规定的职业性疾病，所致伤、残或死亡，被保险人根据《中华人民共和国劳动法》及劳动合同应承担的医药费用及经济赔偿责任，包括应支出的诉讼费用，由保险人在规定的赔偿限额内负责赔偿的一种保险。三资企业、私人企业、国内股份制公司、国有企业、事业单位、集体企业以及集体或个人承包的各类企业都可为其所聘用的员工投保雇主责任险。随着《中华人民共和国劳动法》的实施及我国劳动合同制的不断完善，雇主责任保险将是企事业单位及个人转嫁上述风险的重要途径。

1. 险种特点

（1）契约责任保障：以雇主与雇员之间的雇佣合同为基础。

（2）承保责任单一：仅承保雇员从事职业有关工作时的人身伤亡，不负责任何财产损失。

（3）独立处理理赔：保险公司对索赔处理具有绝对控制权。

2. 险种分析

（1）可承保对象：三资企业、私人企业、国内股份制公司、国有企业、事业单位、集体企业以及集体或个人承包的各类企业。

（2）保险责任范围：雇员所致伤、残或死亡；雇员职业病所致伤、残或死亡；前述两项引起的医药费用及诉讼费等其他相关费用；地域范围仅限于中国境内。

3. 影响费率因素

（1）被保险人的经营性质、管理情况及以往损失记录。

（2）雇员的工种、技能、雇员人数等。

（3）赔偿限额、免赔额的高低等。

### （四）职业责任保险

各种职业责任风险因职业不同而有很大差异。因此，职业责任保险不像公众责任保险那样可以有统一的或综合的险种及相应的保险条款和保险单证。保险人必须针对不同的职业责任风险设置险种并制定专门的条款和单证。不过，从理论上，各种职业责任保险也有相同点。

1. 职业责任保险的保险责任

职业责任保险的保险责任包括对被保险人因疏忽、过失造成他人损害依法承担职业责任而支付的赔偿金和法律费用两方面的补偿责任。职业责任，不仅指被保险人自己的职业责任，还包括被保险人的前任、被保险人的雇员及从事该项业务的雇员的前任因疏忽、过失造成他人损害而导致的职业责任。依法应由被保险人承担的责任，凡与保单列明的职业无关者，或者超过赔偿限额或低于免赔额的部分，保险人不予负责。

2. 职业责任保险的除外

受害人向被保险人提出的下列索赔，由被保险人自行赔付，不在保险责任之列。

（1）因被保险人的隐瞒或欺诈行为引起的索赔。被保险人已察觉到的索赔，应如实告知保险人，否则，构成违反诚信原则的行为。因此引起索赔的，保险人不予负责。

（2）因被保险人的故意行为引起的索赔。被保险人借提供专门技术服务之机故意造成他人损害，为法律所不容，严重的构成犯罪，应追究刑事责任。

（3）对职业责任事故所致的间接损失或费用的索赔。

（4）因被保险人中伤或诽谤他人引起的索赔。

3. 职业责任保险的特约责任

经过特别约定，下列风险责任可由职业责任保险承保：因雇员的不诚实行为造成他人损害依法应由被保险人承担的赔偿责任；因文件灭失或损失而引起的索赔，如设计院因图纸丢失造成委托单位的损失而受到的索赔，可以通过扩展承保该责任，由保险人负责；被保险人被控对他人进行诽谤或中伤而引起的索赔，但基于被保险人的故意行为所致的除外。

4. 职业责任保险的保险费率

厘定职业责任保险的费率，应着重考虑以下因素：

（1）职业种类。被保险人及其雇员所从事的专门技术工作不同，面临的职业责任风险差异很大。

（2）工作场所及所在地区、国家的法律制度。

（3）工作单位的性质。有营利单位、非营利单位以及国营、集体、私有、股份单位之分。

（4）被保险人及其雇员的专业技术水平、责任心、个人品质。

（5）业务数量。被保险人及其雇员提供专业技术服务量的多少或服务对象的多寡；被保险人以往职业责任事故的统计数字及赔付情况；赔偿限额、免赔额的高低及其他承保条件等。

## 延伸阅读 6-14

### 太平洋家政雇佣责任保险

承保被保险人雇用的家政服务人员在从事家政服务过程中发生意外造成人身伤害，保险人根据合同约定负责赔偿。

1．保单利益

在保险期间内，被保险人雇用的家政服务人员在从事家政服务过程中发生意外造成人身损害，依照中华人民共和国法律（不包括港、澳、台地区法律）应由被保险人承担经济赔偿责任的，保险人将根据本合同的约定，在保险单中载明的赔偿限额内负责赔偿（见表6-11），对于条款列明的责任免除不属于保险责任范围。

表6-11　太平洋家政雇佣责任保险保单利益

| 保　障 | 保　额 |
|---|---|
| 家政服务人员意外伤害事故赔偿 | 10万元（每次）/10万元（累计） |
| 家政服务人员意外伤害事故医疗保障 | 5 000元（每次）/5 000元（累计） |

2．产品特点

承保被保险人雇用的家政服务人员在从事家政服务过程中发生意外造成人身伤害，保险人根据合同约定负责赔偿。

（资料来源：选自太平洋保险在线商城关于"家政雇佣责任险"的产品简介整理，http://www.ecpic.com. cn/chanpin/jzgyzrx/。）

## 三、掌握信用保险与保证保险

### （一）信用保险与保证保险的概念与区别

1. 信用保险与保证保险的概念

信用保险是保险人根据权利人的要求担保义务人（被保证人）信用的保险。

保证保险是义务人（被保证人）根据权利人的要求，要求保险人向权利人担保义务人自己信用的保险。

2. 信用保险与保证保险的区别

（1）信用保险是填写保险单来承保的，其保险单同其他财产险保险单并无大的差别，同样规定责任范围、责任免除、保险金额（责任限额）、保险费、损失赔偿等条款；而保证保险是出立保证书来承保的，该保证书的内容通常很简单，只规定担保事宜。

（2）信用保险的被保险人是权利人，承保的是被保证人（义务人）的信用风险，除保险人外，保险合同中只涉及权利人和义务人两方；保证保险是义务人应权利人的要求投保自己的信用风险，义务人是被保证人，由保险公司出立保证书担保，保险公司在此是保证人，保险公司为降低风险往往要求义务人提供反担保，这样，除保险公司外，保证保险中还涉及义务人、反担保人和权利人三方。

（3）在信用保险中，被保险人交纳保费是为了把可能因义务人不履行义务而使自己受到损失的风险转嫁给保险人，保险人必须把保费的大部分或全部用于赔款（甚至亏损），保险人赔偿后虽然可以向责任方追偿，但成功率很低；在保证保险中，保险人出立的保证书，履约的全部义务还是由义务人自己承担，并未发生风险转移，保险人收取的保费只是凭其信用资格而得到的一种担保费，风险仍由义务人承担，在义务人没有能力承担的情况下才由保险人代为履行义务，因此，经营保证保险对保险人来说，风险是相当小的。

### （二）信用保证保险的种类

1. 信用保险

（1）国内信用保险，亦称商业信用保险。它是指在商业活动中，一方当事人为了避免另一方当事人的信用风险，而作为权利人要求保险人将另一方当事人作为被保证人并承担由于被保证人的信用风险而使权利人遭受商业利益损失的保险。

国内信用保险包含赊销保险和贷款信用保险两种。

赊销保险，是为国内商业贸易（批发）中延期付款或分期付款行为提供信用担保的一种信用保险业务。在这种业务中，投保人是制造商或供应商，保险人承保的是买方（义务人）的信用风险，目的在于保证被保险人（权利人）能按期收回赊销货款，保障商业贸易的顺利进行。

贷款信用保险，是保险人对银行或其他金融机构与企业之间的借贷合同进行担保并承保其信用风险的保险。

（2）出口信用保险。出口信用保险是承保出口商在经营出口业务的过程中因进口商方面的商业风险或进口国方面的政治风险而遭受损失的一种特殊的保险。

出口信用保险的保险责任主要有商业风险和政治风险两种。商业风险是指买方付款信用方面的风险，又称买方风险。政治风险是指与被保险人进行贸易的买方所在国或第三国发生内部政治、经济状况的变化而导致买卖双方都无法控制的收汇风险，又称国家风险。

在出口信用保险中，保险人不负赔偿责任的项目通常有以下6项：被保险人违约或违法导致买方拒付货款所致的损失；汇率变动的损失；在货物交付时，已经或通常能够由货物运输保险或其他保险承保的损失；发货前，买方未能获得进口许可证或其他有关的许可而导致不能收货付款的损失；买方违约在先情况下被保险人坚持发货所致的损失；买卖合同规定的付款币制违反国家外汇规定的损失。

2. 保证保险

（1）保证保险主要类型有合同保证保险、司法保证保险（包括诉讼保证保险与受托保证保险）、许可证保证保险、公务员保证保险。

（2）保证保险的主要特征。

保证保险的当事人涉及三方：保证人，即保险人；被保证人，即义务人；权利人，即受益人。一般保险的当事人只有保险人与投保人。

保证保险中的被保险人对保证人（保险人）给予权利人的补偿，有偿还的义务；而一般保险的被保险人并无任何返还责任。

保证保险合同是保险人对另一方的债务偿付、违约或失误承担附属性责任的书面承诺。这种承诺是在保证保险合同所规定的履约条件已具备而被保证人不履行合同义务的条件下，保证人才履行赔偿责任。当发生保险事故且权利人遭受经济损失时，只有在被保证人不能补偿损失时，才由保险人代为补偿。因此，从本质上说，保证保险只是对权利人的担保。

保险人必须严格审查被保证人的资信。保险人只有严格审查被保证人的财力、资信、声誉的好坏及以往履约历史等，才能代替被保证人向权利人承担法律责任。

保险费实质是一种手续费。保险公司在承保一般保险业务时，都必须做好赔偿准备；一种风险能不能保险，归根结底是看承担这种风险所收取的保险费是否足以抵补这种风险发生的赔款。而保证保险是一种担保业务，它基本上是建立在无赔款基础之上的，因此，保证保险收取的保险费实质上是一种手续费，是利用保险公司的名义提供担保的一种报酬。

### （三）信用保证保险的承保与理赔

1. 信用保证保险的承保

保险人在承保时，应当采取风险控制措施。一般而言，保险人的防范风险措施主要有：

（1）对被保证人的资信严格审查后才能承保。

（2）采取共保形式，由被保险人自担一部分风险。

（3）准确分析国际政治经济形势，正确估价政治风险状况。

（4）对保证保险采取保全措施。

（5）明确保险人的有关责任。

2. 信用保证保险的理赔

（1）要求被保险人发觉被保证人出现问题时，立即通知保险人，在短期内提出赔偿请求，并提供必要的账册和材料，以供查证。

（2）发生问题后，要求被保险人主动采取措施，深入追查，在各方面给予保险人有效的配合，因追查而支出的费用，由保险人负担。

（3）保险人在进行赔偿后可以被保险人的名义代位向被保证人或第三人进行诉讼、追偿，也可以依法处分其财产或担保品。

（4）如被保险人和有关当事人达成协议和解，应取得保险人的同意，否则保险人可不受协议的约束。

## 延伸阅读6-15

**中国平安个人分期付款购车保证保险条款（全国）**

1. 保单利益

由于投保人连续三个月未按《汽车消费贷款合同》或《分期付款购车合同》履行按

期还款义务，保险人按本保险单规定负责偿还应偿还而未偿还的本金及截止出险之日止的利息（不包括罚息、违约金、逾期利息），但最高不超过保险金额。

由于下列原因造成投保人不能按期偿还欠款，导致被保险人的损失，保险人不负责赔偿：

（1）战争、军事行动、暴动、政府征用、核爆炸、核辐射或放射性污染。

（2）地震、海啸及其他人力不可抗拒的自然灾害。

（3）未经保险人同意变更《汽车消费贷款合同》或《分期付款购车合同》。

（4）因购车人或其代表的违法行为，导致车辆被罚没、查封、抵押、拍卖。

（5）被保险人或其代表的故意行为。

（6）投保人与被保险人串通损害保险人利益。

（7）投保人购车手续不全。

（8）被保险人没有按照规定的程序和审核条件对投保人进行资信调查或审核。

（9）投保人所购车车辆未在本公司购买车辆损失险和盗窃险，或者该保险在本保险有效期内中断。

（10）直接或间接由于计算机问题引起的损失。

2．产品特点

本保险为汽车新车消费贷款保证保险，是购车合同的从属合同。

本保险的被保险人为汽车经销商或经人民银行批准开办汽车消费贷款业务的商业银行。

本保险的投保人为与被保险人订立《汽车消费贷款合同》或《分期付款购车合同》的个人。

保险金额为还款本金与期内利息之和；费率据不同贷款年限而不同。

本保险的保险期限自《汽车消费贷款合同》或《分期付款购车合同》签订之日起，至上述合同规定的最后还款日期止。

（资料来源：选自中国平安保险官网关于“平安个人分期付款购车保证保险”的产品介绍，http://www.pingan.com/index.shtml。）

## 延伸阅读 6-16

### 中国人民保险公司信用和保证保险一览表

表 6-12　中国人民保险公司信用和保证保险一览表

| 中国人民保险公司 | |
|---|---|
| 险种名称 | 特色简介 |
| 1．信用卡保险 | 保险人负责赔偿被保险人因持卡人非善意透支、信用卡被盗用、其职工单独或与人串通利用被保险信用卡营私舞弊、贪污、挪用公款、任何人使用伪造的被保险信用卡，无法向责任方追回的损失 |

续表

| 中国人民保险公司 | |
|---|---|
| 险种名称 | 特色简介 |
| 2．雇员忠诚担保保险 | 承保雇员在保险期限内受雇于被保险人时，在从事雇用工作过程中，因不诚实行为使被保险人遭受的直接经济损失 |
| 3．住宅质量保证保险 | 保单中列明的由投保人开发并经当地或全国商品住宅性能认定委员会认定通过的住宅，正常使用条件下因潜在缺陷在保险期间内发生列明质量事故造成住宅的损坏，保险人负责赔偿修理、加固或重新购置的费用 |
| 4．个人贷款抵押房屋综合保证保险 | 包括财产损失保险和还贷保证保险<br>财产部分：在保险期限内由于火灾、爆炸、暴风、暴雨、雷击、地面突然塌陷等特定自然灾害、意外事故原因造成保险财产直接损失的，保险人依照本条款约定负责赔偿<br>还贷保证部分：借款合同生效后，投保人或其合法继承人连续三个月完全未履行借款合同约定的还贷义务的，视为保险事故发生，保险人负责按照本部分约定赔偿保险事故发生时投保人所欠的全部借款本金和借款利息 |
| 5．产品质量保证保险 | 该保险是保险人基于对投保人（生产或销售企业）产品质量的信任，为其向受益人（产品购买者或消费者）保证产品质量有效性的保险业务。当投保人所投保的产品因保单列明的原因导致权利人向被保险人索赔时，保险人对依法应由被保险人承担的产品本身的质量赔偿责任进行赔偿 |

（资料来源：选自中国人保官网关于“信用保险和保证保险”的产品介绍整理，http://www.picc.com.cn/html1/insure/16063/283-1.htm。）

## 同步练习

1．保险产品具有哪些特征？它对于保险销售有什么要求？

2．如何认定意外伤害保险事故？

3．医疗费用保险中为什么要规定观察期、免赔额、共保等条款？

4．企业财产保险基本险与综合险的保险责任有何不同？

5．我国为什么要实行机动车交通事故责任强制保险（简称交强险）制度？它有什么优点？

## 典型案例分析

### 平安福（2019）保险计划产品分析

1．产品简介

产品名称：平安福保险（2019）保险计划

产品类型：主险为终身寿险+附加重大疾病保险

投保年龄：0 周岁（出生满 28 日且已健康出院）至 70 周岁

交费期间：5 年交、10 年交、15 年交、20 年交、30 年交

保险期限：至 80 周岁

2. 保险责任

（1）保险病种拓宽至 150 种，保障更加广泛。100 种重疾，50 种轻症。等待期之后初次发生合同约定的 100 种重大疾病，赔付基本保险金额；等待期之后初次发生合同约定 50 种轻症，赔付基本保险金额的 20%。

（2）身故保障至终生。被保险人在保险期内发生身故，赔付基本保险金额。

（3）恶性肿瘤多次赔，轻症最多赔三次。

（4）可附加暖心保恶性肿瘤、心脑血管、肝肾等相关疾病保障及长期意外保障，满足个性化需求。

（5）发生轻症涨保障额度，运动达标涨保障额度。

70 周岁保单周年日前每发生一次合同约定的轻症、身故及重大疾病，保障额度分别增加主险及重疾险基本保险金额的 20%。

被保险人参加指定的运动记录平台活动，且在前两个保单年度内累计 18 个月或 24 个月每月至少有 25 天运动步数不少于 10 000 步，从第三个保单年度开始，主险身故金及重疾保险金分别可增加主险及重疾险基本保险金额的 5%或 10%。

3. 可附加险种

| | |
|---|---|
| 平安附加平安福 19 提前给付重大疾病保险 | 平安附加豁免保费重大疾病保险 |
| 平安附加住院费用医疗保险（A） | 平安附加住院费用医疗保险（B） |
| 平安附加意外伤害保险（2013） | 平安附加残疾意外保险 |
| 平安附加意外伤害医疗保险（A） | |

4. 参考费率表

平安福 19 终身寿险费率表

（每万元基本保险金额）

性别：男性

单位：元

| 投保年龄 | 10 年 | 15 年 | 20 年 | 30 年 |
|---|---|---|---|---|
| 20 | 222 | 158 | 129 | 97 |
| 25 | 264 | 188 | 153 | 116 |
| 30 | 314 | 223 | 182 | 139 |
| 35 | 377 | 269 | 220 | 168 |
| 40 | 447 | 319 | 262 | 202 |

续表

| 投保年龄 | 10年 | 15年 | 20年 | 30年 |
|---|---|---|---|---|
| 45 | 535 | 383 | 316 | 247 |
| …… | | | | |

附加平安福19提前给付重大疾病保险费率表

（每万元基本保险金额）

性别：男性

单位：元

| 投保年龄 | 10年 | 15年 | 20年 | 30年 |
|---|---|---|---|---|
| 20 | 164 | 116 | 95 | 75 |
| 25 | 186 | 132 | 109 | 87 |
| 30 | 212 | 151 | 126 | 104 |
| 35 | 240 | 173 | 147 | 125 |
| 40 | 277 | 203 | 177 | 156 |
| 45 | 314 | 238 | 213 | 197 |
| …… | | | | |

（资料来源：选自平安人寿保险官网关于“平安福（2019）保险计划”的产品介绍，http://life.pingan.com。）

仔细阅读上述案例并组织学生分组讨论下列问题。讨论完毕后要求每组派出一名代表对本组讨论结果进行评述，时间不超过5分钟。各组评述后由教师进行总结点评。

1. 请根据材料信息对平安福（2019）保险计划继续产品分析。分析报告由保单利益、产品特色、目标客户群、营销渠道和投保示例（包含图表）组成。

2. 王先生今年30岁，私营业主，年收入20万元，工作上需要经常出差，从没有购买过保险。请为王先生设计一份保险计划，根据材料信息提供合适的附加险种，并且科学设置保额和保费。

## 销售工具

1. 保险产品基本形态比较表

| 项目名称 | 中国人寿 | 中国平安 | 中国人保 | 泰康人寿 | 太平洋人寿 |
|---|---|---|---|---|---|
| 1. 在售及开发时间 | | | | | |
| 2. 投保范围 | | | | | |
| 3. 保险期间 | | | | | |
| 4. 等待期 | | | | | |

续表

| 项目名称 | | | 中国人寿 | 中国平安 | 中国人保 | 泰康人寿 | 太平洋人寿 |
|---|---|---|---|---|---|---|---|
| 5. 犹豫期 | | | | | | | |
| 6. 保险责任项目总数 | | | | | | | |
| 7. 保险责任 | ① | 等待期内 | | | | | |
| | | 等待期后 | | | | | |
| | ② | 等待期内 | | | | | |
| | | 等待期后 | | | | | |
| 8. 交费方式 | | | | | | | |
| 9. 交费期间 | | | | | | | |
| 10. 其他事项 | | | | | | | |

2. 年金产品比较表

| 产品名称 | 保额 | 生存金领取方式 | 本金 | 保障 | 收益率 | |
|---|---|---|---|---|---|---|
| | | | | | 70～80 岁 | 80～90 岁 |
| | | | | | | |
| | | | | | | |
| | | | | | | |
| | | | | | | |

3. 万能险比较分析表

| 公司名称 | 产品名称 | 首年度初始费用 | 初始费用高低比较 | 最低保证利率 | 保证利率高低比较 | 目前实际公布利率 | 公布利率高低比较 | 保障期限 | 保单管理费 |
|---|---|---|---|---|---|---|---|---|---|
| 太平人寿 | | | | | | | | | |
| 泰康人寿 | | | | | | | | | |
| 友邦 | | | | | | | | | |

## 综合实训

由学生两人一组，持本系或本学院或某公司的介绍信，走访一户家庭，根据其家庭情况，设计一份家庭保险产品组合。

1. 填写销售工具中的“保险产品基本形态比较表”，根据其家庭情况，设计一份家庭保险产品组合。

2. 由一个同学扮演保险销售人员，一个同学扮演客户，就你所设计险种条款和费率、保额等进行模拟阐述，目的是通过通俗易懂的语言让客户明白产品的内涵。

3. 根据客户的理解情况，通过提问或问卷的形式收集客户对产品满意度的评价，并且提交实训报告。

# 项目 7

# 设计与制作保险建议书

## 学习目标

**知识目标**

- 了解保险建议书的设计步骤；
- 了解保险建议书的文本内容和文本形式；
- 了解风险管理建议书的结构；
- 了解个人及家庭人身保险建议书的设计原则；
- 掌握运用各类保险建议书的设计与制作方法和技巧。

**技能目标**

- 能说出保险建议书的设计步骤；
- 能指出保险建议书的主要内容；
- 能设计与制作财产保险风险管理建议书和保险建议书；
- 能设计与制作个人及家庭和团体人身保险建议书；
- 能熟练使用保险师 App，为客户制作保险建议书；
- 能熟练向客户讲解保险建议书。

## 案例导读

### “夹心层”如何做好保险规划

临近新年，“夹心层”群体就会陷入痛并快乐的困境中。每到这个时候，“夹心层”常常叫苦不迭，迷茫不已，除了过节该送什么礼品这种问题，如何照顾好一家老小，如何规划相关的保障是“夹心层”面临的主要问题。

所谓“夹心层”，是指在“4-2-1”“4-2-2”式的家庭结构下，那些“上有老、下有小”的家庭支柱。相关数据显示，大多数“夹心层”都热衷于为孩子买保险，而忽略作为家庭经济支柱自身的保险保障。

对此，理财专家表示，“夹心层”作为家庭的“顶梁柱”，应首先考虑为自己购买足够的保障，为家庭保障系统设置第一道预防屏障。

“按理说挣得不比别人少，可仍觉得手头紧。”从事 IT 行业的刘先生为自己算了一笔账，自己每月饭费 900 元，给父母养老金 1 000 元，房租 2 000 元，生活费 1 200 元，这么一算下来，每月剩余寥寥无几。现在双方父母年事已高，万一有个大病小灾的，治疗费用都是个事儿。

从案例中我们可以看出，刘先生是典型的“夹心层”，那么，像他这样的家庭该如何做好保障规划呢？对此，保险专家建议，刘先生作为维持家庭生活幸福及稳定的源动力，可以通过合理的资产配置，为家庭保障系统设置全面的保障。同时，专家提醒，为了保证整个家庭的经济不受影响，刘先生应该首先考虑为自己购买足够的保障。

关于保险购买额度，保险专家建议客户根据年收入水平，以及投保人个人收入对家庭总收入的贡献度来确定保额。例如，对于年收入 12 万元左右的，建议重疾险的保额至少达到 30 万元，而年收入在 20 万元以上的，特别是家庭的主要经济支柱，建议保额可以达到 50 万元，这样才不会因为家庭的经济支柱身患重疾之后，整个家庭的生活品质严重下降。

**辩证性思考：**

1. 请列举三家保险公司的重疾型产品，它们有何特色？
2. 如果生活中遇到了“夹心层”的客户，你会向他推荐哪些保险产品？
3. 除了给家庭支柱提供重疾保障，还有哪些其他需求？

# 任务 1　初识保险建议书

保险建议书，也称保险计划书、保险规划书，是从客户现状及潜在保险需求的角度出发，分析保险市场，设计保险方案，提出操作流程，以书面形式、通俗易懂的语言向客户提供专业的保险建议，从而协助客户完善风险管理体系的可行方案。

## 一、保险建议书的必要性

### （一）使保险产品“有形化”，建立客户信任感

保险产品是一种特殊的劳务商品，保险合同是射幸合同，只有当合同约定的保险责任发生后保险人才履行赔偿或给付保险金的义务。对于客户而言，其所购买的是未来的保障，看到的是一纸承诺，保险产品本身看不见、摸不着，所以，很难在一开始就对保险产生信任感。而通过保险建议书，将无形的风险展现在客户面前，使客户对其所要购买的保险产品的效用一目了然，方便客户做出保险选择。

### （二）使保险条款通俗化，便于客户理解

保险合同是附合合同，实务中，通常是由保险公司事先拟订，由客户来做出是否同意的意思表示。由于客户缺乏保险专业知识，其在做出意思表示时，并不能真正了解保险合同是否切实符合其风险保障的需求、是否能有效规避风险等问题。因此，客户需要

专业的意见来弥补这种不足。

### （三）体现公司专业化形象，便于客户决策

一份专业的保险建议书，不仅能增加客户信心，还应该便于客户做出投保决策。随着消费者文化层次、保险意识的不断提高，消费意识的不断成熟，以及经济体制改革的不断深化，现代企业制度的逐步建立和健全，个人和企业投保行为将越来越规范化。总之，不论是单位、团体还是个人，投保决策将更趋向于理性。保险建议书，回答了客户“为什么要买保险”“为什么要买这家公司的保险”等问题，迎合了客户理性投保的需要。

随着中国保险市场竞争主体的进一步增加，以及保险经营方式进一步与国际接轨，销售保险的过程其实就是展示公司的专业与实力，就是与竞争者比服务与形象的过程，保险建议书作为一种销售武器，将发挥它独特而重要的作用。

## 二、保险建议书的设计步骤

一般来说，保险建议书的设计包括三个步骤：客户资料的收集与整理，客户保险需求分析，拟定保险产品组合。

### （一）客户资料的收集与整理

在设计保险建议书之前，通过与客户接触、会谈、问题讨论等，从中逐步收集和掌握客户的一些资料与信息，包括客户基本资料、财务信息、风险状况、已有保障等，为下一步保险需求分析提供基础。

客户资料的收集与整理可以采用问卷调查的方法。使用问卷调查所收集的信息比较有条理、有系统。问卷调查表可以自己灵活设计，也可以采用制式问卷或表格，还可以通过其他各种途径如广告媒体、他人介绍等方法来收集客户资料。

### （二）客户保险需求分析

在掌握客户基本资料的基础上，要对客户的保险需求做出合理评估，便于下一步根据不同客户不同的风险特性和需求偏好，推荐真正能让客户满意的保险产品。

1. 个人和家庭的保险需求

在寿险方面，个人和家庭的保险需求一般包括教育费用需求、生活费用需求、退休养老金需求、避税需求、家庭生活保障需求、医疗费用需求、储蓄保值需求等。在非寿险方面，个人和家庭的保险需求主要体现在规避因财产风险、责任风险及信用风险等可能造成的经济损失，如表7-1所示。

表7-1 现代家庭财产风险分析

| 风险 | 风险源 |
| --- | --- |
| 火灾、爆炸 | 现代家用电器（如热水器、各种烹调或加热容器等）、管道煤气或液化气的广泛使用，各类电线、管道的交错布置 |

续表

| 风　险 | 风 险 源 |
| --- | --- |
| 盗窃、抢劫 | 高档服装、便携式家用电器的集中，家庭财富，如现金、首饰的增多 |
| 管道破裂及水渍 | 家庭供暖及制冷装置的普及，各种管道的破裂或渗漏 |
| 第三者责任 | 火灾、爆炸、高空坠物 |

2. 企业团体的保险需求

在寿险方面，企业团体的保险需求主要包括员工退休保障需求、员工和干部福利需求、合理避税需求、弥补社保不足的需求、留住人才的需求、创造财富的需求等。例如，三资企业由于国外保险业的发展已经相对成熟，该类企业的外方老板大多优先考虑投保一些风险转移的险种，如意外险和医疗险，而不是投保储蓄养老险种。在满足客户的保障需求后，养老险也可适时推出。而国有企事业单位由于受思维习惯和观念的影响，他们大多热衷于一些回报稳健的储蓄型险种，以此来提高员工福利待遇和单位的凝聚力。所以在分析客户保险需求时就应该进一步了解企业的组织和经营状况，为客户提供符合实际需求的保险保障。在非寿险方面，企业团体的保险需求主要体现在财产及其有关利益在发生保险责任范围内的灾害事故时，获得经济补偿的需求。针对保险标的而言，主要包括企业财产保险需求、运输工具保险需求、货物运输保险需求、工程保险需求、农业保险需求等。

## 延伸阅读 7-1

### 大额保单体现保险的功用

10 月 24 日，南京一家大型寿险公司的营销经理李女士接受《扬子晚报》记者采访时透露，就在最近，公司在浦口出现了两个 1 000 万元的投保单子，投保人的年龄在 40～50 岁，其中一位是企业主，另一位家里房产比较多。

"他们事业有成，有充裕的资金，比较注重养老和家庭财富传承。"她介绍，这两笔投保的产品都是年金类产品，对资金的安全性要求比较高。

"投资渠道窄，银行的利率也不是太高。相比较而言，他们更看好保险产品的长期稳健收益。"李女士介绍，尤其是企业主们，他们有财富传承的考虑，就更看好大型保险公司的信用。

为什么要投保大额保单？

南京一家保险公司的资深销售经理罗女士接受《扬子晚报》记者采访时介绍，她做过的大额保单一般在 500 万～800 万元，险种是分红型终身寿险（保额递增），投保人以 45 岁以上的客户居多。

她介绍，这部分客户总体的考虑，是希望能通过投保的方式，把钱按照自己的意愿给到受益人，具体分以下 4 种情况：

（1）确保能有一笔钱给到孩子，以完成孩子 30 岁前的学习、生活的支出。"因为我们的保险有个‘类信托’的概念。如果投保人身故了，可以按照其意愿对保额进行分配，比如每年拿多少、额度多少，可以约定，也可以调整。”

（2）希望能对财产进行保全。有的投保人的资产是自己好不容易打拼下来的，希望将来能让孩子单独拥有，而不希望因为婚姻而被“另一半”分割。

（3）有的企业主希望通过大额保单进行“资债隔离”。罗女士介绍，这种情况比较适合企业主，但她接触的圈子跟企业主互动不多，所以没有直接的例子，但听说过的不少。

（4）避税的考虑。遗产税现在没有实行，但从长远来看是必然的趋势。从节税避税的角度来看，终身寿险最具优势。

（资料来源：节选自凤凰网房产2019年10月25日的文章“南京再现1 000万元大额保单 投保人房产比较多”，https://baijiahao.baidu.com/s?id=1648332561429932215&wfr=spider&for=pc，节选时有删改。）

### （三）拟定保险产品组合

在科学分析客户的保险需求后，就应该本着满足客户需求、以最合理的成本获得最全面的保障、促进销售等原则为客户提供科学的保险产品组合。保险产品组合思路：一是主附搭配，即主险与附加险之间的搭配，如主险+主险、主险+附加险。主险包括终身险、定期险、两全险、年金险等，附加险包括意外伤害、意外医疗、住院医疗、住院津贴、附加定期险等。二是功能搭配，即具有不同功能特性的险种搭配，如保障型、储蓄返还型、投资型产品之间的搭配等。三是不同保险期限或交费期限产品的搭配，如长期险与短期险的搭配。一般来说，财产险、意外险、医疗险大多属于短期险，而终身寿险、养老险、健康险等属于长期险。

## 延伸阅读 7-2

### 人保美满 e 家组合保险（家庭保险）产品介绍

美满 e 家组合保险（家庭保险）产品是中国人民保险公司推出的一款保险产品。该产品荣获第七届中国保险创新大奖“最佳产品组合”奖，系业内首款实现“车”+“房”+“人”的网上一站式投保，体现“保险@家”全新理念。一张保单保全家，每天只需1元钱，人保车险用户更享专属特惠价的保险险种。

1．保障方案（见表 7-2）

表 7-2　美满 e 家组合保险（家庭保险保障方案）　　单位：元

| 保障项目 | 保险金额 | 保障说明 |
|---|---|---|
| 火灾爆炸保险 | 5万～100万 | 承保由于火灾、爆炸等原因导致的房屋及室内附属设施、室内装潢和室内财产损失。每次事故，房屋及室内附属设施、室内装潢、室内财产总共绝对免赔额200元 |
| 盗抢险 | 1万～10万 | 承保经公安机关确认的因遭受外部人员盗窃、抢劫行为所致丢失的直接损失，每次事故绝对免赔额200元 |

续表

| 保障项目 | 保险金额 | 保障说明 |
| --- | --- | --- |
| 管道破裂及水渍险 | 1 万～10 万 | 承保因室内的自来水管道、下水管道和暖气管道（含暖气片）突然破裂致使水流外溢或邻居家及公共区域漏水造成的室内装潢、室内财产损失，每次事故绝对免赔额 200 元 |
| 居家责任保险 | 2 万～10 万 | 承保被保险人或其家庭成员在家庭住址内因过失造成第三者人身伤亡或财产损失，每次事故免赔率 20% |
| 意外身故给付 | 1 万～50 万 | 因意外伤害而不幸导致身故的，将按保险合同给付身故保险金 |
| 意外残疾给付 | 0～50 万 | 因意外伤害而不幸导致残疾的，将按保险合同给付残疾保险金 |
| 意外住院津贴 | 50～100 元/天 | 提供因意外伤害而入住医疗机构进行治疗的每日住院津贴。住院津贴免赔天数 3 天，每次最多给付 60 天，总给付最多 180 天 |

注：以上保障说明仅为简要介绍，详情以保险条款为准。

2．投保须知

（1）机动车辆保险、家庭财产保险、责任保险的被保险人只能为被保险人本人（需为18～64 周岁）；意外伤害和健康保险的被保险人可选为被保险人本人（需为18～64 周岁）、配偶、子女、或父母。

（2）意外伤害和健康保险的被保险人的年龄为 6 个月到 85 周岁。

（3）意外伤害和健康保险的被保险人的年龄为 6 个月到 9 周岁时，其各个保险合同项下的意外身故最高保险金额不超过 20 万元。

（4）意外住院津贴免赔天数 3 天， 每次给付最高天数 60 天，总给付日数最高以 180 天为限。

（5）保险房屋是指被保险人用于居住的非砖木结构的房屋。

（6）学生宿舍、员工宿舍、群租房等不在保险保障范围内；理赔时需要提供房产证明或租住证明等材料。

（资料来源：中国人民保险公司官网，http://property.picc.com/jiatingbaoxian/mmejzhbx/，节选时有删改。）

## 三、保险建议书的文本内容

保险建议书的内容并没有固定的格式，其核心可概括为“从风险的角度谈保险、从保险的角度谈风险管理”。保险建议书的这种理念，就是要引导客户“运用保险手段管理风险，把保险作为风险管理的重要手段之一”，既能认识到保险的必要性，又能认识到保险的非充分性，此为保险建议书的精髓所在。

一般来说，保险建议书文本内容框架如下：

- 前言（需求分析）；
- 保障内容（含推荐险种、保障范围、保险责任、保险金额）（下文略）；
- 保费计算；
- 配套服务项目；

- 本保险建议的优势、特色分析；
- 公司介绍；
- 附上条款。

### （一）前言（需求分析）

此部分一般向客户分析和陈述购买保险的好处和利益，即说服客户“为什么”买保险。需求分析常见关键句有“弥补企业自保的局限性”“摆脱企业工伤医疗责任的沉重负担”“减轻您及您家庭的后顾之忧”“表现出您对家人的爱和责任感，并体现出您的社会身价”“帮助您轻松理财”等。

### （二）保费计算

一般情况下，选定套用费率，列出保费计算公式和保费额即可。但对较复杂的企财险、工程险等，鉴于保费谈判具有较大弹性，并且保险公司常常面临竞争同业的价格竞争，为了让本公司的现行费率更有说服性，常可采取费率比照法说服客户，格式如表7-3所示。

**表7-3　保费计算**

| 投保标的项目 | 保险金额 | 标准费率 | 保费计算公式 | 保费 | 现行费率 | 现行保费 |
|---|---|---|---|---|---|---|
| …… | …… | …… | …… | …… | …… | …… |
| 合计 | …… | …… | …… | …… | …… | …… |

**实例7-1　关于家庭财产保险保费计算（见表7-4）**

**表7-4　家庭财产保险基本费率表**　　单位：元

<table>
<tr><th>险　别</th><th>项　目</th><th colspan="4">费率（‰）</th><th>免赔额</th></tr>
<tr><td rowspan="3">主险</td><td>房屋及室内设备</td><td colspan="4">1.0</td><td>0</td></tr>
<tr><td>室内装潢</td><td colspan="4">1.2</td><td>0</td></tr>
<tr><td>室内财产</td><td colspan="4">1.2</td><td>0</td></tr>
<tr><td rowspan="7">附加险</td><td>盗抢保险</td><td colspan="4">3.0</td><td>200</td></tr>
<tr><td>家用电器用电安全保险</td><td colspan="4">1.2</td><td>0</td></tr>
<tr><td>管道破裂及水渍保险</td><td colspan="4">2.0</td><td>0</td></tr>
<tr><td>现金、首饰盗抢保险</td><td colspan="4">3.0</td><td>0</td></tr>
<tr><td rowspan="3">第三者责任保险</td><td colspan="4">赔偿限额（万元）</td><td></td></tr>
<tr><td>1</td><td>2</td><td>5</td><td>10</td><td rowspan="2"></td></tr>
<tr><td>4‰</td><td>3‰</td><td>2.5‰</td><td>2.0‰</td></tr>
</table>

### 投保案例

2019年6月，李虹以60万元人民币的价格在北京市海淀区交大东路购得70平方米的住房一套，花费5万元用于装修，10月中旬装修完工入住。11月初，李虹在我公司投保了家庭财产保险。其中，房屋保险金额为30万元，室内装潢3万元，室内财产3万元，同时为保证木地板的安全，李虹还加投了7 000元的管道破裂及水渍保险。

根据公司规定的基本费率，李虹应交的保费金额为：

应交保费 $= 300\,000\times1.0‰ + 30\,000\times1.2‰ + 30\,000\times1.2‰ + 7\,000\times2.0‰= 300 + 36 + 36 + 14 = 386$（元）

### （三）配套服务项目

鉴于客户服务将是保险公司竞争的未来趋势，此部分尤其要显示公司的差异化服务竞争优势。可陈述项目包括本公司的服务网络及组织架构和本公司的服务项目及内容，如风险咨询、风险评估、防灾减损、风险管理知识培训等风险管理服务、理赔服务、热线电话服务、VIP 客户特殊服务及各项超值服务。

### （四）本保险建议的优势、特色分析

可对本保险建议的保障范围、保险价格、保险服务的个性化优势等加以点评，以便增强本保险建议的吸引力和说服力。例如，针对保费项，可把客户防灾减损及损失补偿自筹资金措施所花费成本（含机会成本）与购买商业保险所花保费在经济性、成效性、便利性及实施可能性等方面进行对比，突出买保险的独特优势。

### （五）公司介绍

此部分内容可对公司历史、规模、承保能力、曾承保的重要项目及现行销售的保险种类加以介绍。例如，“承保能力”涉及本公司资本金、准备金、近年保费收入、赔款额、利润额及再保险支持等。

### （六）附上条款

保险建议书只是主要内容说明，其他方面及细节问题都应以具体条款为准。

## 四、保险建议书的文本形式

“文本内容”部分探讨的是“写什么”，而“文本形式”探讨的是“怎么写”，涉及文本格式和文本类型等方面。

### （一）文本格式

文本格式须讲究章法，讲究章法则讲究组织条理；文本格式也应避免平板单调。为富于变化，建议书文本除了文字内容外，可适当穿插表格和图示，使内容更简洁、条理化，并更直观，从而使文本更富表现力。例如，关于保障内容与保费计算部分就可使用综合表格；而风险评估中有关建筑物周围环境信息即可画图直观表现；有关数据的变化也可用坐标趋势图来展示。

### （二）文本类型

建议书可分为复杂型、简单型，如企财险、工程保险、一揽子综合保险、团体保险，由于涉及标的或保险对象繁多，分析因素众多，财产保险建议书需包含风险评估、防灾

减损、保险建议及自担风险等内容。团体人身保险需要交代财税法律法规背景知识，尤其是年金类产品还要介绍账户管理情况等。以上这些险种的保险建议书大多属复杂型保险建议书，而一般分散性业务（如车险、家财险、个体工商户财产保险和个人及家庭人身保险等）只需独立的保险建议书就行，属简单型。就保险建议书而言，还可分为险种组合建议书和单险种建议书，险种组合包括不同主险的组合，也包含主险与附险的组合；单险种建议书往往只涉及对独立险种的保险建议。

### （三）保险建议书的注意事项

（1）切合实际，符合客观需求。设计保险建议书必须在客户风险评估和保险需求分析的基础上进行。

（2）熟练、灵活地应用条款，运用本保险公司政策优势，设计合理的险种搭配，在同行业竞争中获胜。

（3）突出服务优势。因服务是保险计划的重要组成部分，优质的服务能进一步加深对客户的了解，拉近距离，得到对方的信任和肯定。

（4）简洁易懂，层次分明，善用图表，使数字形象化。

**实例 7-2　保险建议书文本格式**

（封面）

别人都说我很富有，拥有很多的财富，其实真正属于我个人的财富，是给自己和亲人买了足够的人寿保险。——李嘉诚

**全家福寿险计划书**

×××先生　敬启

______人寿保险公司____分公司

寿险顾问：　　　　电话：

（扉页）

如果有一部印钞机，我们是应该照顾机器，还是照顾印出来的钞票？肯定选择照顾机器。因为钞票没有了可以再印，但机器没有了，就什么都没有了。事业成功人士就如同一部印钞机。

一个40岁的人，一年可以赚10万元，以每年增长5%计算，一直到60岁退休，总计将不止300万元，如此巨大的财产当然要妥善维护照料，最简单的方法就是买人寿保险。人自身的价值是最重要的，所以千万要照顾好自己。

许多人对保险不感兴趣，认为保险的收益太低，他们宁肯把资金投在相对风险较高的股票、债券等项目上。其实，真正懂投资的人都知道：不把鸡蛋放在同一个篮子里。他们常把资金四等分，平均投资在股票、债券、房地产和保险上。当前面三项获得高收益时，保险正好帮助他们节税；当前面三项遭遇失败时，保险却能及时保障他们的生活经济来源，或者提供他们东山再起的资金。

（主体部分）

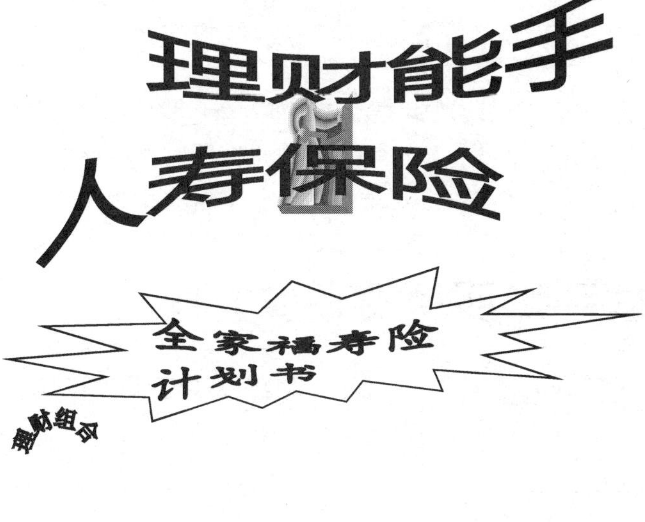

被保险人：　　　　　　　年龄：　周岁

| 险种名称 | 基本保额（万元） | 交费期（年） | 保费（元） |
|---|---|---|---|
| 康宁定期 | 13 | 20 | 5 850 |
| 吉祥卡 | 3 | 1 | 100 |
| 合计 | 16 | | 5 950 |

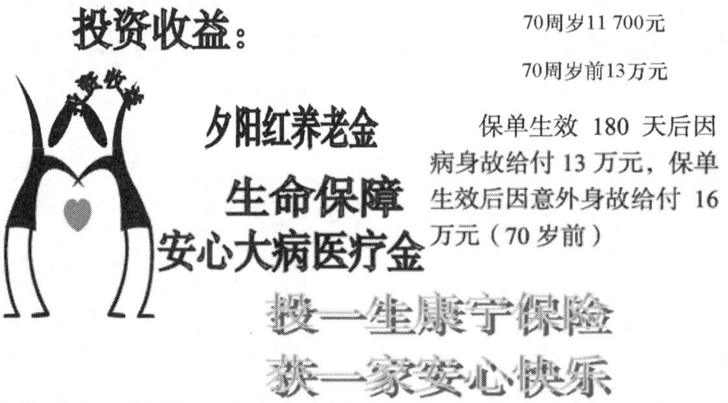


（此计划书只提供保障的基本信息，具体细则以保险条款为准）

## 五、保险建议书的客户群定位

有调查资料表明，企业、单位、团体的性质不同，影响其投保决策的重要因素也有很大差异（见表 7-5）。保险建议书的主要目标客户群是专业服务型和综合型客户，这两类客户的投保行为更趋向理性和规范，保险公司的专业水准、服务品质和综合实力最能影响其投保决策。

表 7-5　保险建议书的客户群定位

| 投保决策重大影响因素类型 | 客户群 |
|---|---|
| 专业服务型 | 三资企业、股份制企业、高新技术企业 |
| 关系型 | 国有企事业单位 |
| 价格型 | 私营、乡镇、集体企业 |
| 综合型 | 大项目工程、统保行业 |

针对个体投保人而言，年龄、文化层次、职业、个性也在很大程度地影响其投保行为。理智型客户往往是保险建议书的目标客户群。理智型投保客户群往往具有如下特征：中、老年龄层，受过较高等的学历教育，从事智力型、信息型职业，工作严谨而有责任感。

# 任务 2　设计与制作财产保险建议书

由于保险是风险管理的手段之一，保险方案应是被保险方风险管理方案的一个有机组成部分。客户分为不同类型，有财产保险客户和寿险客户，有团体客户和分散型客户，有大客户和小客户，有法人客户和自然人客户等。不同的客户对风险管理的需求也不尽相同。一般来说，投保财产保险的客户比投保寿险的客户更具有风险管理需求，团体客户、大客户、法人客户具有相对较强的风险管理需求。因此，在针对具有风险管理需求的客户销售保险产品时，除了为其提供保险建议书，还应首先为其提供科学合理的风险管理建议书；除了当好客户的保险顾问，还要当好客户的风险管理顾问。

## 一、风险管理建议书

### （一）风险管理建议书的内容框架

完整的风险管理建议书内容框架如图 7-1 所示。

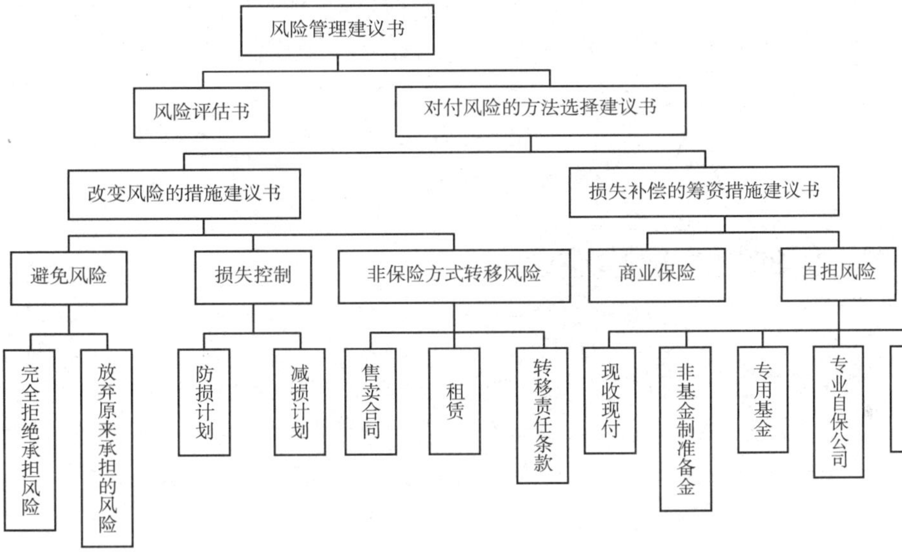


图 7-1　完整的风险管理建议书内容框架

在图 7-1 所示的各种风险管理方法中，避免风险、非保险方式转移风险及发生损失后自担筹资风险等几种方法的实施，一般会较大程度地受到某些客观条件的限制。因此，一般企业、团体、单位和个人在选择对付风险的方法时，较多地选择损失控制或购买商业保险即向保险公司转移风险。

鉴于以上分析，保险销售人员向客户提供的风险管理建议书一般可包括三部分，如图 7-2 所示。

图 7-2　风险管理建议书的一般内容

### （二）风险评估书的内容框架

- 行业、产品风险等级；
- 同类标的以往损失情况；
- 本标的以往损失情况；
- 建筑物类型；
- 建筑物及生产工地周围环境情况；
- 建筑物及生产工地安全设施情况；
- 生产经营流程各环节潜在损失风险故障树分析（Fault Tree Analysis，FTA）。

### （三）防灾减损建议书的内容

（1）防灾建议。例如，建造防火建筑物、改进技术、规范生产流程、颁布安全规章、考核驾驶资格、提供劳保用品等减少损失可能的方法措施。

（2）减损建议。例如，安装自动喷淋灭火系统和防盗警报系统、设置货物垫架、进行防火空间区隔、工伤抢救、内部会计监督和现金安全保护、安全驾驶等减轻损失程度的措施。

## 二、几种常见的财产保险建议书

财产保险建议书可按保险标的分为企业财产保险建议书、建筑安装工程保险建议书、机动车辆保险建议书、责任保险建议书、家庭财产保险建议书等。一般来说，企业财产保险建议书、建筑安装工程保险建议书可按复杂型保险建议书模型来设计制作，即有必要为客户提供包括保险建议在内的风险管理建议书；而机动车辆保险建议书、责任保险建议书、家庭财产保险建议书可按简单型保险建议书模型来处理，即只需提供单独的保险建议书。

### 延伸阅读 7-3

**××保险经纪公司为一建筑工程提供的风险管理及保险建议书目录**

第一部分　序言

第二部分　××保险经纪公司服务内容

第三部分　项目情况

一、工程建设的背景

二、工程状况介绍

三、项目建设总体进度安排

第四部分　风险识别

一、决策风险

二、设计风险
三、建设和设备风险
四、信用风险
五、完工风险
六、经营风险
七、不可抗力风险
第五部分 风险防范
一、决策风险的防范
二、设计、建设和设备风险的防范
三、信用风险的防范
四、完工风险的防范
五、经营风险的防范
六、不可抗力风险的防范
第六部分 总体评价及风险转移建议
第七部分 总体保险方案
结束语

## 延伸阅读7-4

### 汽车保险如何买

当我们购置新车的时候，总是难免遇到一大堆保险的选择，那么汽车保险怎么买划算？很多车主为了节省，往往只购买一个交强险，发生事故以后发现赔偿的额度有限，其实汽车保险的选择应该从多方面去考虑，下面就来为大家详细讲解一下汽车保险怎么买划算。

**汽车保险买哪几项好**

（1）交强险是在新车上牌时必须购买的汽车保险，第一年的费用950元，如果没有发生事故，逐年略有递减。这个险种赔偿是相当低的，在被保险机动车有责任的前提下，死亡伤残最高赔偿限额是11万元，医疗费用的赔偿是1万元，财产赔偿仅仅2 000元。很多车主为了节省保险费用，仅仅购买一个交强险，而一旦发生交通事故，光车损的损失就很大，仅仅2 000元的财产赔偿，恐怕远远不够。所以只买交强险的做法，我们是不提倡的。

（2）车辆损失险：车辆损失险是指保险车辆遭受保险责任范围内的自然灾害（不包括地震）或意外事故，造成保险车辆本身损失，保险人依据保险合同的规定给予赔偿。车辆损失险的费用和车辆的价值挂钩，根据车辆购买价格不同，费用会有较大的差别。一些使用年限较长的车型，这个费用会稍微偏低一些。

（3）第三者责任险（合理购买搭配）是指被保险人或其允许的驾驶人员在使用保险车辆过程中发生意外事故，致使第三者遭受人身伤亡或财产直接损毁，依法应当由被保险人承担的经济责任，保险公司负责赔偿。交强险在对第三者的财产损失和医疗费用部分赔偿较低，可考虑购买第三者责任险作为交强险的补充。

**汽车保险怎么买划算**

（1）经济保障型组合：交强险、车损险。特点：这个组合适合驾驶技术非常好的车主，能保证自己是个不出事故的老司机。

（2）通用实惠型险种组合：交强险、车损险、不计免赔、第三者商业险。这个组合的性价比最高，车主最关心的大风险都纳入了保障，最关键是保费也不高。

（3）豪华全面型险种组合：交强险、车损险、不计免赔、第三者商业险、车上人员责任险、全车盗抢险、玻璃险、划痕险、涉水险。特点：适合新手司机，刚入手的新车和需要全面保障的车主购买。

大家可以根据自身的情况去选择，只有适合自己的汽车保险才是最划算的汽车保险。

（资料来源：节选自股城网于2017年9月23日刊载的文章“汽车保险怎么买划算　汽车保险买哪几项好”，https://baijiahao.baidu.com/s?id=1579320951829740261&wfr=spider&for=pc，节选时有删改。）

# 任务3　设计与制作人身保险建议书

个人及家庭与团体单位这两大类客户群体在保险需求和投保行为方面都存在着较大差异，因此，有必要分别针对个人及家庭、团体单位来探讨人身保险建议书的设计与制作。

## 一、设计与制作个人及家庭人身保险建议书

### （一）个人及家庭人身保险建议书的设计原则

保险建议书的设计应该是在对准客户的具体情况大致了解、找到准客户的需求点和购买点之后，根据其适当的需要、所能负担的保费、所需要的保额为其完整搭配，量身设计。所以在设计保险建议书时，应遵循一定的原则，才能设计出优质的保险建议书。

1. 找准购买点原则

“购买点”即客户的“需求点”，就是客户购买保险的理由。在为客户制定保险建议书之前，应对客户个人及家庭面临的主要风险或未来的主要经济需求进行分析，如伤残、死亡、疾病等风险或养老金、子女教育金等经济需求。

2. 全面保障原则

在同样费率标准下，保额高而且保障全面，才是好的保险建议。应该给客户推荐好

的险种，尽量满足他们的需求，以充分实现全面保障原则。例如，烧伤、跌伤等意外事故有无医疗补贴，意外身故、疾病身故有无赔付，经济状况特别好的是否做好财产保全的规划，负债在身的是否还可以在扣除日常生活费用以外偿还一些债务等，这些都是衡量保障是否全面的标准。总之，要根据个人、家庭的不同需求，尽可能遵循全面保障原则。

3. 合理保额原则

合理保额即科学合理的保险保障水平，一般以该准客户的年薪为标准量入为出，应科学测算客户的保险保障水平。保险保障一般针对传统保险产品，也就是指通过购买保险所获得的身故、伤残、疾病保险保障或养老保险保障等。从理论上讲，一个家庭购买保障型保险产品所获得的保险金额一般应是家庭年收入水平的 10 倍左右。而我国特别是内陆地区，保险意识还不高，以目前的收入状况和消费水平来看，把年收入的 2～3 倍作为保险保额比较合理。如果保额不甚合理，随之而来的保障当然也不全面。

4. 合理保费原则

一般而言，长期性的年交保险产品的保费支出应控制在家庭年收入的 10%～15%。如果对方购买的是保障型险种，则应以其收入的 5%作为保费，即很少的钱就可得到高额的赔付。至于新型保险产品（如投连险、万能保险、分红保险等）主要是为满足客户的理财需求。此类保险的保费支出主要与客户的财务承受能力和风险承受能力相关，没有一定的标准，保费提高至收入的 20%～25%也是可能的。总的来讲，保费控制在 5%～25%都应该算比较合理。

5. 先保障后储蓄原则

先保障后储蓄是一个非常重要的原则。保障型保险只需要花很少的钱就可以得到巨额的赔付。因此可以先给家庭中的经济支柱购买保障型保险，免去对方的后顾之忧，待其经济比较宽裕的时候再考虑退休、养老储蓄保险。另外，保障型保险有两个非常关键的问题：首先核保时比较严格，不容易通过，因为保险公司要承担很大的风险。其次，在年轻时购买，其保费相当便宜，随着年龄的增长，保费会成比例地急剧增加。储蓄型保险不会有这种问题，所以在向客户说明的时候，要明确地将利害关系告诉客户，奉劝客户先保障后储蓄。经过这样的开导，客户一般很容易接受建议。

6. 先大人后小孩原则

先大人后小孩也是一个非常重要的原则，很多保险销售人员和家长对此还没有足够的重视。很多家长倾向先给小孩购买保险，可是，他们不知道这样做并没有实质性的好处。因为小孩没有经济能力，而其父母一旦发生任何意外，就会损失惨重——父母没投保，得不到应有的赔付，而小孩的保费也还没有交完，以后谁替他交保费？所以一定要坚持先大人后小孩的原则。

7. 夫妻互保原则

由于我国公民的保险意识还没有达到一定层面，需要保险销售人员在平日的工作中，利用专业知识，尽量推动夫妻互保这一原则。保险销售人员通常总是先认识某对夫妻的一方，会让单方先投保，其实这样做是非常错误的。我们应该在与对方进一步接触后要求认识其家人，以家庭为单位进行展业工作，让夫妻双方互相投保，互为受益人，这才是真正完整的家庭保障计划。

### （二）个人及家庭人身保险建议书的风格类型

按保险功能特性，可把个人及家庭人身保险产品组合划分为几种类型：保障型——注重风险转移；储蓄返还型——注重保费的保本增值，定期返还，可以看成一种“强制储蓄”；投资型——注重保费的投资收益，投资风险往往由客户方面承担；综合型——注重不同保险功能之间的合理搭配，满足客户多元化需求。根据人们所处的生命周期阶段的不同，建议不同特色的商品组合，针对创业期的客户群建议保障型险种组合，针对升业期的客户群建议综合型险种组合，针对守业期的客户群建议保障理财型险种组合，针对养老期的客户群建议保障型医疗健康险种组合，如表 7-6 所示。

表 7-6　个人及家庭生命周期与保险建议

| 生命周期 | 年龄 | 收入 | 开　支 | 保险需求点 | 保险建议 | | |
|---|---|---|---|---|---|---|---|
| | | | | | 特　色 | 险种组合 | 卖点分析 |
| 成长期 | 0～23 岁 | 无 | | 医疗费用<br>教育年金 | 保障储蓄型 | 教育年金+医疗健康 | 保证小孩教育；万一出险，医疗保障；父母爱的承诺 |
| 创业期 | 23～30 岁 | 一般 | 增大（恋爱、结婚） | 医疗费用<br>遗属生活费 | 保障型 | 定寿/终寿+医疗健康 | 低保费，高保障；体现经济支柱对家庭的责任感 |
| 升业期 | 30～45 岁 | 上升/高 | 大（培养孩子） | 医疗费用、遗属生活费、养老金、投资理财 | 综合型 | 定寿/终寿+医疗健康+养老年金+投资分红 | 保障全面，提高生活品质；获利高而可靠；合理避税 |
| 守业期 | 45～60 岁 | 高 | 大（高档消费） | 医疗费用、遗属生活费、投资理财 | 保障理财型 | 定寿/终寿+医疗健康+投资分红 | 合理避税；经济保障；获利高而可靠 |
| 养老期 | 60 岁以上 | 低 | 大（疾病、伤残） | 医疗费用 | 保障型 | 医疗+健康 | 低保费，高保障；经济保障 |

### （三）个人及家庭人身保险建议书设计制作范例

1. 客户基本情况

李先生今年 38 岁，已婚，成功的个体工商户。妻子今年 34 岁，是一个家庭主妇，没有工资来源。一个儿子，今年 9 岁，读小学。李先生时常需要出差。夫妻两人已有基本社会保险。

李先生年收 15 万元。有车有房，房子价值 60 万元，需要每月还房贷 2 000 元，每月养车费 1 000 元。家庭生活每月平均总支出（生活费和孩子教育费）4 500 元。李先生投资每月平均 1 500 元。每月余额为 3 500 元。

总结：（1）鉴于保费支出占年收入 10%～20%最合理，李先生投保年保费应在 2 万元左右，平均每月为 1 700 元。（2）保额应为年收入的 8 倍。

2. 保险需求分析

（1）妻子没工作，所以退休后，生活费不会太多。需要买足够的养老、分红类保险，来保障退休后的悠闲生活。

（2）先生时常出差，面临的意外风险还是比较大的，因此，要买一定的意外伤害保险。

（3）女性在家干家务，教育孩子，身体健康保障是关键。

（4）儿子才上小学，将来教育的费用是一个难题，所以要从现在开始准备教育金。

（5）家庭财产安全也应受到重视。

（6）合理避税。

3. 险种组合设计

**表 7-7　李先生险种组合设计**　　单位：元

| | 险　种 | 保　额 | 交费方式 | 保　费 |
|---|---|---|---|---|
| 李先生 | ××养老金累积式分红保险 | 120 000（基础保额） | 12 年交 | 6 000 |
| | ××重大疾病保险 | 100 000 | 10 年交 | 3 850+276 |
| | ××意外伤害保险 | | 1 年交 | 45 |
| 李太太 | ××终身寿险（万能型） | 150 000 | 10 年交 | 12 030 |
| | ××人寿附加瑞丽女性重疾保险 | 100 000 | 10 年交 | 950 |
| 宝贝 | ××教育综合保障计划（附加高中教育金，附加少儿疾病） | 10 000（2 000、50 000） | 交费至 14 周岁 | 2 150（520+410） |
| 家庭 | ××家庭财产综合保险——自有房保险 B 款 | | 1 年交 | 395 |
| 合计 | | | | 26 626 元/年 |

4. 保障范围

（1）××养老金累积式分红保险。

1）身故保障：如果被保险人不幸在第一个保险年度内身故，将给付 12 万元保险金于受益人，保险合同终止。

如果是在第二个保险年度到 50 岁保单领取之间身故，将返还保险单账户价值加终了红利和与已经交纳保险费之和的较大者，保险合同终止。如果是在 50 岁保单领取之日身故，将返还当时保留账户的账户价值和终了红利之和。

2）养老保障：可以选择：①年金领取的方式，即被保险人申请领取保险金日时选择一种，将当日保险单账户价值和终了红利之和，按选择方式及当时该方式对应的转换费率，转换成按年或按月的分期领取的生存保险金，选择年金领取就不再参与红利分配；②保留账户分期领取，就是将生存金领取日的保险单账户价值与终了红利之和按照当日的账户单位价格一次性转换为新的投资单位。

（2）××重大疾病保险。

1）重大疾病保险金。若被保险人经诊断于本合同生效（或复效）之日起一年内首次发病，将向被保险人无息返还已交保险费，本合同终止。若是一年之后，公司按保险单载明的保险金额向被保险人给付重大疾病保险金，本合同终止。

2）身故保险金。若被保险人于本合同生效（或复效）之日起一年内因疾病身故，公司向被保险人无息返还已交保险费，本合同终止。若被保险人因意外伤害身故，或者于本合同生效（或复效）之日起一年后因疾病身故，公司按照保险单载明的保险金额给付身故保险金，本合同终止。

（3）××意外伤害保险方案如表 7-8 所示。

**表 7-8　××意外伤害保险方案**

| | | |
|---|---|---|
| 普通意外导致 | 身故、残疾 | 1 万元 |
| | 烧伤 | 1 万元 |
| | 医疗保险金 | 意外住院医疗 3 000 元 |
| | 住院津贴 | 意外住院 10 元/天 |
| 客运交通工具导致 | 飞机、火车、地铁、轮船、轻轨、汽车致身故、残疾、烧伤 | 各 1 万元 |
| | 医疗保险金 | 3 000 元 |
| | 住院津贴 | 10 元/天 |

（4）××终身寿险（万能型）。合同生效后，可通过保费追加的方式增加投资。

1）人身保障：本产品在前 5 年提供额度为个人账户价值 105%的人身保障，从第 6 年开始提供额度为个人账户价值 100%的人身保障，作为身故保险金。

2）××人寿附加××女性重疾保险。

重大疾病列表：①恶性肿瘤；②急性心肌梗塞；③脑中风后遗症；④重大器官移植术或造血干细胞移植术；⑤冠状动脉搭桥术（或称冠状动脉旁路移植术）；⑥终末期肾病（或称慢性肾功能衰竭尿毒症期）；⑦严重Ⅲ度烧伤；⑧严重糖尿病及并发症；⑨严重的类风湿性关节炎；⑩系统性红斑狼疮。

（5）××教育综合保障计划（附加高中教育金、附加少儿疾病）。方案如表 7-9 所示。

**表 7-9　××教育综合保障计划保险方案**

| | |
|---|---|
| 大学教育金 | 18 周岁时开始领取大学教育金，每年在基本保险金额的基础上以 10%的增幅递增至 21 岁；22 周岁领取此项金额 50%的毕业金 |
| 附加高中教育金 | 在孩子 15、16、17 周岁时，每年领取高中教育金 2 000 元 |
| 保单红利 | 分享公司经营成果 |
| 附加少儿疾病 | 如被保险人罹患重大疾病，将按照合同约定给付保险金 50 000 元 |

（6）××家庭财产综合保险——自有房保险 B 款，方案如表 7-10 所示。

表 7-10　××家庭财产综合保险——自有房保险 B 款保险方案

| 项　目 | 保险责任 | 保险金额 |
| --- | --- | --- |
| 家庭财产保障部分 | 自然灾害、火灾、爆炸、外来物体撞击导致房屋、装潢损失 | 50 万元 |
| | 室内盗抢导致装潢损失 | 8 000 元 |
| | 家庭用电安全导致装潢损失 | 2 万元 |
| 人身意外伤害 | 身故\残疾\医疗 | 1 万元 |

5. 保险特色

（1）李先生：保障全面，保费支出占总保费较重，充分体现家庭支柱的地位。

（2）李太太：女性疾病保障全面；保费一次性支付，不再有后顾之忧。

（3）宝贝：高中教育金每年领取；大学教育金更是每年以一定的比例递增，不怕不时之需。疾病也可拿到一定资金，不会影响家庭费用。

（4）房子：全面预防各方面不慎导致的家庭财产损失，其中还有损失过程中的家庭成员意外伤害 1 万元。

（5）总结：一家三口，保险范围各有特色，侧重点分明，针对性强，加上家庭财产综合保险，是一份十分适合李先生的保险计划。

## 二、设计与制作团体人身保险建议书

### （一）团体人身保险业务的特点

团体人身保险是指投保人为其特定团体成员投保，由保险人用一份保险合同提供保险保障的一种人身保险。相对于个人及家庭人身保险业务而言，团体人身保险业务具有以下特点：

（1）投保人为特定团体，多为法人。

（2）投保人讨价还价和风险自负能力明显高于个人投保人。

（3）团体投保人往往看重专业的售后服务。

（4）团体投保人投保决策过程相对来说较为理性，如法人投保人往往经高级管理层集体合议或公开招标来决定选择向其提供保险服务的保险人。

（5）团体人身保险的附加条款通常由保险公司与准客户磋商决定，不像个人保险具有标准形式。

（6）团体投保往往需要符合一定条件，参保条件由保险公司与投保人在保险合同中约定。例如，我国保险监管条例规定，特定团体的参保成员应占团体中符合参保条件成员总数的 75%以上（含 75%）。

基于以上特点，团体人身保险必须针对准客户的个性需求来量身定制。

### （二）团体人身保险建议书的制作要点

“员工保险福利计划”是团体人身保险建议书最常见的形式，即团体单位为员工提供的非工资收入的一揽子保险福利计划，包括补充养老保险（企业年金）、意外险和医疗险等。“员工保险福利计划”成为团体单位重要的吸引员工、凝聚员工、激励员工的重要手段。员工保险福利计划的制作要点如下所示。

1. 结构

结构可分为核心保险福利计划和员工自选保险福利计划两大部分。核心保险福利计划一般提供基本保险福利，往往由单位交费。员工自选保险福利计划灵活性相对较强，可由员工与单位分担交费或单独由员工交费。例如，为某单位设计的核心保险福利计划是企业付费的意外险计划，保险责任主要包括意外身故保障和意外医疗保障；员工自选保险福利计划是员工与企业分担付费义务的医疗险计划或者员工单独交费的其他保险产品。

2. 资费方式

资费方式可分为单方交费方式或双方交费方式。单方交费可由单位或员工单方承担保费交纳义务；双方交费可由单位和员工分担保费交纳义务。

3. 筹资方式、筹资周期和账户形式

筹资方式可分为单位财务代扣交、单位财务代收交、员工自交。筹资周期可分为月交、季交、年交或不定期交。账户形式可分为公共账户和个人账户，公共账户由单位付费，个人账户包含单位付费部分和个人付费部分。

4. 模板

模板一般包括客户保障现状和需求分析、方案推荐、经典案例、手续和服务措施、政策支持、保险商业绩报告、保险顾问资料等。

5. 注意点

一是要善于包装，如注重方案命名、突出保障、善用案例等；二是要提供多款计划供客户选择，如2～3种；三是着重挖掘产品的内在功能，使相关功能与客户的个性需求进行有效对接。例如，为注重员工队伍稳定的企业提供的养老保险计划要重点诉求该计划的公共账户对关键员工的“金手铐”作用，从而发挥该计划的人力资源管理功能。

## 同步练习

1. 保险建议书的设计一般包括哪几个步骤？
2. 保险建议书主要包括哪些文本内容？
3. 风险管理建议书一般包含几部分内容？针对每部分内容进行简要说明。
4. 设计个人及家庭人身保险建议书应遵循什么原则？

## 典型案例分析

1. 家庭组合人身保险建议书

李先生，现年 30 岁，现在一家公司打工，年收入约 5 万元，全家都没有买保险。李先生的女儿还不到一岁，计划买保险。李先生对买保险有些犹豫，想给自己买，又想给小孩买，希望能够给小孩存一笔钱，将来能够作为高中、大学教育金，又希望能够给小孩一份终生的礼物。李先生再三强调保费不得超过 5 000 元。请问，该如何对李先生做计划？

业务员甲为李先生做了一份计划：平安鑫利两全保险金额为 4 万元，年交保费 4 540 元，交 20 年。每两年返还 2 800 元。

业务员乙为李先生做了一份计划（见表 7-11）。

表 7-11　计划二　　单位：元

| | 险　种 | 交费年期 | 保　额 | 金　额 |
|---|---|---|---|---|
| 1 | 鑫利两全 | 20 年 | 2 万 | 1 818 |
| 2 | 附加高中 | 15 年 | 2 万 | 846 |
| 3 | 附加大学教育金 | 15 年 | 3 万 | 2 202 |
| 总计 | | | | 4 866 |

业务员丙为李先生做了一份计划（见表 7-12）。

表 7-12　计划三　　单位：元

| | 险　种 | 交费年期 | 保　额 | 金　额 |
|---|---|---|---|---|
| 1 | 鸿详两全 | 15 年 | 2 万 | 1 396 |
| 2 | 鸿详两全 | 20 年 | 5 万 | 2 510 |
| 小孩 | 鸿盛终身 | 终身交费（抵交保险） | 10 万 | 940 |
| 总计 | | | | 4 846 |

以上三份计划设计都没有超出李先生的承受能力，以李先生的经济能力，设计保险以年收入的 10%～15%比较适宜，因此，交费 5 000 元以下比较合适。计划一是初入保险公司的新员工的设计；计划二是目前最普遍的计划，保障了客户将来有一笔钱供养小孩上学；计划三则满足了李先生的需求。

从表面来看，这三份计划没有太大的差异，但是深究起来，其实大有差异。重要的是，买了保险，有没有买保障。

（1）计划一中的平安鑫利是一份非常好的保险，每两年一返还，小孩终身受益，但是这份计划并不能保障小孩将来有足够的钱来交高中、大学教育金。

（2）计划三为李先生设计了两份不同年期的鸿祥两全分红保险。在日常展业中，平安鸿详常常和年金转换条款组合，作为一个养老险种推给客户，其实平安鸿详也可以作为一个少儿险种，通过不同年期的组合，也可以达到高中、大学教育金的效果，而且平安鸿详一次性拿钱，可以用作出国留学金，这是高中、大学教育金保险不能达到的。

（3）考虑到李先生自己没有买保险，理财顾问给他设计了两份不同年期的组合计划，总体设计的保障要远远高于计划二（见表7-13），而且大人、小孩都有保险。高中、大学教育金保险主要是储蓄型保险，保障较低。考虑到李先生的家庭情况，计划一和计划二都没有考虑李先生出现意外的家庭保障。

**表7-13　计划二与计划三的比较**　　单位：元

| 保障责任 | 计　划　二 | 计　划　三 |
| --- | --- | --- |
| 意外身故 | 2万+教育金保证现金价值 | 10万+7万 |
| 高中教育 | 2万 | 2万 |
| 大学教育 | 3万 | 5万 |
| 佣金 | 低 | 高 |

（4）对于业务员来说，计划三的佣金也要高于计划二，打折比例低，利人利己，两全其美。

（5）计划三考虑到李先生要给孩子一个终生交费的平安鸿盛，也可以选择平安鸿鑫，这样，小孩就拥有一份终身的保障，终身交费的费用非常低，10万元只要940元。终身交费对于客户是个比较难的选择，但是实际上，考虑到平安的分红产品有四种交费方式，一般业务员没有去深思四种方式的差别。业务员乙为李先生设计选择“抵交保费”的方式，这种方式随着时间的推移，交费越来越少，一定时候，足可抵交当年所交保费。

（6）在具体的业务当中，还可以为小孩选择“平安开心果”等附加险。

仔细阅读上述案例并组织学生分组讨论下列问题。讨论完毕后要求每组派出一名代表对本组讨论结果进行评述，时间不超过5分钟。各组评述后由教师进行总结点评。

（1）请分析平安鑫利两全保险、附加高中教育和附件大学教育金的保险利益。

（2）请分析鸿详两全和鸿盛终身保险的保险利益。

（3）根据材料中的分析提示，你认为要从哪几个方面考虑才能为客户提供科学的保险计划？

2. 团体保险建议书（节选）

第三部分：补充养老保险简介

1. 产品特点

您所选择的×××团体年金保险（补充养老保险型），是机关、团体或企事业单位，作为投保人为其在职人员向×××保险公司投保的一种账户式管理，兼具投资分红的团体养老类险种，具有如下特点。

（1）兼具分红的养老保险。无论保险资金账户资金运用情况如何，个人账户均有投资保证收益。如投资收益扣除投资保证收益后仍有盈余，不低于 70%的盈余将进行分配，记入个人账户。这样，投保单位的员工在获得了稳定的养老收益后，还可享受其保险个人账户的投资分红，实现具有保障的利益联动。

（2）具有竞争力的低管理费。本公司于每个会计年度末，仅提取不超过该会计年度个人账户“平均资金余额”的 1%的管理费。

（3）应付自如的灵活交费。在被保险人开始领取年金前，根据投保单位自身财务状况，投保单位可以定期或不定期向我公司交费，有钱时可多交，没钱时可少交或不交。投保单位可以自主选择单位与职工个人交费比例。

（4）形式多样的年金领取。在被保险人达到其法定退休日或特殊原因提前退休的第一个生日时，可选择多种年金领取方式，包括一次性领取、平次年领或月领、增额年领或月领、固定年期的年领或月领等。

（5）科学的个人账户管理。我公司为每一被保险人提供全面的电子化账户管理，提供账户记录、账户变更、账户查询、对账服务以及交费、领取、核算等功能，为投保单位的人力资源管理提供强大的服务支持。根据投保单位人员流动的特点，投保单位可随时增加或减少被保险人，改变个人账户交费金额。

2. 保险责任

身故给付：被保险人退休前身故的，本公司向身故保险金受益人结清个人账户下的资金余额，个人账户注销。

退休给付：被保险人到达法定退休年龄的，本公司向被保险人结清个人账户下的资金余额，个人账户注销。被保险人可以选择下述一种方式领取养老金：

（1）一次性领取个人账户资金余额。

（2）将个人账户资金余额，按被保险人退休当时本公司规定的养老金转换标准，转换为按年或按月领取的养老金，本公司签发养老金领取凭证并根据被保险人选择的养老金类型负相应的保险责任。

1）选择平准养老金的。保证给付十年，如果被保险人未领满十年身故，由其受益人继续领取未满十年部分的养老金，本合同对该被保险人终止；如果被保险人十年后仍生存，本公司继续给付养老金，直至其身故。

2）选择增额养老金的。保证给付十年，如果被保险人未领满十年身故，由其受益人继续领取未满十年部分的养老金；如果被保险人十年后仍生存，本公司继续给付养老金，直至其身故。首年养老金给付标准为养老金领取凭证上载明的养老金领取金额，以后每年在上一年给付标准的基础上，按首年给付标准的 5%增加。

（3）将个人账户资金余额部分转换为养老金，个人账户资金余额剩余部分在被保险人领取第一笔养老金时一并给付。

养老领取方式一经确定不得变更。

离职给付：被保险人退休前离职的，本公司向被保险人给付个人账户下个人供款部分的资金余额，企业供款部分的资金余额由投保人决定其资金余额的分配，个人账户注销。

3. 有关投资

（1）投资渠道。我公司严格按国务院和保监会规定和允许的渠道进行，主要的投资渠道包括：购买上市证券投资基金间接投资于股票市场；国务院规定的中央企业债券、金融债券；同业拆借、国债；协议存款、银行存款；一定比例内直接投资股票市场等。

（2）投资模式。

1）集中管理——各省市分公司收取的保费依照×××的财务管理规定，需及时上划，集中管理，由×××总部统一运作。

2）独立运作——×××保险公司总部设立团体年金保险（补充养老保险型）独立的保险资金账户，总部的资金运用部下设独立账户处，遵循保险资金运作的安全性、收益性和流动性的原则，专门从事分红类产品的独立运作，同传统保险资金分设账户、独立核算。

（3）投资优势。

1）国债——我公司以雄厚的资金实力在国债投资上同其他投资者相比有着较大的优势，加之多年的丰富投资经验，我公司在国内众多的机构投资者中成为国债投资的佼佼者。

2）证券投资基金——×××已成为中国新基金之王，拥有基金的最高持有比例。作为新基金市场最大的机构投资者，×××成为众多券商和基金管理公司争相服务的对象，在资讯和交易系统上较普通的机构投资者拥有较大的优势。

3）协议存款——雄厚的资金实力同样惠及我公司的协议存款业务，使我公司在同商业银行的谈判中处于有利地位，往往能达成我们满意的存款利率，为我公司及我公司的客户带来较高的存款利息收入。

……

（4）投资收益。据×××团体年金保险（补充养老保险型）条款：“无论保险资金账户资金运用状况如何，本公司均应在会计年度末将本会计年度的投资保证收益足额记入个人账户。”

投资保证收益率：2.5%。

“如果在会计年度末保险资金账户的投资收益在扣除投资保证收益后仍有盈余，本公司将按如下规定分配盈余：在会计年度末记入个人账户，个人账户平均资金运用率×盈余分配比例；本公司保证盈余分配比例不低于70%。”

重要声明：据保险监督委员会规定，以上有关投资收益率只是假设的，既非用以往业绩为基础，也非对未来收益的预测。

4. 专业服务——提供年度报告

每个会计年度结整后的120日内向投保人提供保险资金账户年度财务报告及个人账

户年度清单。该财务报告需经合法的会计机构审计确认。

×××团体年金保险“补充养老保险型企业专户财务报告”主要内容包括：

（1）积累状态：上年结转/本年交费。

（2）资金回报：平均资金运用余额/投资收益率/投资保证收益率/分配盈余收益。

（3）资金运用费用：平均资金余额/提取管理费用。

（4）账户状态：个人账户总数/有效个人账户总数。

（5）资金余额：个人供款资金余额/单位供款资金余额/个人账户资金余额合计。

（6）给付金额：分类给付本金/给付利息（退保、死亡、退休）。

“个人账户年度清单”主要内容包括：

（1）被保险人姓名/个人保险号/员工工号。

（2）上年资金余额/本年交费/资金余额转入金额/给付金额/合同终止费用。

（3）本年投资保证收益/本年分配盈余收益/本年管理费/本年资金余额（单位供款/个人供款）/个人账户状态。

第四部分：保险组合方案

1. 组合方案一

×××团体年金保险（补充养老保险型）

| 可组合险种名称 | 福利保障 | 交费标准（元/人） |
|---|---|---|
| 团体人身保险 | 伤亡保险金额 50 000 元（三类职业） | 250 |
| 附加意外伤害医疗费用保险 | 医疗费用保险金额 10 000 元（三类职业） | 50 |

注：交费标准=250+50=300（元/人）。

2. 组合方案二

×××团体年金保险（补充养老保险型）

| 可组合险种名称 | 福利保障 | 交费标准（元/人） |
|---|---|---|
| 团体人身保险 | 伤亡保险金额 20 000 元（三类职业） | 100 |
| 附加意外伤害医疗费用保险 | 伤亡保险金额 20 000 元（三类职业） | 50 |
| 附加疾病住院医疗保险 | 疾病住院医院保险金额 5 000 元（按平均 40 岁计算） | 130 |

注：交费标准=100+50+130=280（元/人）。

3. 险种简介

×××团体人身保险：

（1）保险责任范围。因疾病身故或意外伤害事故致使身体伤残、身故均属保险范围。

（2）特点。保险面广，保障高，保险费率低，一年期不退费，交费固定。

（3）保险费交付。每人每千元保额 5 元保费，最低每人保险金额 1 万元。

附加意外伤害医疗费用保险：

（1）保险责任范围。因意外伤害事故致使身体受伤而支付的医疗费用。

（2）特点。保障高，保险费率低，一年期不退费，交费固定。

（3）保险费交付。每人每千元保额5元保费，最高每人保险金额1万元。

附加疾病住院医疗保险：

（1）保险责任范围。因疾病住院均属保险范围。

（2）特点。保险面广，保险费率低，一年期不退费，交费固定，首年有90天的免责期。

（3）保险费交付。按年龄档次计算，一般（平均40岁）交费130元，保险金额为5 000元。

第五部分：解释说明

（1）有关管理费。据×××企业补充养老保险条款，本公司于每个会计年度末从个人账户提取管理费用，管理费用提取标准在投保时确定，但不超过该会计年度个人账户“平均资金余额”的1%。

（2）每会计年度末管理费提取比例：1%。

（3）有关工资增长率。每个被保险人录入信息中的工资增长率均为假设信息。

（4）重要声明。本保险计划书资料仅供客户参考，各项保险利益以条款内容为准。

我们真诚希望与贵单位成为长期的合作伙伴，我们将以优质的服务、良好的信誉及各项优惠的条件来赢得你们的信任。

诚祝合作愉快！

××保险公司××分公司

××××年××月××日

仔细阅读上述案例并组织学生分组讨论下列问题。讨论完毕后要求每组派出一名代表对本组讨论结果进行评述，时间不超过5分钟。各组评述后由教师进行总结点评。

1. 请分析两种组合方案的不同之处。

2. 哪种方案更加科学合理？

## 销售工具

1. 某寿险公司为保险销售人员提供的制式客户资料调查问卷

业务员姓名：________________所属营业单位：__________

访问地点：__________________访问时间：__________

尊敬的客户：

感谢您能抽出十五分钟时间来填写这份问卷。这份问卷可以帮助您全面了解和分析您个人／家庭生活保障程度和财务规划情况。您的真实情况与真实想法才会使我们的分析更加准确，也是对我们工作的最大支持。

此问卷结果属于个人信息，本公司将严格为您保密。

<table>
<tr><th colspan="3">被访人信息</th></tr>
<tr><td>① 姓名：</td><td>② 性别：男……A　　女……B</td><td>③ 年龄：</td></tr>
<tr><td colspan="2">④ 家庭住址：</td><td>⑤ 工作单位名称及地址：</td></tr>
<tr><td colspan="3">⑥ 联系方式：<br>手机：　　　　家庭电话：<br>单位电话：　　E-mail：</td></tr>
<tr><td>⑦ 在下面几种对意外的看法中，您最赞成哪种说法？<br>A．意外太偶然，轮不到我<br>B．意外人人都有可能发生，但人算不如天算，索性听天由命<br>C．虽然意外不可预料，但事先做打算总要好些</td><td colspan="2">⑧ 请问您对保险的看法？（多选）<br>A．保险的优点是靠集体的力量分担个人的风险<br>B．无论好坏，保险是一种趋势<br>C．保险体现的是一种保障<br>D．保险也可以是一种投资<br>E．对保险不了解，还需要进一步解释<br>F．以上都不同意（请说明看法）</td></tr>
<tr><td colspan="3">⑨ 请问您的婚姻及家庭状况：<br>A．单身　　A→进入问卷A（注：问卷A是专门针对单身人士的调查问卷）<br>B．已婚无子女　　B→进入问卷B（注：问卷B是专门针对家庭的调查问卷）<br>C．有未成年子女　　C→进入问卷B<br>D．有成年子女，未退休　　D→进入问卷B<br>E．已退休　　E→进入问卷B</td></tr>
</table>

### 2. ××人寿保险公司生活保障及财务规划需求分析问卷内容

| 问题编号 | 内　　容 | 目　　的 |
|---|---|---|
| 1 | 个人或家庭潜在的意外风险程度 | 为设计意外险做准备 |
| 2 | 个人近期的结婚计划 | 了解个人近期重大财务开支，为设计理财类险种做准备 |
| 3 | 个人和家庭的健康状态 | 为提供健康保险做准备 |
| 4 | 对家庭和终身保险的态度 | 为客户设计定期或终身保险做准备（如康宁险） |
| 5 | 对传统分红保险的态度 | 为是否设计分红类保险做准备 |
| 6 | 对纯保障型保险或返还型保险的态度 | 为设计纯保障类保险或返还型保险做准备（如祥和定期和千禧理财） |
| 7 | 对生存保险和身故保险的态度 | 为设计生存即可收益的保险或死亡保险做准备（如意外综合和祥和定期） |
| 8 | 对投资期限长短的态度 | 为设计长期或短期的投资型保险做准备（如鸿寿年金和鸿瑞两全） |
| 9 | 对养老金积累方式的态度 | 为设计具有不同养老功能的保险产品做准备（如鸿寿年金和千禧理财） |
| 10 | 对养育子女方式的态度 | 为是否设计子女保险（如对父母的保障是对子女最好的保障，或专门为子女投保保险） |

续表

| 问题编号 | 内　　容 | 目　　的 |
|---|---|---|
| 11 | 对养育子女时间阶段的态度 | 为设计定期或终身型的子女保险做准备（如鸿运少儿或千禧理财） |
| 12 | 对为父母投保的态度 | 为是否为父母投保保险做准备 |
| 13 | 对自身财务稳定的信心 | 为设计合适的保费、保额及交费期做准备 |
| 14 | 子女年龄 / 教育情况及子女教育程度的预期 | 可以了解子女教育规划的需求，以便为少儿险设计做准备 |
| 15 | 个人或家人的教育程度 | 客户类型划分的关键问题 |
| 16 | 个人或家庭的收入情况 | 客户类型划分的关键问题，并确定客户可能的保费支出 |
| 17 | 个人或家庭的收入分配情况 | 便于与客户沟通并确定客户的可能保费支出 |
| 18 | 个人与家庭社保程度 | 了解社保情况，为客户选择需要的产品提供依据 |
| 19 | 对不同保险功能的优先需求 | 了解客户对各类保险的自述优先需求，以作为为客户选择恰当的保险产品的参考 |
| 20 | 对不同保障类保险的优先需求 | |
| 21 | 对养老保险的需求 | |
| 22 | 对不同健康类保险的优先需求 | |
| 23 | 对不同子女教育类保险的优先需求 | |
| 24 | 调查客户已购买的寿险产品 | 了解客户已购买的商业保险情况，为客户做产品设计和保险补充做准备 |

## 3. ××人寿保险公司各类客户的优先保险需求表

| 生命周期<br>收入/教育 | 单　　身 | 两人世界 | 三口之家 | 成熟家庭 | 退休生活 |
|---|---|---|---|---|---|
| 高收入<br>高教育程度 | • 意外<br>• 健康<br>—重大疾病<br>• 父母医疗保险<br>• 养老 | • 健康<br>—重大疾病<br>• 意外<br>• 投资/储蓄<br>• 父母养老 | • 自身保障<br>• 子女<br>—健康意外<br>—教育资金<br>• 投资/储蓄<br>• 养老 | • 健康<br>— 一般疾病<br>—重大疾病<br>—住院医疗费<br>• 养老<br>• 意外 | • 健康<br>• 保本储蓄/投资<br>• 孙辈教育<br>• 意外 |
| 高收入<br>普通教育程度 | • 意外<br>• 投资/储蓄<br>• 健康<br>—重大疾病 | • 投资/储蓄<br>• 健康<br>—重大疾病<br>• 意外 | • 子女<br>—教育资金<br>—健康意外<br>• 投资/储蓄<br>• 自身保障<br>• 养老 | • 稳健型投资<br>• 健康<br>— 一般疾病<br>—重大疾病<br>—住院医疗费<br>• 意外 | • 保本储蓄/投资<br>• 健康<br>• 孙辈教育 |
| 平均收入水平<br>高教育程度 | • 意外<br>• 健康<br>—重大疾病<br>• 父母医疗保险 | • 健康<br>—重大疾病<br>• 意外<br>• 储蓄 | • 自身保障<br>• 子女<br>—健康意外<br>—教育资金 | • 健康<br>— 一般疾病<br>—重大疾病<br>—住院医疗费<br>• 储蓄<br>• 意外 | • 保本储蓄/投资<br>• 孙辈教育<br>• 健康<br>• 意外 |

续表

| 生命周期<br>收入/教育 | 单　　身 | 两人世界 | 三口之家 | 成熟家庭 | 退休生活 |
|---|---|---|---|---|---|
| 平均收入水平<br>普通教育程度 | • 意外<br>• 健康<br>—重大疾病 | • 健康<br>—重大疾病<br>• 意外<br>• 储蓄 | • 子女<br>—教育资金<br>—健康意外<br>• 自身保障 | • 储蓄<br>• 健康<br>— 一般疾病<br>—重大疾病<br>—住院医疗费 | • 保本储蓄/投资 |

4. 以需求为导向的××人寿保险公司的几种基本产品组合

| 客户需求 | 适用基本组合 | 可能具有的人群特征 |
|---|---|---|
| 健康和意外 | 重大疾病保险+定期寿险 | 受过良好的教育、保险意识较强的年轻人群，但同时在选择保险产品时又表现得比较理性 |
| 健康和养老 | 重大疾病保险+储蓄型保险 | 经济宽裕、处于人生负担较轻的阶段（单身或子女已独立），愿意提早为退休生活进行准备 |
| 健康和投资/理财 | 重大疾病保险+储蓄返还型保险 | 注重保障，同时对投资理财和家庭财务规划有相当的兴趣 |
| 多样化保险需求（成人健康、意外、子女教育/意外保障） | 重大疾病保险+少儿保险+定期寿险 | 家庭经济状况较好，或者受过良好教育，对家庭幸福保障有较强的意识 |
| 健康保障 | 定期重大疾病保险 | 因为年轻及经济条件有限，侧重于单一的经济实惠的健康保险产品 |
| 健康和保本投资/储蓄 | 重大疾病保险+储蓄返还/分红型保险 | 虽然临近退休且经济条件有限，但在保守投资之外，仍愿意对健康保险进行投资 |
| 安全/灵活的储蓄/投资 | 储蓄返还/分红型保险 | 通过安全、灵活的储蓄类保险产品为老年生活进行准备 |

5. 保险建议书制作工具——保险师 App

保险师是一款服务于保险行业的手机软件，为保险公司、保险专业机构及保险从业人员提供技术服务和销售支持，让工作更便捷、高效，签单快人一步。

**主要功能**

（1）计划书：公司主力产品计划书展示，更多计划书制作尽在保险师 App。

（2）学习：及时推送最精品行业资讯，自我学习提升，共同培育市场。

（3）在线直播：行业大咖在线直播销售独门秘技，随时随地学习交流。

（4）一键绑定：打通保险师 App 与官方微信号，计划书被阅读，赠险被领取成功，第一时间知晓反馈。

**特色功能**

（1）主顾开拓：免费赠险，客户经营的又一利器。计划书回执、客户资料档案式管理，快速整合客户资源。多重在线活动，助力开拓新客户！

（2）签单促成：公司产品想看就看，一键制作计划书。行业大咖视频讲解，利益演示更直观，话术学习更精准。产品文章分析鞭辟入里，利益分解清晰明了！

（3）技能提升：网罗最新时事动态，巧妙结合保险理念，教育客户最贴心。名师课堂，专家精彩授课。随时随地学习不受限，立马提升展业技巧！保险+直播，行业大咖、财经名流助阵，随时随地在线学习交流，提升展业能力。

## 综合实训

1. 选定单一险种练习：手写计划书，清晰讲解。

2. 综合运用前面所学过的知识（需求分析，根据需要、依照原则制作计划书，并做清晰生动的说明），将下面提供的资料做险种组合练习。

李先生：32 岁，私营企业老板，年收入 50 万元左右，有房有车，无医疗保障。

李太太：28 岁，全职太太。

李乖乖：5 岁，男孩。

家庭基本年支出：日常生活、教育、医疗、供楼等共需 18 万元；房子 15 年按揭，每年按揭款 5.4 万元，15 年共 81 万元。

# 项目 8

# 培养保险销售人员素质与能力

## 学习目标

**知识目标**

- 知晓保险销售人员必须具备的素质与能力；
- 掌握保险销售人员上岗前的培训内容与培训要求；
- 了解并掌握个人形象管理的方法和技巧；
- 掌握保险销售人员活动管理的方法和技巧。

**技能目标**

- 能掌握并培养保险销售人员必须具备的素质与能力；
- 能塑造专业的销售人员形象；
- 能掌握销售人员的基本商务礼仪；
- 能正确运用活动管理工具。

## 案例导读

**诚信为本　坚持勤奋**

**——记中国人寿河北省保定清苑支公司乔红梅**

乔红梅是中国人寿河北省保定清苑支公司保险销售人员，2008 年加入中国人寿。多年来，乔红梅始终严格要求自己，争做标杆，多次获得“销售精英”“展业能手”等荣誉称号。在 2019 年开门红业务竞赛中，个人业绩位居清苑支公司第一名。2018 年荣获总公司颁发的“个险精英俱乐部星级会员”证书，在河北省分公司组织的 2018 年度“比技能、比作风、比业绩”八九联动业务竞赛活动中，被评为“短险战斗先锋奖”，荣获优秀保险销售人员党员荣誉称号。

**以诚信为本**

不论在工作中还是在学习、生活中，乔红梅总是热心帮助周围的伙伴们，大家都亲切地称她为“乔姐”。作为“老师傅”，在与新人沟通时，乔红梅都会告诉她们，一个优秀的保险销售人员，仅有扎实的业务知识还远远不够，更要对客户以诚相待，视亲人为朋友，真心为客户提供切实有效的保险咨询和帮助。所谓“予人玫瑰，手留余香”，人做好了，服务做好了，业务自然就能做好。

在乔红梅众多客户中有一位40多岁的“英姐”，到柜面提交理赔资料时，不慎将银行卡复印件丢在家中。乔红梅听说后，主动打电话告诉英姐一会儿到她家中去取。英姐劝乔红梅，雨天路滑，改天自己再去公司。但乔红梅心想，如果是我，肯定会想尽快收到赔款，客户的事没小事，于是，毅然开车去了英姐家。英姐把理赔资料交给她时，激动地说：“红梅，就冲着你为我着想这股认真劲儿，我家以后的保险都交给你办。”

长期以来，她坚持以诚待人，取信于人，在工作中始终坚持保险从业人员业务守则，以高质量的诚信服务赢得客户的信任。不论是大额保险的客户，还是零散的客户，不论是路远的客户还是路近的客户，她都一视同仁。在与客户的接触和沟通中，她始终遵循最大诚信原则，从不误导客户，让客户明明白白消费。由于她的努力，11年来她已经拥有近千名客户，无一例投诉。她常说：“一份保单，一份守护，我愿做个传递爱的天使！”在客户眼里，她是值得信赖的保险代理人。

**靠勤奋坚持**

乔红梅始终坚守在营销一线，为各种不同的客户、不同的家庭量体裁衣设计保障计划，为很多家庭构筑了安全防护保障。她坚持不懈每天至少三访，把拜访常态化。

曾经有一名客户是一位民营企业家，她前去拜访，但当时客户并不认可保险，直接表示对购买保险毫无兴趣，但乔红梅没有放弃，她每个月都排好时间表，坚持当面拜访。由于客户很忙，乔红梅常常少则等候几小时，多则一整天。当别人问起为何不选择放弃这位客户，将更多的时间用在有效的地方时，她说“如果选择放弃就会给自己留下遗憾”。就这样，整整五年过去了，她凭着自己的勤奋和执着坚持，逐渐改变了这位客户对保险的看法，由最初置之不理到逐渐关注，再到最后认可保险，主动购买多款国寿保险，还经常找她咨询关于保险的一些问题。

就是这种永不言弃的执着精神，让她留住了一个又一个客户，她认真负责的态度影响着老客户，也收获着转介绍。现在“乔红梅”这个名字已成为其所在乡镇十里八村一个响当当的品牌。

（资料来源：节选自中国保险报网2019年6月20日的文章“诚信为本 坚持勤奋——记中国人寿河北省保定清苑支公司乔红梅”，http://yx.sinoins.com/2019/06/20/content_295266.htm，节选时有删改。）

**辩证性思考：**

1. 乔红梅作为一名保险销售人员具有你欣赏的哪些品质？
2. 作为一名合格的保险销售人员应该具备哪些素质和能力？

## 任务1　培养保险销售人员的素质与能力

素质的经典定义是指人的先天解剖与生理特点，即神经系统和脑的特性及感觉器官的特点，这是从生理及心理角度界定的。从现代人的素质构成看，素质已扩展到人的品质和人的社会品格领域。人在自然化和社会化的同时发展中，形成一系列生理的、心理的和社会的相对稳定的特性，就是素质。因此，广义的保险销售人员的素质是其先天条件和后天品格的综合反映，包括保险销售人员的思想、品德、气质、性格、知识和风度等；而狭义的素质是指保险销售人员先天具有的生理特点，如体质、心理特征等。先天素质是形成后天能力的基础。

那么，什么是能力呢？国际 21 世纪教育委员会认为："能力是每个人特有的一种混合物，它把通过技术和职业培训获得的严格意义上的资料、社会行为、协作能力、首创能力和冒险精神结合在一起。""交往能力、与他人共事的能力、管理和解决冲突的能力越来越重要。"

作为一个成功的保险销售人员，每天都要和形形色色的人物交往，因此一方面要求其有健康的体魄、积极的心态、不畏艰险的性格和良好的职业道德风范等素质，另一方面又要求其有良好的形象、精辟的保险见解和驾驭全局的能力。

## 一、保险销售人员的职业道德要求

所谓职业道德，就是同人们的职业活动紧密联系的、符合职业特点所要求的道德准则、道德情操与道德品质的总和。每个从业人员，不论从事哪种职业，在职业活动中都要遵守道德，如教师要遵守教书育人、为人师表的职业道德，医生要遵守救死扶伤的职业道德等。

保险行业也一样，保险销售人员要想成功，就必须具备良好的保险职业道德，这是维系客户、发展事业的最基本要求。我国《保险代理从业人员职业道德指引》中明确要求："保险代理从业人员在执业活动中应当做到：守法遵规、诚实信用、专业胜任、客户至上、勤勉尽责、公平竞争、保守秘密。"这是对保险销售人员的基本职业道德要求。

### （一）必须有热忱的态度和兢兢业业的敬业精神

一个成功的保险销售人员，必须热情洋溢，对本公司的产品充满信心，对保险销售事业充满希望。因此迈入这个行业，首先必须在心目中树立这样一个崇高的职业心态："我们销售的保险产品是一份爱心产品，所做的是为人类谱写爱的篇章，推动的是人类关爱的事业。"这种发自内心的热爱，能够使你充满力量，让你成为一名优秀的保险销售人员。

决定保险成败的因素是保险销售人员的工作态度，即抱着何种态度去运用各种销售技巧。这些态度包括对自己的态度、对销售保险的态度、对挫折的态度、对客户的态度、对保险产品的态度。无论面对何种情况，保险销售人员都应当积极进取、百折不挠，这样方能成功。

### （二）诚信是保险销售人员的立业之本

诚信是保险销售人员最基本的品格要求，是公司利益的保证，同时也是客户利益的保证。在西方国家，诚信是商场视之为生命的自我约束，谁若失去了诚信，他将失去一切。

自古以来，中华民族最重视的品德就是“诚”，“一诺千金”“君子一言，驷马难追”，这都说明了国人对“诚信”的重视和要求。保险业由于行业与保险产品的特殊性，对诚信的要求更高。“最大诚信原则”是保险业发展过程中所形成的铁的法则，是写入任何一个国家的保险立法当中的必备条款。

保险销售人员的诚信主要体现在以下三个方面。

1. 对其所服务的保险公司要诚信

保险销售人员必须努力工作，具有强烈的事业心，忠于自己的公司，不搞地下交易，不损公肥私，不破坏公司名誉，不泄露公司秘密。

2. 对其所服务的客户要诚信

保险销售人员对客户要一视同仁，热情服务，不欺不诈，不诱购诱销，遵守最大诚信原则，如实向客户介绍所在保险公司的基本情况和自身的情况，如实向客户介绍公司的各个险种，帮助客户客观评估其保险需求，清楚全面地给客户讲述保单的构成，填写要求。如果客户要求，保险销售人员还要客观地比较各个公司间相类似的险种情况，准确收取客户的保险费等。

3. 正确对待竞争对手

保险销售人员要注意遵守同业竞争中的道德准则，不要互相拆台，互相诽谤，否则会害人害己。

### （三）礼貌与规矩时刻牢记

保险销售人员如果能从语言、举止、服装、风度等方面讲究礼仪，就会增加个人魅力，给人带来愉快与信任，并能赢得别人的尊敬。保险销售人员应该记住这样一句座右铭：“礼仪是我的工具、我的武器、我的品德。”只有在销售过程中遵守礼貌与规矩，才能赢得客户的尊重与信任。

### （四）强烈的成功欲望与百折不挠的进取精神

保险销售人员在很多时候都是孤军奋战，面对每个潜在的客户，保险销售人员都代表着保险公司的形象，因此应慎重地对待每一笔交易。在遇见各种各样的拒绝时，保险销售人员必须有坚韧不拔的毅力和强烈的进取精神，真正做到“胜不骄、败不馁”，只有这样，才能到达胜利的彼岸。

保险销售人员的职业比较自由，很多时间都是由自己安排与布置的，因此自律精神非常重要。为什么有些人业绩平平，有些人却成绩卓著？这与个人的自我努力密切相关。

日本著名的保险销售之神原一平，在每个月的保险活动中平均用掉 1 000 张名片，每天要固定访问 5 名客户，任务没完成绝不休息。正是在这种百折不挠的精神鼓励下，50 年来他一共积累了 2.8 万名客户，这就是他的成功秘诀。

## 二、培养保险销售人员的专业素质

作为一名优秀的保险销售人员，必须掌握应有的专业知识，才能为客户提供准确、周到、详细的理财规划与客户服务，其保险建议才能获得客户的青睐，只有从客户自身的需求出发，制定出来的保险规划建议与服务指南才能让客户感到贴心，受到客户信任。因此保险销售人员应掌握下列必备的或基础的专业知识，具备相应的保险专业素质与技能。

### （一）保险销售人员的保险理论知识要求

作为一名保险销售人员，他必须对保险的相关理论与知识有深刻的了解，这样才能在保险销售的过程中侃侃而谈，形色自如地回答客户所提出的任何有关保险的问题。

保险销售人员应掌握的基本保险知识包括：风险与保险的概念；保险的基本原则（可保利益原则、最大诚信原则、近因原则、损失补偿原则）、再保险知识、社会保险知识、保险中介知识等。

### （二）保险销售人员的保险相关知识要求

1. 经济、金融和管理知识

对一个成功的保险销售人员来讲，基本的经济、金融和管理知识是其必备的，因此他必须在这些方面有所涉猎与了解，以便在营销中说服客户，回答客户的相关问题。这些知识包括市场经济的基本理论、现代企业制度、财政知识、货币金融知识、会计知识、市场营销知识等。

2. 法律知识

一名合格的保险销售人员必须严格遵守国家法律法规，在合法合理的范围内为客户提供优质的服务。作为保险销售人员，要深刻了解与保险相关的法律知识：《中华人民共和国保险法》《中华人民共和国公司法》《中华人民共和国合同法》《中华人民共和国会计法》《中华人民共和国劳动法》《中华人民共和国海商法》《中华人民共和国民法通则》《中华人民共和国刑法》《中华人民共和国消费者权益保护法》《中华人民共和国反不正当竞争法》《保险公司管理规定》《保险公估机构管理规定》《保险代理机构管理规定》《保险经纪公司管理规定》等。只有了解和熟悉上列法律法规的相关条款，才能真正做到合法展业，积极主动、准确及时地为客户服务。

3. 其他相关知识

为了更好地进行保险产品销售，保险销售人员有必要对与营销相关的知识进行涉猎，如心理学知识，能帮助销售人员正确调整日常压力和生活中的心态，正确处理挫折和失败，正确处理工作和生活中所遇到的相关问题，以一种积极的心态面对生活。

### （三）保险销售人员的专业销售能力要求

成功并不是偶然的，而是保险销售人员与客户能力与谋略的较量，也是保险销售人员坚韧不拔和辛勤付出的成果。与客户接触，保险销售人员需要具备哪些基本的能力呢？

#### 1. 智力

智力指思考问题、分析问题与解决问题的能力，通常对应的是“智商”。智力高则保险销售人员的智商高，保险销售人员的智力越高，保险销售工作将做得越好；反之，在保险销售过程中将出现不少挫折的情况，使保险销售工作事倍功半。

#### 2. 社交能力

社交能力是指人们为了某种目的而运用语言或者非语言的方式相互交换信息，实现人际交往的能力。能够恰当地驾驭语言的能力，可以在公关社交中占据上风，也就可以吸引客户。许多权威人士指出，有关测试结果表明，人的知识水平越高，掌握的词汇量越大，与他在社会上取得的成就大小有着密切的关系。毫无疑问，保险销售人员必须能够清晰有效地表达自己的思想，保险销售任务越高，这一点就越重要。用语言描绘出生动的画面，明确地表达各种思想，有助于客户购买欲望的提高。

#### 3. 自我管理能力

销售工作对保险销售人员来说意味着要面对业绩上的竞争、自我期望与人际关系等各方面的冲突，因此，保险销售人员应学会管理自己。不管干哪行，要想取得成功，管理、约束自己，养成良好的习惯是关键。

（1）学会自我激励。保险销售人员在开展业务的过程中，沉重的生活及工作压力，有时使保险销售人员常常因为无法寻求适当的沟通方式和缺乏承受失败挫折的勇气，而过度地压抑自己，使自己不知不觉地陷入情绪低潮，造成一连串的失误，引起恶性循环，于是自我激励就成了走出低潮的一种有效方式。首先是保险销售人员的自我肯定，其次是精神状态调节，它能促使保险销售人员快速地恢复到充满激情的销售状态。因此，学会自我激励是保险销售人员十分重要的一课和一种实用的自我疗伤方法。

（2）发挥自己的潜能。爱因斯坦说过：“人类因为有梦想而伟大。”保险销售在国内是一个朝阳行业，前景广阔，同时充满了挫折与挑战。许多保险销售人员满怀希望地踏入这个领域，一段时间后，有人品尝了成功的喜悦，也有人黯然离去，关键在于保险销售人员如何看待失败和挫折，是否抱定必胜的信念，充分发挥自己的潜能，迈向成功。

#### 4. 观察能力

保险销售人员的观察能力，是指通过客户的外部表现去了解客户购买心理的能力。人的任何行为表现都与其内心活动有联系，反映内心活动的情绪变化。市场上的客户也一样，保险销售人员可以通过观察客户行为来发现反映客户内心活动的许多信息，如兴趣、爱好、欲望等，以决定采用何种销售方式来说服客户，使其产生购买行为。因此，观察能力就成为销售人员应具备的揭示客户购买心理的重要能力。

为了锻炼和提高自己的观察能力，保险销售人员可以参考以下三个方面的做法。

（1）要明确观察任务和顺序。有了目的才能很好地观察目标客户，才能提高观察效果，同时，观察客户的言行要有一定的顺序和步骤。只有这样才能分清主次，抓住本质。

（2）要运用系统的观点看待事物。保险销售人员既要看到事物的全貌，又要看到事物的内部与层次。

（3）要依赖平时积累的知识、经验和技能。保险销售人员的经验、知识越丰富，对事物的观察也就越透彻，就越能把握客户的购买心理。

5. 理解、判断和决策能力

理解能力是指人们对事物本质与深层原因了解与认识的能力，理解能力高，就可以通过复杂多变的关系来认识事物的内在联系。保险销售人员具备较高的理解能力，可以准确地把握与理解客户的言行举止，与客户及相关人员愉快地合作。

判断能力来自人们对事物的真正理解，是指人们用某个标准对事物做出定量或定性界定与区别的能力。例如，基于对保险市场的观察与了解，从而判断出保险产品消费者偏好的发展趋势等。良好的判断能力有利于保险销售人员做出正确的决策。

决策能力是指人们依据所处的环境和条件确定行为目标，在达到目标的多个可行方案中进行分析、判断与优选的能力。在保险产品的销售过程中要懂得随机应变，因地制宜。

6. 语言表达能力

能言善辩是一个合格的保险销售人员的重要条件之一。在保险销售过程中，为了达到销售保险的目的，保险销售人员要回答客户的各种提问，向客户介绍、宣传公司的品牌与保险产品品种与性能，要促签保单、排除异议，直至达成交易后向客户表达谢意。这些都需要用语言来恰当地表达，因此保险销售人员必须善于用语言去启发客户，说服客户。

7. 应变能力

应变能力是指人们在遇到意外的情况时，能够沉着冷静、灵活机动、审时度势地应付变化，并能达到原来既定目标的能力。应变能力的提高只有靠保险销售人员平时在销售实践中总结自己的应变经验与教训，找出符合自己特点的应变经验与规律。

## 三、培养保险销售人员的形象素质

在我们的日常工作与生活中，谁愿意与一个蓬头垢面、衣衫不整的人进行交谈呢？一个满嘴粗话、不讲文明的人也是不讨人喜欢的。没有人愿意与一个没有教养的人交朋友。所以，保险销售人员一定要在销售之前和销售的过程中，时刻注意自己的形象，时常训练自己，时常检查自己的仪表仪容，给客户留下美好的第一印象，并将它长久地保持下去。

### （一）健康的体魄

一个声音洪亮、精神奕奕的人给人一种安全感，而一个弱不禁风、病病歪歪的人则让人感到担心，所以，作为一个保险销售人员，健康的体魄是必不可少的。保险销售人员是独立经营者，每天要与各种各样的人打交道，需要充沛的体力和精力，所以保险销售人员一定要在平时注意锻炼身体，使自己时刻处于最佳的身体状态。

### （二）服饰仪容

“他的衣着打扮非常得体，给人的感觉很好。这说明他是一个注重细节的人。”必须让别人对自己具有这样的好感，保险销售才能成功。当然，对保险销售人员来说，并不需要穿金戴银，但注意要给人清洁整齐、干净利落、舒适顺眼的感觉，切记不能穿得花枝招展、肮脏不堪、破破烂烂，那无异于告诉客户：“我是一个生活不严肃、无所谓的人，或者说是一个没有生活品位的人。”这样的话，谁也不敢相信你，与你做交易。

### （三）肢体语言

随着文明程度的不断提高，在沟通过程中，人们的动机更多地隐藏在客套的外衣之下，保险销售人员不应当听到赞扬就以为成功，听到埋怨就以为失败。除了细心揣摩、领悟对方语言表达的真正意思，更应注意其表情、目光、肢体动作等身体语言所透露的玄机。

## 四、培养保险销售人员的心理素质

国外著名的销售专家和经验丰富的销售人员，总结归纳了许多能体现销售人员能力、品质等素质的经典语言，其中，良好的心态就是15个“心”：爱心、信心、耐心、关心、诚心、良心、恒心、决心、专心、小心、虚心、真心、热心、安心和留心。下面重点介绍其中比较重要的5个。

### （一）爱心

在现代社会中，爱家庭、爱父母、爱子女、爱公司、爱客户，是一名合格的保险销售人员应具备的最基本的素质，也是保险公司对保险销售人员必须的要求。只有拥有爱心的保险销售人员，才能在销售过程中急客户之所急，想客户之所想，才会设身处地地为客户设计理财计划和保障需求，这正是保险销售成功的关键。

### （二）信心

做一名优秀的保险销售人员，拥有信心是最重要的。

1. 信心是成功的前提条件

信心对保险销售人员来说，尤为重要。自信将会使你的销售变成一种享受，能使你把销售当作愉快的生活本身。成功的保险销售人员会在自信的销售工作中对自己更加满意、更加欣赏自己。

2. 信心是赢得客户信任的前提

当你与客户会谈时，言谈举止之间若能流露出充分的信心，则会感染客户，赢得其信任。客户信任你，才会相信你的保险产品说明，从而心甘情愿地购买保险。

3. 用平常心找回信心

日本销售之神原一平这样评价信心："不要对自己失去信心，即使真的没有成功，也不要失望，因为这也在情理之中。"这句话的言外之意就是保险销售人员不管销售成功与否，都不能丢掉信心。

### （三）耐心

耐心是保险销售人员所应具备的重要素质，对保险销售工作来说也是至关重要的。与客户接触，保险销售人员不要急于求得此次销售的结果，而要通过有意识的言论和行动，使客户能够平心静气地听你详细介绍保险险种和能够给客户带来多少益处，要真心实意地同客户一起商谈购买的可能性。

如果你是一个耐心的保险销售人员，你就能恰如其分地把握谈话的主动权，使谈话始终在轻松、友好、愉快的气氛中进行，既能树立自己的良好形象，又能极好地宣传所要销售的险种；既能了解客户的需求与疑虑，又能借机向他们销售合适的险种。其结果往往是"水到渠成"，客户会心甘情愿地从你手中购买保险。

### （四）诚心

几乎所有的保险销售人员，都知道这句名言"精诚所至、金石为开"。保险销售人员的诚心是打动客户的重要因素。保险销售人员应该认识到客户是衣食父母，无论何时保险销售人员都必须以一颗温暖、热忱、真诚的心来对待客户，这样才能赢得客户对你及你所销售的保险的信任。

### （五）恒心

有这样两个成语：滴水穿石，铁杵磨针。这体现了恒心的作用和真谛所在。在某大型保险公司中，其经理这样说：一个好的保险销售经理，会淘汰拥有十个学位却没有恒心的人，但把工作交给一个没有学位却有恒心的人，相信"有志者事竟成"。

## 延伸阅读 8-1

### 脚比路长

1973 年出生的蔺金良，是甘肃省武威市洪祥镇人。读完初中的蔺金良辍学后跟着朋友进城打工，当时一个月工资 300 元，在一家针织品商店当售货员。两年以后，蔺金良到了粮店，做记账员。五年后下岗，蔺金良又开始在超市打工，后经营服装店，均以失败告终。"因为没有利润，尽管苦心经营，结果还是赔了钱。"

蔺金良在经营服装店的时候，结识了一位朋友。当时朋友动员她去做保险，但她当时认为保险是一种“传销”，思想抵触，没有答应。在生意实在坚持不下去时，蔺金良想到了保险，下定决心，尝试转机。

**“改变就要付出汗水”**

“什么是改变？我认为要实现自己的心愿和梦想，就要忍受别人不能忍受的痛苦，改变就要付出汗水。”蔺金良这样说。

2004年4月，初到保险行业的蔺金良有个朴素的想法，既然朋友能做成，那我也能干好。蔺金良来到保险公司时，家里一片反对声，特别是老公反应最激烈，蔺金良还是顶着压力留了下来，坚持学习，熟悉业务。

“怎么也没想到第一单出奇顺利。”蔺金良一个亲戚想为孩子买份保险，听说蔺金良在卖保险，于是找了过来。在蔺金良的动员下，亲戚买了四份不同的险种。“确实特别激动，步入社会多少年了，上班也罢，生意也罢，我凭借业绩第一次拿到了高工资。”

世界上从来没有一帆风顺的人生旅途。几个月后，开始没有签单，连续五个月没有做成一单，蔺金良坚持到2005年7月的时候，无奈选择了离开。

“离开的时候，我不知道该去干什么。”内心苦闷的蔺金良去了一趟上海，想寻找一个机会，一个未来的职业。“整整待了一个月，也没有找到什么好干的，因为很多生意需要投资，需要本钱。”

痛定思痛，蔺金良觉得自己不够用心，没有找到做好保险的窍门。不是保险行业不好，而是工作思路和方法不对。“任何你曾认为很难为情、很不可思议的事情，等你真正去做了，你会发现，其实也没什么，生活所迫，总要给自己找条活路。”

2006年2月，蔺金良再次回归保险业。她认为，熟人圈是有限的，而陌生市场是无限的。当时公司有同事坚持下乡搞小型产品说明会，几个人组成一个小组，深入基层宣讲保险产品，传播保险理念，收到一定的效果。蔺金良觉得这个办法可行，坚持做一定会有效果。

观念支配行动，蔺金良信心满满，再次全身心投入。服务一段时间后，蔺金良感觉到，手里渐渐有了客户，认识的人也开始了转介绍。蔺金良业务发展与招人同步进行。汗水浇开幸福花，2007年的元月，蔺金良晋升主管，三个月后晋升高管。

在一个季度业务竞赛后，蔺金良获得了一次外出旅游的奖励。来到风景秀丽的景点，蔺金良登高望远，内心很激动：“感谢行业，感谢公司，给予我机会，我能来这么好的地方，我更加坚定做好保险的信心！”

**“成功是逼出来的”**

“当有人逼迫你去突破自己时，你要感恩他。他是你生命中的贵人，也许你会因此而改变和蜕变。当没有人逼迫你时，请自己逼迫自己，因为真正的改变是自己想改变。蜕变的过程是很痛苦的，但每一次的蜕变都会有成长的惊喜。”

2008 年春节之后，蔺金良生命中的贵人出现了，她有幸遇到了时任泰康人寿武威中支副总经理的张瑞，他正在招聘人员，蔺金良加入了这个优秀的团队。2008 年 6 月，蔺金良晋升分区经理，个人的业务能力和组织能力得到了有效提升。

新的机会来了，2012 年 5 月，富德生命人寿甘肃武威中支筹建，蔺金良寻找到了新的舞台，她担任高级分区经理。

8 月 24 日公司正式开业。8 月 25 日，生子一个月后的蔺金良把孩子托付给父母，自己立即投入工作。

蔺金良把更多的精力投入小型产品说明会，个人出资购买了投影仪和其他设备。她带领团队成员奔忙在基层从事宣传和展业。2013 年 2 月，团队收获保费 400 万元，获得了新筹机构第一名。

蔺金良把展业的触角伸向农村，她觉得那片市场很大，需要开拓，更多的群众需要保险。通过熟人在村里找有声望的人，让其宣传动员经济状况好、有保险意识的人，来组织小型产品销售会议。蔺金良带领团队成员整天顾不上吃饭，午餐就是出门携带的清真大饼、榨菜加矿泉水。几个人轮流演讲，从不同角度宣传保险，宣讲产品。一次成功的产品说明会，加上促成签单环节，渐渐能收入保费十余万元。

第二年经济状况有所改观的蔺金良，投资分期买了一辆丰田卡罗拉轿车，给展业和出行带来了极大的便利。展业小组每次归来都是晚上 10 点以后。蔺金良印象很深的一次，11 月中旬，雪下得很厚，驾车到了离村子还有几里路的地方，道路湿滑、崎岖难行，她们索性把车停在路边，背着笔记本电脑、资料和礼品步行。行走中，突发险情。途中有一口枯井，蔺金良没有注意到，一不小心差点掉进去，幸亏她反应快，抓住了旁边的草丛。伙伴们赶快把她拉住。蔺金良被吓出了一身冷汗，至今还心有余悸。晚上拖着疲倦的步履回家，下了车，蔺金良发现自己的耳朵冻伤了。

展业是一种辛苦的劳作，蔺金良提倡快乐营销。为了给大家鼓劲，展业往返途中，大家都非常开心，不管保费收入多少，车上都是开心地唱歌，然后分配好工作。有时候互相找找问题，提提建议。

蔺金良非常注重客户回访。每年端午节、中秋节、春节，她都和团队成员一起带上小礼品去面见客户，嘘寒问暖。每逢年底，她还要把客户请到公司的酒会上来，加深了解，增进沟通与交流，让客户更多地了解公司，了解新产品，通报产品分红情况，通报红利，对新老客户进行答谢。

**“您的满意就是我的动力”**

“做好保险的售后服务，能够维护和提升保险信誉，招来回头客，能够使公司与客户的联系更加密切，关系更加巩固，用感情的纽带架起双方之间的桥梁。”蔺金良认为。

2016 年 7 月，西阳乡三沟村有一对夫妻在医院陪侍因病住院的婆婆。期间，保险公司有人来探望同病房的一位病友，他俩初步了解了保险的好处。后来在蔺金良的动员下，各买了一份人寿保险。人有旦夕祸福，第二年快到续费的时候，丈夫不慎在干活的工地发生意外而身故。一周后，蔺金良将赔款送到客户家。“客户还有两个孩子，一个15岁，一个10岁。尽管父亲不在了，悲伤难以抚平，但留下的30多万元赔款，可以让两个孩子继续上学，长大成人。”从此这个村里的人都有了较强的保险意识，不少人打听怎么买保险。

蔺金良另有一位李姓的客户，是个包工头。蔺金良的一次产品说明会，包工头参加了。会议结束后，蔺金良反复做他的工作，当时包工头手头闲钱不多，只保了大病意外分红保险。第二年，他不慎患了食道癌。住院期间，蔺金良前去看望他，并带去公司的赔款。包工头大为感动，逢人便讲保险的好处。

蔺金良还有一位卡单的女客户，是石墩乡人。蔺金良上门动员她买保险，她为老公买了一份保险，年交费5 600元，出于经济原因，无力再给自己买保险。临走的时候，蔺金良动员她买意外险卡单，260元钱可以保10万元。她买了一份。在秋收季节，夫妻俩将玉米秸秆装满车往回拉，这个女客户就坐在上面。路面颠簸，她不幸被从车顶颠了下来，颈椎出了问题，成了残疾人。他家里人抱着试一试的想法，给蔺金良打了电话。蔺金良闻言上门服务，过了一段时间，赔款10万元到了银行卡里。“我从这件事里，深深感到农村的老百姓需要提高安全风险意识，需要保险的呵护！”蔺金良心中有了更多的紧迫感。

“你的努力是唯一能让你站住脚跟的依靠。生活，需要追求；梦想，需要坚持；生命，需要珍惜。”蔺金良正是靠着坚持，战胜了自己。“我自己文化水平不高，也没有家庭背景。我没有理由不付出，不付出哪会有回报？我从年收入两万元到收入几十万元。一开始全家都反对，第二年我老公也来公司上班，过来帮我的忙，他从事内勤工作。”

蔺金良还购买了奔驰汽车。“因为我觉得买辆好车，可以给大家起个示范作用，是保险公司改变了我的命运，改变了我的生活，也改变了我在家庭的地位。我感恩公司，这些年公司给我了很多的奖励和培训机会，我有幸出国旅游，开阔了视野。如果我还是一个家庭主妇，或者生意人，我没有这样的机会！”

“每个人在现实生活中都不可能是一帆风顺的，想实现自己的追求，就要在自己的心中牢牢记住‘努力’这个词，这是可以改变一生的词。要知道，只要选对了方向，而且努力去拼搏，那么在这个世界上就没有比人更高的山，没有比脚更长的路。”蔺金良信心满满地说。

（资料来源：中国保险报网站2019年9月6日发表的文章“蔺金良：脚比路长，http://shh.sinoins.com/2019/09/06/content_303949.htm，节选时有删改。）

**思考题：**

从蔺金良的奋斗过程中可以看出，她具备哪些突出的专业素质和心理素质？

# 任务 2　对保险销售人员开展培训

保险销售人员的素质高低，直接影响保险公司的销售业绩与保险销售人员的前途，因此选拔和培养优秀的保险销售人员是保险公司人力资源管理至关重要的组成部分。

## 一、企业文化理念培训

### （一）企业文化的界定

对于企业文化的定义，目前有狭义与广义两种。狭义的定义认为，企业文化包括企业的思想、意识、习惯及感情领域。广义的定义认为，企业文化是企业在建设和发展中所形成的物质文明与精神文明的总和，包括企业管理中硬件与软件、外显文化与隐形文化（或称表层文化与深层文化）两部分。

企业文化包括四个方面。

（1）企业的最高目标和宗旨。企业不仅要追求利润最大化，还要追求社会效益最大化，纵观历史上的知名企业，无不以社会服务为己身的最高宗旨。

（2）共同的价值观。共同的价值观是企业文化的核心和基石，它为企业员工提供了共同的思想意识、信仰和日常行为准则，这是企业取得成功的必要条件。

（3）作风及传统习惯。这是为达成企业最高目标和价值观服务的。

（4）行为规范和规章制度。它使得企业文化得以在企业中施行。

### （二）企业文化的结构

1. 物质层

物质层是企业文化的表层部分，能折射出企业的经营思想、经营管理哲学、工作作风和审美意识。它主要包括厂容厂貌、产品的外观与包装、企业技术工艺设备特性三个方面。

2. 制度层

制度层是企业文化的中间层次，主要制定了企业成员在共同的生产和经营活动中所应当遵循的行为准则。它主要包括工作制度、责任制度、特殊制度三个方面。

3. 精神层

精神层主要是指企业的领导和员工共同信守的基本信念、价值标准、职业道德及精神作风。它是企业文化的核心和灵魂，主要包括企业经营哲学、企业精神、企业风气、企业目标及企业道德五个方面。

### （三）企业文化的性质与作用

1. 企业文化的性质

一是无形性，虽然企业文化无形，但可以通过有形的载体表现出来。二是软约束性，企业文化靠的是企业员工的自觉自愿来实行的。三是相对稳定性与连续性。四是个性化，不同的企业，由于其特征与形成过程不同，企业文化相对也不同。

2. 企业文化的作用

一是导向作用，能把企业员工个人目标引导到企业所确定的目标上来。二是约束作用，使企业上下一心，共同奋斗。三是凝聚作用。四是激励作用。五是辐射作用，企业文化所树立起来的企业形象往往能对员工与消费者或社会产生很大的辐射作用，为企业创造良好的发展环境。

### （四）企业文化的营销功能

所谓企业文化的营销功能，是指通过企业文化的外向传播，得到消费者的广泛认知与认同，从而产生良好、深刻的印象，产生企业与消费者情感上的交流与沟通，提高消费者对该品牌的信任度和忠诚度，刺激消费量的增长，从而促进营销工作开展的功能。

1. 企业文化营销功能的体现

它是通过企业文化的几大核心要素，从不同的角度和侧面综合体现出来的。

（1）企业的价值观念。它决定了企业的经营理念与风格，左右着企业的发展方向。它对企业的外在形象塑造影响深远。树立一个消费者所广泛认同的价值观念至关重要。

（2）企业的精神风貌。良好的精神风貌能营造良好的工作氛围，提高员工的主动性与积极性，在与其他的社会群体交流时也易给别人留下好印象。

（3）企业的视觉形象。它是最直观、最易于向社会群体传播的企业的文化要素。视觉形象的好坏直接影响消费者的购买行为。

（4）企业的质量文化。过硬的质量水平、有效的质量保证体系和可信的质量承诺构成企业优秀的质量文化，能起到引导消费者购买行为的作用。

（5）企业的服务文化。良好的服务质量和服务水平能让消费者宾至如归，提高消费者的忠诚度。

（6）企业的信誉度。信誉良好的企业易于得到消费者的认同。

2. 企业文化营销功能的发挥

（1）要建设优秀的企业文化。只有优秀的企业文化才能起到积极的引导作用，因此企业要不遗余力地提高自身的文化品位。

（2）要重视企业文化的对外传播。酒香也怕巷子深，在如今的社会，如果优秀企业不重视文化的传播，就会被消费者所遗忘。企业要在以下方面做好传播工作：重视保险销售人员的传播作用；加强对外宣传力度；重视企业参观人员；着力塑造良好的品牌形象。

### （五）保险公司企业文化的特征

1. 立足本职，发挥职能

保险有三大职能，即补偿职能、社会管理职能和资金融通职能。保险公司在进行企业文化的建设和培训过程中，要始终立足于这三个职能，从职能出发，思考自己的定位和发展方向，而不只是表面地喊喊口号。

2. 结合实际，提升形象

保险行业的形象欠佳，主要就是由销售和理赔两个方面导致的。保险公司在进行企业文化的建设和培训过程中，要从这两个方面入手提升形象。具体来说，首先，就是要在公司内部、外部，多举措弘扬正能量、弘扬诚信品质、弘扬服务品质、弘扬业务能力；其次，就是要加强正面宣传，不仅包括业务知识、相关法律知识，还包括保险有关形势与政策的宣传引导使员工在宣传中强化职业精神；再次，提升人员的行业准入门槛，整体提升业务人员队伍素质；最后，加强从业人员的系统化培训，关注从业人员的职业培育过程。

3. 坚持品质，稳定长久

这里所说的品质，包含服务品质、产品品质。服务品质就是员工要各司其职，在职责范围内将工作做到最好。这不仅需要业务能力的支撑，更需要综合素养的奠基，对员工提出了整体的长期的职业成长的要求。这还需要团队营造一种氛围，秉承服务业的工匠精神，发扬并传承。产品品质就是客户对于产品体验的全过程的满意度。在保险公司中，只有抓好了服务品质和产品品质，公司才能长久地经营下去，才能保持核心竞争力，立于竞争的不败之地。

4. 着力创新，与时俱进

无论是保险销售人员展业，还是公司产品开发，抑或是普通员工的工作推进，都需要与时俱进，从中找到适合自己、符合现实的最好方法。以保险销售人员展业来说，从最早的面对面拜访，到电话拜访，再到微信推广、网络推广等方式，都是随着人们生活方式的转变在发生着变化，这种及时的适应性大大提高了工作效率。保险销售人员要重视与时俱进和创新，从日常工作中多观察、多总结，逐步摸索规律，寻求创新和突破，而不是一成不变地使用原有方法，等待上级引导性地改变。做到以上这些，需要保险公司在平时的工作及培训中，有形无形地强化终身学习理念，并通过实际举措进行推动。

## 延伸阅读 8-2

### 阳光人坚守企业文化，敢于挑战

成立伊始，阳光保险便坚守“责任与进步”的文化定位，这是全体阳光人的共识。工作中，每个阳光人都敢于担当，主动承担起对客户、员工、股东、公司、社会应有的责任，争做工作责任与历史责任的担当者。

2001 年 12 月 11 日，中国正式加入 WTO，我国对外开放进入新的发展阶段，中国保险业迎来了空前的机遇与挑战，阳光保险正是在这个大时代背景下成立的。不过，有别于保险公司传统的创建模式，阳光保险是创始人张维功带领团队历经 8 个月、奔波 17 个省份、商谈 389 家企业后终于找到合适的股东，才最终创建起来的。这也为阳光从创立伊始就注入了“敢于挑战、坚韧不拔”的文化基因。

在阳光特有的文化基因引领下，阳光保险顺应改革开放之势，坚守文化、坚持创新，逐渐走出了一条非同寻常的跨越之路，成为新时代的大背景下，保险领域“中国梦”的一个生动例证。

回到责任，责任来自文化，也来自实力。2018 年 8 月，我国政府发布了《关于打赢脱贫攻坚战三年行动的指导意见》，其中指出，未来 3 年，还有 3 000 万名左右农村贫困人口需要脱贫，特别是“三区三州”等深度贫困的地区。阳光保险随即迅速响应，发起“双生计划”——“万名贫困生帮扶计划”“万名村医能力提升计划”，重点面向“三区三州”，定向帮扶万名贫困地区乡村学生、定向培养万名贫困地区乡村医生，实施健康扶贫、教育扶贫。

据不完全统计，成立 14 年来，阳光保险共计承担社会风险超 580 万亿元，已支付各类赔款超 1 490 亿元，上缴税款超 420 亿元，累计为 3.76 亿名客户提供保险保障。

2019 年年初，阳光保险吹响了“重塑阳光”三年强司的战略号角，重整行囊，再次出发，把企业发展融入国家大势中去，以实干的精神和优异的业绩为党、为国家、为人民做出应有的贡献。

（资料来源：节选投资中国网 2019 年 10 月 14 日“阳光人坚守企业文化，敢于挑战”，http://www.hyqcw.com/news/xf/2019/1014/xf081424927.html，节选时有删改。）

**思考题：**

请思考阳光保险企业文化体系是怎样构建的。

## 二、保险产品知识培训

作为一名优秀的保险销售人员，首先要明白自己要销售的保险产品有哪些、有什么特性、处于什么样的生命周期，然后根据不同的保险产品特性采取不同的销售策略。

### （一）产品

菲利普·科特勒认为，产品是指为留意、获取、使用或消费以满足某种欲望和需要而提供给市场的一切东西。现代观念的产品的内涵已从有形物品扩大到服务、人员、地点、组织和观念等，产品的外延也从其核心产品（基本功能）向一般产品（产品的基本形式）、期望产品（期望的产品属性和条件）、附加产品（附加利益和服务）和潜在产品（产品的未来发展）拓展，即从核心产品发展到产品的五层次。

### （二）产品组合

产品组合是某销售者售予购买者的一组产品，它包括所有产品线和产品项目。所谓产品线，是指许多产品项目的集合，这些产品项目之所以组成一条产品线，是因为这些产品项目具有功能相似、用户相同、分销渠道同一、消费上相连带等特点。所谓产品项目，即产品大类中各种不同的品种、规格、质量的特定产品，企业产品目录中列出的每个具体的品种就是一个产品项目。

企业进行产品组合的基本方法是产品组合的四个维度，即增减产品线的宽度、长度、深度或产品线的关联度。从营销的角度出发，其评价方法有 ABC 分析法、波士顿咨询集团法等。

### （三）产品的生命周期

产品从投入市场到最终退出市场的全过程称为产品的生命周期。该过程一般经历产品的导入期、成长期、成熟期和衰退期四个阶段。不同的阶段，产品的市场占有率、销售额、利润率是不同的。在导入期，产品的销售量增长较慢，利润额多为负数；销售额迅速增长，利润由负变为正并迅速上升时，产品就进入了成长期；经过快速增长的产品，销售量逐渐趋于稳定，利润增长处于停滞，说明产品的成熟期来临；在成熟期的后面阶段，随着销售量的不断下滑，利润也不断衰减，产品便进入了衰退期。

### （四）保险产品的特性

保险产品具有五个特性：非渴求性、服务性、明显的期限性、互助互济性、损失补偿性，详见第 5 章。

## 三、保险专业销售技术培训

对于任何一个刚加入保险公司进行保险销售的人员来说，对其进行专业的保险销售技能训练是必不可少的，也是促使其尽快成长起来为公司创造利润与业务来源的重要手段。

### （一）进行专业销售技术训练的必要性

（1）保险销售人员的销售业绩直接影响保险公司的经营好坏，而专业销售技术的培训就是让保险销售人员掌握销售技巧，提升销售业绩。

（2）能让保险销售人员适应千变万化的市场环境。

（3）能培养保险销售人员的独立意识，克服孤独感和挫伤情绪。

（4）能消除保险销售人员的恐惧感和自卑感，培养积极向上的心态，在挫折中越战越勇。

（5）能使保险销售人员的销售过程法制化、正规化、科学化，避免产生为公司带来麻烦的销售活动。

### （二）保险专业销售训练的目的

（1）发挥保险销售人员的天赋能力。

（2）缩短有效完成销售任务的时间。

（3）延长保险销售人员的作用期间。

（4）增加客户对保险公司的信任和忠诚度。

（5）精练保险销售人员的工作方法并进行推广。

（6）改善保险销售人员的工作态度。

（7）调动保险销售人员的工作情绪。

（8）调整保险销售人员的报酬观念。

（9）奠定团体合作的基础，培养企业文化理念。

（10）减少公司支出，提高效率，降低成本。

### （三）保险专业销售训练的内容

1. 了解保险公司文化

（1）本公司过去的历史及成就。

（2）本公司在社会及国家经济结构中的重要性。

（3）本公司在行业中的现有地位。

（4）本公司的各种政策和规章制度。

（5）销售工作在本公司中的重要性，公司对销售人员的期望及任务安排，销售人员应有的工作态度与精神风气。

（6）受训的目的、课程内容与程度。

2. 了解保险公司所销售的保险产品

（1）保险产品的种类。

（2）保险产品的组合与构成。

（3）保险产品的条款与附属单证。

（4）保险产品的功能与适用范围。

（5）保险产品的售后服务与核保核赔。

3. 了解保险客户

（1）客户的需要与欲望所在。

（2）客户的现实经济能力。

4. 提升保险销售技能

（1）仪容仪表训练。

（2）服务精神和工作态度的培训。

（3）访问准备、初访和再访训练。

（4）销售技术训练。

（5）实物演示训练。

（6）客户好感与忠诚度的培养训练。

（7）异议处理训练。

（8）克服销售困难训练。

（9）销售知识更新训练。

（10）售后服务训练。

5. 掌握保险销售管理方法

（1）如何拟定销售计划。

（2）如何撰写保险建议书。

（3）如何答复客户的问询。

（4）如何处理文字档案。

（5）如何控制销售费用。

（6）如何实施自我管理。

### （四）保险销售的训练方式与时间设计

1. 训练方式选择

训练方式可以采取在职训练、个别会议、小组会议、个别函授、销售会议、公司集中培训、电视电话会议、网络教学等方式。

2. 训练时间设计

（1）新人转正前训练：一般 3 个月。

（2）晋升培训：每个职级阶梯一般需要 3 个月。

（3）日常训练：包括晨会与夕会训练、周会训练、在职训练和集中训练。

（4）进修训练：视需要而定。

3. 影响因素

影响训练方式与训练时间的因素有保险产品的性质、保险市场的情况、受训人员的素质、要求程度、管理目标、训练方法等因素。

图 8-1 是保险公司常见的保险销售人员育成培训体系。

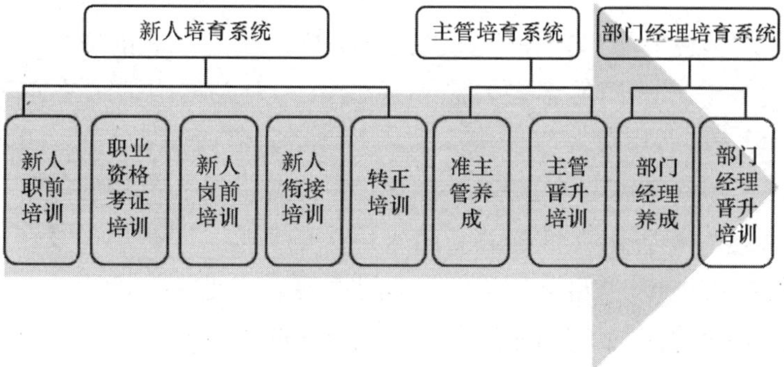


图 8-1　保险销售人员育成培训体系

# 任务3　开展销售人员的自我管理

## 一、管理销售人员的形象

### （一）销售人员个人形象塑造的意义

形象设计师罗伯特·庞德说过：“这是一个两分钟的世界，你只有一分钟展示给人们你是谁，另一分钟让他们喜欢你。”某公司总裁海罗德也说：“只有留给人们好的第一印象，你才能开始第二步。”第一印象往往根据人的外在形象和行为举止形成。

成功的形象能产生经济效益。美国著名形象设计师莫利先生曾对美国《财富》排行榜前300位中的100名执行总裁调查，97%的人认为懂得并能够展示外表魅力的人在公司中有更多的升迁机会。美国得克萨斯州立大学奥斯汀分校在对2 500个律师调查后发现，形象影响着个人收入，外表形象有魅力的律师的收入高于其一般同事14%。

保险销售人员要被社会、市场、客户所接受，就要有被社会、市场、客户所接受的形象。这就是保险销售人员应注重个人形象塑造的原因。

本节主要探讨保险销售人员的外在形象塑造。

### （二）销售人员着装技巧

1. 着装TPO原则

TPO原则是国际上公认的穿衣基本原则之一。这个原则是在1963年由日本男用时装协会提出的。T：Time，代表时间、时令、季节、时代；P：Place，代表地点、场合、职位、国家区域；O：Object，代表目的、对象。

TPO原则是要求人们在选择服装、考虑其具体款式时，首先应当兼顾时间、地点和出席的场合及目的，并应力求使自己的着装及其具体款式与着装的时间、地点、目的协调一致，较为和谐般配。由于这个原则比较准确地概括了着装与环境的关系，因而很快被认可。

2. 服装的色彩搭配原则

色彩，是服装呈现的第一印象，令人记忆深刻，决定穿着的成败。“四季色彩理论”是当今国际时尚界十分热门的话题，它由色彩第一夫人美国的卡洛尔·杰克逊夫人发明，并迅速风靡欧美，后由佐藤泰子夫人引入日本，研制成适合亚洲人的颜色体系。1998年，该体系由色彩顾问于西蔓女士引入中国，并针对中国人色特征进行了相应的改造。“四季色彩理论”给世界各国女性的着装带来巨大的影响，同时也引发了各行各业在色彩应用技术方面的巨大进步。“四季色彩理论”的主要内容是把生活中的常用颜色按基调的不同进行冷暖划分和明度与纯度的划分，进而形成四组和谐的色彩群。由于每组色群的颜色刚好与大自然四季的色彩特征吻合，因此，这四组色群被分别命名为“春”、“秋”

（暖色系）和“夏”、“冬”（冷色系）。这个理论体系对于人的肤色、发色和眼珠色等“色彩属性”（色相）同样进行了科学分析，总结出冷、暖色系人的身体色特征，并按明暗（明度）和强弱（纯度）程度把人区分为四大类型，为人们分别找到和谐对应的“春”“夏”“秋”“冬”四组妆扮色彩（有的人属于单一类型，有的人属于混合类型）。

3. 四季型人色彩诊断

（1）春季型人诊断技巧。

①肤色特征：浅象牙色、暖米色，细腻而有透明感。

②眼睛特征：光亮有神，眼珠为亮茶色、黄玉色，眼白感觉为湖蓝色。

③发色特征：明亮的茶色、柔和的棕黄色、栗色，发质柔软。

春季型人与大自然的春天色彩有着完美和谐的统一感。他们往往有着明亮的眼眸与透明的皮肤，充满朝气，给人以年轻、活泼的感觉。春季型人用鲜艳、明亮的颜色打扮自己会比实际年龄显年轻。

（2）夏季型人诊断技巧。

①肤色特征：粉白、乳白色皮肤，带蓝调的褐色皮肤或小麦色皮肤。

②眼睛特征：眼珠呈焦茶色、深棕色，目光柔和，整体感觉温柔。

③发色特征：轻柔的黑色、灰黑色、柔和的棕色或深棕色。

夏季型人给人温婉飘逸、柔和亲切的感觉。轻柔淡雅的颜色能衬托出其温柔、恬静的气质。

（3）秋季型人诊断技巧。

①肤色特征：象牙色、深橘色、暗驼色或黄橙色。

②眼睛特征：深棕色、焦茶色，眼白为象牙色或略带绿的白色。

③发色特征：褐色、棕色、铜色、巧克力色。

秋季型人有着瓷器般平滑的象牙色皮肤或略深的棕黄色皮肤，一双沉稳的眼睛，配上深棕色的头发，给人以成熟、稳重的感觉。秋季型人穿着与身体色特征相和谐的以金色为主调的暖色系服饰，会显得自然、高贵、典雅。

（4）冬季型人诊断技巧。

①肤色特征：青白色或略暗的橄榄色，带青色的黄褐色。

②眼睛特征：眼珠深黑色、焦茶色，眼睛黑白分明，日光锐利。

发色特征：乌黑发亮、黑褐色、银灰、深酒红。

冬季型人黑发白肤与眉眼间锐利鲜明的对比给人深刻的印象，充满个性、与众不同，最适合用对比鲜明、纯正饱和的颜色来妆扮自己，无彩色以及大胆热烈的纯色系非常适合冬季型人。

### （三）保险销售人员的职场正装

1. 职场男士着装要求

（1）正式西装。男士在职场中第一件必备单品是正式西装。西装面料应该选择 100%

毛料或至少70%的毛料或毛与丝的合成材料。任何化纤制品都会看起来廉价、劣质。成功男性的西服多采用深蓝、灰、深灰等中性色彩。黑色和棕色在国际性商务活动中应避免。男性西服只能是纯色或暗而淡的含蓄的条纹。任何大格、花呢的图案都不会让人产生良好的印象。深蓝色西服加暗条纹被认为是强有力的男性西服。

目前国际时尚的西服是单排扣，双排扣西服更加正规和拘谨。穿双排扣西服，所有的扣子都要扣上，而单排扣西服，最下面的一颗扣子不能扣上。穿正装西装时严禁穿毛衣。

目前，世界上流行的西服有三种风格：美式、欧式、英式。美式：宽松、不贴身、腰部呈筒形，后中开衩，适合瘦高型身材的人。欧式：剪裁得体，强调垫肩，肩部方正，后腰尤为得体，显出男性的肩、胸。双排扣较多，欧式更适合中国人的形体。大方得体，做工精细。英式：无垫肩或只有一点垫肩，腰部略有形状，有绅士格调和品位，多为单排扣。

（2）衬衫。有人把香水比作女人的第二件衣裳，那么对追求实在感的男人来说，衬衫就是男人的第一层肌肤。男士应该选择纯棉加厚的衬衫（吸汗、挺阔）；细条纹（谨慎选择大格子或粗条纹）；颜色以纯白、纯蓝、淡紫为宜。衬衫有很多款式，有经典的法式衬衫、时尚的英式衬衫、新古典的意式衬衫。商务正装推荐法式衬衫，因为首先法式衬衫是法式双叠袖；其次，双扣高领、暗门襟、前胸无袋，款型较为贴身。由于其装饰性较佳又不显过分，基本上已经成为高级西装的正式配搭衬衫，穿着显得较为正式。

衬衫袖子应比西装袖子长出一厘米左右，这既体现出着装的层次，又能保持西装袖口的干净。当衬衫搭配领带穿着时（不论配穿西装与否），必须将领口纽、袖口纽和袖叉纽全部扣上，以显男士的刚性和力度。

衬衫领子的大小，以塞进一个手指的松量为宜。脖子修长者尤忌领口太大，否则会给人羸弱之感。不系领带配穿西装时，衬衫领口处的一粒纽扣不能扣上，而门襟上的纽扣则必须全部扣上，否则就会显得过于随便和缺乏修养。

（3）正装皮鞋。正装皮鞋又称公务皮鞋，指与正装搭配，用料、做工较为讲究，样式大方的系带皮鞋。正装皮鞋鞋头有尖头、圆头、方头等多种式样，鞋跟高度中等。颜色主要以黑、棕、白为主。在正装皮鞋搭配原则上，应搭配深色的袜子。专门的西装袜长度到达小腿肚，无论动作幅度多大都不会“走光”，露出小腿。

（4）皮带。对男士们来说，简洁、干练才是职场人士的特征，所以在选用皮带时，一般不挂过多的物品。皮带的长度介于第一和第二的裤襻之间，宽度应保持在三厘米左右。如果皮带太窄，会失去男性的阳刚之气；如果太宽，只适合休闲、牛仔风格的装束。

（5）袜子。商务袜的主流原料是丝光棉。不仅具有纯棉吸湿透气的天然特性，而且具有光洁平整、柔软抗皱的优点，同时具有较好的性价比。一般来说，商务袜应该略带一点弹力，袜面平顺，略有光泽。

商务袜的颜色也至关重要，首先要求单色，没有提花、印花或其他图案。这是因为纯色的商务袜最能突出正式、严肃的感觉。其次要求不透明，穿着时还要与西裤、皮鞋的颜色做相同或接近的搭配。商务袜的颜色最好介于西裤和皮鞋之间，即比西裤颜色深一些，比皮鞋颜色浅一些，或者与西裤、鞋子的颜色相同。

一双好的商务袜，对长度也有讲究。基本规则是在一般正常的情况下（如坐下、跷腿、下蹲时），不能露出腿上的肉。一般要求至少到小腿的二分之一。

（6）公文包。首先，男人对于公文包的选择要慎重，切勿乱选择，因为男人的公文包体现着一个男人的品质与品位，更彰显着一个男人的生活质量。其次，对于公文包的颜色的选择，一般是黑色和棕色，黑色是常规色，显得很正式，而棕色除了显得正式，还会彰显男人的一种时尚感，因此黑色和棕色是男士公文包的首选颜色。再次，在公文包的材质选择上一般需要选择牛皮材质的公文包，因为牛皮材质质感比较好，纹理也比较细腻，会彰显一个男人的生活品质和个人品位。最后，在公文包软硬度的选择上要注意一点，那就是硬质的公文包对于包内的文件和资料有很好的保护作用。如果选择软质的公文包，则容易造成包内的文件和资料变形或者压坏。

（7）佩饰。佩饰的穿戴应本着“设计简单，质量精致”的原则。选用金属表，表链材质选择优质真皮或金属。如果需要佩戴眼镜，应该选择金丝边眼镜。金丝边眼镜比塑料边眼镜显得儒雅，不要选用粗厚、塑料框架的眼镜。随身携带优质的高贵品牌的金属墨水笔。

2. 职场女士着装要求

（1）套裙的基本要求。女性职业装比男性职业装更具个性，但是有些规则是所有女性都必须遵守的。特别是在正式场合，女士着装一定要忌短、忌露、忌透。所有适合职业女性在正式场合穿着的职业装裙式服装中，套裙是首选。它是西装套裙的简称，上身是女式西装，下身是半截式裙子；也有三件套的套裙，即女式西装上衣、半截裙外加背心。

套裙可以分为两种基本类型。一种是用女式西装上衣和随便一条裙子进行自由搭配组合成的“随意型”。一种是女式西装上衣和裙子成套设计、制作而成的“成套型”或“标准型”。一套在正式场合穿着的套裙，应该由高档面料缝制，上衣和裙子要采用同一质地、同一色彩的素色面料。在造型上讲究为着装者扬长避短，所以提倡量体裁衣、做工讲究。上衣注重平整、挺括、贴身，较少使用饰物和花边进行点缀。套裙在整体造型上的变化，主要表现在它的长短与宽窄两个方面。通常裙子要以窄裙为主，并且裙长要到膝或者过膝。一般认为裙短不雅，裙长无神。最理想的裙长，是裙子的下摆恰好抵达小腿肚子最丰满的地方。

（2）套裙颜色的选择。职业套裙的最佳颜色是黑色、藏青色、灰褐色、灰色和暗红色。精致的方格、印花和条纹也可以接受。买红色、黄色或淡紫色的两件套裙要小心，因为它们的颜色过于抢眼。

（3）衬衫。衬衫的颜色可以是多种多样的，只要与套装相匹配即可。白色、黄白色和米色与大多数套装都能搭配。丝绸是最好的衬衫面料，但是干洗起来可能会贵一些。另一种选择就是纯棉，但要保证浆过并熨烫平整。

（4）内衣。确保内衣要合身，身体线条曲线流畅，既要穿得合适，又要注意内衣颜色不要外泄。

（5）袜子。女士穿裙子应当配长筒丝袜或连裤袜，颜色以肉色、黑色最为常用，肉色长筒丝袜配长裙、旗袍最为得体。女士袜子一定要大小相宜，太大时就会往下掉，或者显得一高一低。尤其要注意，女士不能在公众场合整理自己的长筒袜，而且袜口不能露在裙摆外边。不要穿带图案的袜子。应随身携带一双备用的透明丝袜，以防袜子拉丝或跳丝。

（6）皮鞋。传统的皮鞋是最畅销的职业用鞋。它们穿着舒适，美观大方。建议鞋跟高度为三至四厘米。正式的场合不要穿凉鞋、后跟用带系住的女鞋或露脚趾的鞋。鞋的颜色应与衣服下摆一致或再深一些。衣服从下摆开始到鞋的颜色一致，可以使大多数人显得高挑一些。如果鞋是另一种颜色，人们的目光就会被吸引到脚上。推荐中性颜色的鞋，如黑色、藏青色、暗红色、灰色或灰褐色。

### （四）销售人员的商务礼仪

1. 礼仪观念

什么是礼仪？为表示尊重他人而应遵循的有关讲究礼节，注重仪表、仪容、仪态、仪式等方面的规范化的形式和程序。

“全不讲求礼仪就等于教别人也不要讲求礼仪，结果是使人对自己减少尊敬之心。”（培根）“不知礼，无以立人之前。”（朱熹）礼仪的目的是在人际交往中，双方互相尊重，迅速沟通，增强理解，缩短差异。

2. 营销活动礼仪

（1）表情。在从事各种营销活动中，在与人沟通过程中，你的表情就是你的名片，真诚的、轻松的、自然的、愉悦的表情能给人留下良好的印象，同时也体现了对别人的尊重。

1）微笑。微笑不但能保持外在的良好形象，而且也会影响自己和别人的情绪。笑容也能吸引陌生的朋友。微笑必须是发自内心和真诚的，否则脸笑而心不笑，看起来是假笑。

2）眼睛。“眼睛如同我们的舌头一样能表达，只是它的优势不需要任何词句就能被全世界理解。”（爱默生）眼睛是心灵的窗口。目光接触是一种信息的交流，一种对进一步交往的邀请。

（2）交谈礼仪。

1）倾听。倾听是事业成功者必须掌握的艺术，倾听是建立自己良好形象的最简单的办法。一个优秀的听众，能调动谈话者的情绪、思维，甚至开拓谈话者的创造力。在说之前，先学会听。应该这样倾听：与讲话者目光接触；身体前倾，表示对谈话感兴趣；运用点头、摇头等头部动作；运用“嗯”“是”等语言表示你在倾听；要“所答即所问”，这表示你在与人交流。

2）声音。声音在沟通中发挥着强有力的作用。深厚、迷人的声音能够强化你的美好形象，保持人们对你积极的注意力；尖利刺耳的声音会损坏你的形象。电话中，声音占信息交流的 90%。宽厚、低沉的声音让人感到有权威、可信、可靠。用准确精练的语言，应避免口头语或口头禅、发音错误、不文明的脏话等。

3）关于闲谈内容。人与人之间的闲谈能有效找到双方更多的相似之处，从而引起共鸣，减少交流对象之间的心理距离。

4）闲谈话题参考：谈论或提问对方擅长的话题；安全话题（公共话题），如哲学、历史、地理、艺术、建筑、风土人情；轻松愉快的话题，如电影、电视、体育比赛、流行时尚、烹饪小吃、天气状况等。

5）文明十字：“你好”“请”“谢谢”“对不起”“再见”。

（3）演讲礼仪。演讲的主要目的不仅仅是表达和展示演讲内容，更重要的是展示演讲者个人的形象。在演讲的前两分钟，演讲者展示给人们的视觉形象和开头的几句话是否能抓住人们的兴趣，就决定演讲是否能成功。

（4）电话礼仪。电话是一种常见的重要沟通工具，不规范、没有职业风范的电话方式，不但影响销售人员的形象，也影响公司的商业信誉。“每一个电话，都要努力展示给对方一个有高度职业经验、可以信赖的形象。”（英格丽）

1）接电话要点。

— 电话铃响时，微笑着去接电话。

— 在电话铃响第二声之后，第三声时再接电话。

— 先报公司名，再报个人名。

— 电话交谈中，停止手中、口中的一切活动。手中持笔，以便记下重要信息。

2）打电话要点。

— 电话中声音一定要热情、温暖。

— 告诉对方你是谁及来电的目的。

— 询问对方是否方便接电话；若不方便，告诉对方你在对方方便时再来电。

— 不要在商务电话中啰唆，要用精练的职业语言。

— 以祝福对方的友好语言结束电话。“非常高兴能与你通话！”“谢谢你！”

3）谁先挂电话。

— 地位高者先挂（上级部门先挂、职务高者先挂、客户先挂）。

— 身份地位一样时，主叫先挂。

（5）介绍礼仪。

1）自我介绍。

— 先递名片，再做自我介绍。

— 时间简短，内容简明扼要。

— 内容全面（单位、部门、职务、姓名）。

— 使用简称要慎重。

2）介绍他人。

— 谁当介绍人。社交场合往往是女主人当介绍人。公务介绍：办公室或公关人员等专业人员；对口人士；会见贵宾时，本单位职务最高者。

— 介绍顺序。把职级低者介绍给职级高者；把年轻者介绍给年长者；把自己公司的同事介绍给别家公司的同事；把同事介绍给客户；把非官方人事介绍给官方人士；把本国同事介绍给外国同事。

（6）握手礼仪。

1）伸手顺序：尊者在前。

2）表情：与对方目光接触，面带笑容。

3）握手姿势：伸出手时，手掌和拇指应该有一个角度，一旦你的手与别人的手握在一起，四指与拇指都应该全部与对方的手握在一起。

4）握手力度：2 公斤。

5）握手时间：3～5 秒。

（7）名片礼仪。

1）递名片。

— 地位低者先递名片。

— 微笑，目光交流，双手捏住名片的两个上角。

2）接受名片。

— 如自己没有名片：“对不起，我名片用完了。”“对不起，我没带名片。”

— 微笑，目光交流，双手捏住名片的两个下角。

— 认真看，必要时念名片上的重要内容。

3）索取名片。

— 交易法：将欲取之，必先予之。

— 激将法：“不知能不能有幸和您交换一下名片？”

— 谦恭法：“不知道以后如何才能够继续向您请教？”

— 联络法：“不知道以后怎样方便和您联系？”

（8）次序礼仪。

1）排序办法。

— 按行政职务的高低（官方活动、正式场合）。

— 按姓氏笔画顺序排列（选举、登报致谢等）。

— 按拉丁字母顺序排列（国际会议、涉外沟通、运动会等）。

— 按报名早晚顺序排列（招商会、展示会）。

— 不排列（对同等地位的客人进行介绍时）。

2）位次。

— 动态位次：左中右，中为上；进门方向的右边为上；内侧高于外侧，靠墙边为上；前方高于后方。

— 座次：面门为上；居中为上；以右为上；前排为上；以远为上（离门距离）。

（9）空间礼仪。

1）距离。

— 亲热界 0～46cm。

— 个人界 46～1.22m。

— 社交界 1.22～6.1m。

— 公众界 6.1～8m。

一般来说，在商务活动中应尽量在个人界内与人个别交流，应在社交界内与群体进行沟通。

2）位置。一般来说，在办公室递文件或在客厅交谈的场景，面对面的位置表示严肃和有距离感，斜对面或左右两侧位置表示关系更随意和亲近，在心理上更利于沟通。

3）电梯礼仪。

— 陪同人员先进后出。

— 领导、尊长后进先出。

— 电梯内一般不同任何人说话。

— 不与人目光接触。

— 不应有太多身体动作。

— 眼睛盯着数字板。

（10）体姿礼仪。心理学家的研究发现，人与人之间的交流 58%通过视觉，35%通过听觉，只有 7%通过语言。体姿属于身体语言，在视觉上很大程度地影响人与人之间的沟通。

1）站姿。

— 基本要求：抬头；挺胸；收腹；提臀；脸上带着自信；身姿挺拔。

— 应避免的站姿：两腿交叉站立；双手或单手叉腰；双臂交叉抱于胸前；双手插入衣袋或裤袋。

2）走姿。

— 基本要求：抬头平视；挺胸；收腹；肩膀往后垂；摆臂自然；步伐轻盈。

— 应避免的走姿：步子太大或太小；双手插入裤袋；双手反背于背后；拖泥带水；惊慌奔跑。

3）坐姿。

— 基本要求。女士：基本站立的姿态；后腿能够碰到椅子轻轻坐下；膝盖并拢；腿放中间或放两边；跷腿应合并。男士：基本站立的姿态；两腿可分开与肩平；两手放于双膝；可跷腿（于尊者之后）。

## 二、开展销售人员的活动管理

### （一）活动管理的意义

活动管理是指建立在一套完整的管理工具和一套完善的管理操作体系基础上的日常销售管理行为规范，其目的是让保险销售人员形成一套日常标准工作模式，从而达到自动自发、自我激励、自我管理，有效提升保险销售人员日常销售活动的质与量。

具体来说，销售活动管理对保险销售人员的好处包括：不断增加客户数量；提高有效拜访量；改善各项经营指标；提升客户服务质量；提升专业技能；工作有计划；管理有系统；拜访有目标；销售有策略；展业有工具；服务有品质等。保险销售人员活动管理对销售主管的好处包括：了解员工工作状态；实时掌控组织发展动态；可以使教育辅导更有针对性；确保业绩稳定增长；规范主管日常管理行为；累积主管的管理经验和资料；促使主管专业化管理；增强业务员的工作认同感；建立业务员日常工作模式等。

保险销售人员活动管理体系主要包括目标管理、时间管理、客户管理和情绪管理等。

### （二）目标管理

在保险销售活动管理体系中，目标管理可谓“牵一发而动全军”，起着方向标的引领作用。目标管理包含两大核心内容，一是目标设定，二是对目标达成过程的管控。

1. 目标设定

（1）目标设定要求。不管是短期目标、中期目标还是长期目标，概括来讲，应符合SMART 设计原则，即所设定的目标应是特定的（Specific）、可量化的（Measurable）、可达成的（Attainable）、相关的（Relevant），必须在一定时间（Time）内完成。

（2）目标设定步骤。

步骤一：明确生活需求。拟定年度内的重大消费项目和储蓄投资项目，可填写“个人生活需求表”。

步骤二：明确收入目标。根据今年支出的各项开支和投资储蓄额等，在参考上年收入及期待的增长率的基础上，明确自己今年所要达成的收入，拟定今年的销售佣金或手续费目标。

步骤三：收入目标转化。设定月收入目标，结合主销产品及佣金率，计算达成收入目标，需要多少保费，销售几件保单。

步骤四：市场活动计划。按照职场或本人的销售活动效率比，计算要达成本月计划销售的保单件数，各销售活动需要达到的次数。

步骤五：活动分数计划。根据销售活动的次数乘以对应分数得出月分数计划，合理分解至周，最终按照每周 5 天工作日计划日活动量分数目标。

步骤六：录入目标。将每月的业绩目标和每日活动量目标填写到目标设定表中，并上交主管，录入人员将制定的各项目标录入存档，以备过程跟踪、督促和考核。

2. 目标达成过程的管控

目标设定之后，对执行过程进行有效管控，以保证目标的顺利达成。可通过 GOLD 模型进行目标达成过程管控。

（1）Goal——集中注意力关注目标。

（2）Organize——对完成目标所需投入的资源进行组织调度和管理，如对资金、人力的组织调度。

（3）List——对需要完成的活动项目列出清单，并标明重点项目和完成时间先后顺序。

（4）Do——按照清单贯彻执行。

## 延伸阅读 8-3

### 保险销售人员目标拟订步骤

步骤一与步骤二：明确生活需求与明确收入目标。

明确生活需求是制定个性化目标的基础，通过工具“个人生活需求表”可以帮助我们找到自己的生活需求，从而可以针对自己不同时期、不同环境的需要来设定自己的目标。目标是根据自己的实际需要制定的，从而使目标的有效追踪成为可能。每年年底或年初时，主管在晨会中组织大家填写未来一年的“个人生活需求表”。

步骤三：收入目标转化。设定月收入目标，结合主销产品及佣金率，计算达成收入目标，需要多少保费，销售几件保单。

步骤四：市场活动计划。按照职场或本人的销售活动效率比，计算要达成本月计划销售的保单件数，各销售活动需要达到的次数。

我们可以将每月的收入目标，通过效率比转化为有效的市场活动，从而实现活动量管理，达成收入目标。根据个人以往的各个市场活动，计算效率比，结合效率比将目标转化为有效的市场活动。

效率比就是市场活动中每个步骤之间的次数比值。个人或团队的效率比是变化的、可评估的。表 8-1 是某销售人员月度市场活动中各关键步骤的活动次数及效率比。

表 8-1　某销售人员月度市场活动中各关键步骤的活动次数及效率比

| 项　目 | 客户经营 | 销售约访 | 销售面谈 | 递送计划书 | 签投保书 | 收取保费 |
|---|---|---|---|---|---|---|
| 次数 | 96 | 90 | 72 | 24 | 4.5 | 3 |
| 效率比 | 32 | 30 | 24 | 8 | 1.5 | 1 |

步骤五：活动分数计划。根据销售活动的次数乘以对应分数得出月分数计划，合理分解至周，最终按照每周5天工作日计划日活动量分数目标。

活动量积分可以把市场活动量化，并且通过量化市场活动来促进目标的达成。行业内的活动量“8分工作制”就是标准的日活动量积分标准，能保证每月有收入。表8-2列举了销售七步骤的分值。

表8-2　销售七步骤的分值

| 索取转介绍 | 客户经营 | 销售约访 | 销售面谈 | 递送计划书 | 签投保书 | 收取保费 |
|---|---|---|---|---|---|---|
| 1 | 1 | 1 | 2 | 3 | 4 | 5 |

步骤六：录入目标。把目标录入销售计划表、行事历或活动日志，督促自己确实执行。

说明：以上目标设定主要是从收入目标及销售活动目标来讲的。其实，为了保持自己的可持续发展潜力，保险销售人员应注重自我成长与职涯规划等人生目标的制定。

（资料来源：根据《中国人寿业务员手册》编辑整理。）

课堂实作：

艾国寿在主管的督促下坚持每天统计自己的各项市场活动次数，其中通过一个月的努力，艾国寿通过30次客户经营，一共电话约访了25个准客户，其中有15位客户答应了面谈保险事宜，通过向客户耐心地讲解保险，艾国寿为8位客户递送了计划书，并且在后续专业的保险讲解中，有3位客户签订了投保书，最后成功收取保费两件，成功实现了当月转正的目标，并且得到转介绍15个。

艾国寿加入公司已经三个月了，他擅长销售国寿福优享版，三个月的时间、个人的效率比已经基本稳定。根据表8-3和表8-4的数据，计算：

1．艾国寿的效率比和活动量积分。

2．艾国寿要完成其个人目标所需达成的分数。

表8-3　艾国寿的月收入目标

| 收入目标 | 佣金率 | 件均保费 | 件数 |
|---|---|---|---|
| 5 000元 | 48% | 5 000元 | 1 |

表8-4　艾国寿的效率比

| 序号 | 项目 | 分值 | 个人效率比 | 次数 |
|---|---|---|---|---|
| 1 | 索取转介绍 | 1 | | 15 |
| 2 | 客户经营 | 1 | 30 | |
| 3 | 约访 | 1 | 20 | |
| 4 | 销售面谈 | 2 | 15 | |
| 5 | 递送计划书 | 3 | 3 | |
| 6 | 签投保书 | 4 | 1.4 | |

### （三）时间管理

谈到时间管理，大多数人都会想到：一是在工作中如何有效地利用时间；二是如何有效地利用业余时间学习或工作。其实，这样理解时间管理是错误的。

时间管理与目标设定、目标执行相辅相成，时间管理与目标管理是不可分的。有了目标，如何开始一步一步循序渐进地达到目标，需要的就是“计划”。计划逐步细分，自然会衍生出许多必须去执行的事件，对事件加以规划，即时间管理。

## 延伸阅读 8-4

### 四代时间管理

第一代着重利用便条与备忘录。

第二代强调长/中/短期日程表，反映出时间管理已注意到规划未来的重要性。

第三代重视优先顺序的观念，将有效的时间和精力加以分配，争取最高效率。

第四代重在个人管理，注重提高个人生活和工作质量，帮助平衡发展工作和生活的不同角色，并全盘规划日常生活。

第四代时间管理注重规划，即效率和效能的结合。偏重于重要而不紧急的事情，是比较理想的状况（见图 8-2）。

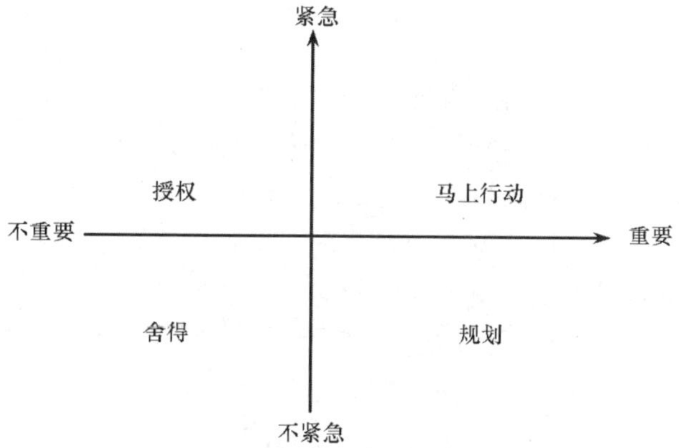


图 8-2　第四代时间管理

**思考题：**

1. 你的重要又紧急的事项有哪些？
2. 你的重要但不很紧急的事项有哪些？

### （四）客户管理

1. 客户管理的内容

客户管理的实质是通过调查分析，进行客户开发、客户服务、客户促销、客户维护并促进客户价值的提升。

（1）客户调查管理。客户调查是实施市场策略的重要手段之一。通过人口特征、生活态度、生活方式、消费历史、媒介消费等对目标客户进行分析，迅速了解客户需求，及时掌握客户信息，把握市场动态，调整、修正产品与服务的营销策略，满足不同的需求，促进产品及服务的销售。

（2）客户开发管理。在竞争激烈的市场中，能否通过有效的方法获取客户资源往往是营销成败的关键。

（3）客户信息管理。客户信息管理是客户管理的重要内容和基础，包括客户信息的收集、处理和保存。建立完善的客户管理系统，对于扩大市场占有率、提高营销效率、与客户建立长期稳定的业务联系，都具有重要意义。

（4）客户服务管理。客户服务是一个过程，是在合适的时间、合适的场合，以合适的方式向合适的客户提供合适的产品和服务，使客户合适的需求得到满足、价值得到提升的活动过程。客户服务管理是了解与创造客户需求，以实现客户满意为目的的一种经营行为和管理方式。

（5）客户促销管理。促销是保险销售人员将有关产品信息通过各种方式传递给客户，提供产品情报、增加消费需求、突出产品特点，促进其了解、信赖并使用产品及服务，以达到稳定市场销售，扩大市场份额，增加产品价值，发展新客户，培养并强化客户忠诚度的目的。

2. 客户管理常用工具

保险销售人员可通过客户信息管理、客户等级划分、客户区域划分和访问路线设计、访问计划、客户服务备忘录、活动日志等工具来实施客户管理。

（1）客户信息管理。内容包括客户的信息资料，如姓名、年龄、生日、籍贯、体格、住址、电话、职务、工作地点、资产、月收入、性格、爱好、学历等；关于已订保单，含本公司及其他公司的保单，还有社会保险等；关于家属信息资料，与客户信息项目相同。收集尽可能多的信息资料后，制成“客户资料卡”或在电脑中储存“客户档案”。

（2）客户等级划分。按客户年交保费额的多少、客户资信情况、保险意识的强弱、经济实力等，把客户划分为A、B、C三等。对A类客户要花更多精力，勤于联络拜访；当然，对B、C类客户也不能忽视。总之，对A、B、C三类客户的服务成本要比例分配，以便提高销售业绩。

（3）销售活动目标及达成情况表。保险销售人员结合收入需求，规划保费及件数目标，同时结合效率比，将收入目标转化为可控的日活动。

（4）月行事历。保险销售人员结合客户拜访计划、分数和次数目标、职场重要会议和活动填写每日工作计划，将工作计划明确到日。

（5）客户服务备忘录。这是保险销售人员对客户进行售后服务的记录备忘工具，有效保证服务的有条不紊和提高客户的满意度，同时为老客户二度开发提供基础。

（6）主管辅导记录。保险销售人员结合当前自身的活动情况进行总结，记录存在的问题和工作思考。虚心接受主管的一对一辅导，详细记录主管辅导内容。

## 延伸阅读 8-5

### 某公司个险业务活动量管理流程

表 8-5　业务员活动量管理流程

| 工作步骤 | 工作内容 | 工作时间 |
|---|---|---|
| 列月名单 | 整理客户档案，列下月计划拜访客户名单 | 每月 20—25 日 |
| 定月目标 | 订立下月目标和计划 | 每月 25 日 |
| | 制定月行事历，明确重点工作 | 每月月底前 |
| 日行动 | 根据计划安排实施当日市场活动，强化执行 | 每日 |
| | 做好活动量记录和汇报 | 每日 |
| | 接受一对一辅导及专题训练 | 根据实际需求 |
| 周评估 | 总结上周活动量及目标达成，完善本周工作计划 | 每周二早会或每周一夕会 |
| 月总结 | 总结当月的活动量及效率比，制定下月目标和规划 | 每月 25 日 |

表 8-6　主管活动量管理流程

| 工作步骤 | 工作内容 | 工作时间 |
|---|---|---|
| 完成个人活动量管理 | 同个人活动量管理各步骤 | 同个人各步骤时间 |
| 列月名单 | 督导属员列月名单并检查填写情况 | 每月 20—25 日 |
| 定月目标 | 订立小组下月目标和计划 | 每月 25 日 |
| | 制定小组月行事历，明确重点工作 | 每月月底前 |
| 日行动 | 组织活动量汇报，汇总组员活动分数 | 每日 |
| | 对组员进行一对一辅导及专题训练 | 每日 |
| 周评估 | 总结小组上周活动量情况 | 每周二早会或每周一夕会 |
| 月总结 | 总结月活动量及效率比情况 | 每月 25 日 |
| | 总结木月团队业绩及重点工作 | |

**思考题：**

1. 请对业务员和主管的角色定位进行分析。
2. 请对比分析业务员的日工作模式和主管的日辅导模式。

### （五）情绪管理

1. 了解情绪

情绪是指人的心理和情感状态，又称“心态”。人们常说的情商反映了一个人的情绪品质和对社会的适应能力。情商高的人人际交往和自省的能力强，能自由抒发释放和接纳承认自己的情绪，并善于洞察人心，善于与人交往。他们虽然敏感，却又能控制、调整自己的情绪。

情绪/心态包括正面情绪/心态和负面情绪/心态，如自信、热情、乐观、积极、平常心、敞开心胸、乐于沟通协调、承担责任的态度、乐于合作、肯定自己工作的价值、以团队的一分子为荣等属于正面情绪，而愤怒、悲伤、焦虑、恐惧、后悔、罪恶感、沮丧、失望、压力、孤独等属于负面情绪。

2. 管理情绪

（1）情绪管理三步骤。

- 了解自己的情绪。
- 跟自己的情绪在一起，了解如何做自己的朋友。
- 更新情绪。想想：最糟糕的状况是什么？是否准备接受最糟糕的状况？有没有什么方法可以使状况改善一些？马上行动！在改变现状的行动中不良情绪自然而然会得到化解。

（2）改变心情三信念。

- 凡是发生必有其目的并且有助于我。
- 每个困难都带给我同等或更好的机会。
- 无论发生什么事，都有其正面对自己有帮助的地方。

（3）管理情绪三工具。

- 改变肢体动作。
- 改变注意力。
- 改变所问的问题。

## 延伸阅读 8-6

### 销售主管压力管理

销售主管的工作是具有挑战性的。销售主管需要挑战来激励自己，同时增加生活的乐趣。销售主管必须建立良好的工作环境，使业务员努力工作。

所谓压力，是一种无法放松心情的状态。压力的产生表示一个人无法处理某些局面，人在压力之下，情绪和行为都会受到影响，身体也会显出症状。个人承受压力的情形，与他的基本性格、应付技巧及过去的经验有关。紧张内向型的人较之莽撞，外向型的人容易受到压力的伤害。个人的优点与缺点也会影响压力的承受情形。

1．压力的来源

（1）公司的目标。公司的目标要靠全部门的业务员共同完成，带领各个团队或组织的主管自然负有不可推卸的重大责任，有的甚至还同公司立了“军令状”。这是鞭策自己、激励自己的动力，同时也是自己给自己增加的压力。

（2）外在因素。外在压力的产生主要是由于同事之间的攀比导致的。人都有虚荣心，每个人都希望自己比别人强，尤其喜欢找一些能力、背景等各方面条件跟自己差不多的人比较。如果比别人强，要想始终保持领先地位，就得更加努力，给自己加压；如果比别人差，不服输是人的本性，更应加倍努力，给自己施压。

（3）内在因素。内在压力的产生主要是由于自信和自我要求。作为主管要充满自信，要相信自己是世界上最棒的，在各个方面严格要求自己，只有高标准、严要求才能使你永远立于时代的潮头，永远立于不败之地。

2．压力的代价

可衡量的压力代价：缓慢/差劲的表现；疾病；提早退休；工作中死亡；事故/受伤；旷工；保健医疗花费等。

不可衡量的压力代价：差劲的时间管理；低效的管理；存在事故隐患；人际关系的恶化；判断力的削弱；创造力的降低等。

3．释解压力的方法

（1）良好的人际关系，是减少压力的关键。所有冲突与挫折可能来自工作，也可能来自家庭，而两者相互影响。无论在家庭中或在工作中，应该互相了解，彼此关怀。在工作中，应确定自己的工作目标，并乐意与他人讨论困难所在，以避免日后成为棘手的问题；而在家庭中，也应设身处地为你的另一半着想，并确实采取行动，改善彼此之间的关系。

（2）健康的身体状况，有助于使你在工作与家庭生活中保持平衡。为了使身体健康，你必须抽空运动，并注重休闲活动，避免工作过度。主管应设身处地替组员着想，不应该给组员不必要的压力。同时应注意那些与压力有关的征兆，鼓励组员在家庭与工作中取得平衡，使他们更有能力去接受工作上的挑战，使团队更健康地发展。

（3）有意地控制压力。主管可以通过对自己长处与短处的分析来了解自己，使压力向好的方向转换，检讨一下自己是个什么样的主管，是个什么样的生活伴侣。对工作中、生活中引发压力的事件清楚了解，然后努力对它们进行控制。控制压力的方法有：

- 改变你的思维。主管可以建立更加积极的形象，改变不切实际的信条，避免绝对化的思维或带有“必须”或“应该”的信念。特别是拖延的习惯，它会将一些事情逼到一个非常紧急的关口，常常让我们在压力下喘不过气来。
- 与好朋友谈谈。我们常说“当局者迷，旁观者清”。面对压力时，不妨找三两个好友商量对策，跳出个人因过度主观所可能引发的错误判断。
- 暂时远离问题。当压力产生时，有些主管会不断往死胡同里钻，结果非但未减轻压力，反而产生更多问题。所以可以暂时抛开这个问题，过一段时间再度面对时，可能会有全新的看法。
- 不要恐惧问题。任何一个组织都会有问题的产生，问题的来临是正常的。要采取积极面对的心态，并且相信自己能很好地解决问题。其实，因为逃避而产生的问题堆积常常会强烈地爆发，以致达到难以收拾的程度。

- 化解紧张气氛。身为主管，必须与下属建立良好的人际关系。在组织中需要竞争来推动业务，但是要营造友好和谐的竞争气氛，避免组员之间的过度竞争而带来的压力。
- 多为别人做事。施比受更受别人尊敬。在你付出的时候，会带给自己快乐的成就感。将个人利益淡化，加强组员的友谊，让他们感受到组织的温暖，可以很好地缓解个人压力。
- 善待别人和自己。与同事交流，尽量少用批评的口气，多用建议的言辞，减少人际障碍，化解人际压力。
- 营造生活乐趣。在忙碌的工作中，抽出时间做一些旅行，做一些自己爱做的事情，或者和家人在一起共享快乐时光，良好的家庭生活和休闲娱乐可以培养健康正面的生活态度。
- 避免拖延。拖延是一种说服自己把今天应该做的事推到明天去做的“艺术”，把应该做的工作以各种借口不做，直到把自己逼到万不得已的那一刻。拖延是我们每个人身上都有的毛病，它对我们的工作造成很大的影响，给我们的工作和生活带来很大的压力。

总之，成为一个优秀主管并不是一日之事，但是最重要的一点是要求自己不断地学习和成长。从业务员到主管，是事业生涯的一个台阶，如果对自己没有适度的调整，将难以胜任这份工作，更不用说组织的发展。对自己的严格要求，合理地分配时间、正确地面对压力和巧妙地减轻压力将使你在工作中游刃有余，顺利地成长为一个成熟的主管。

（资料来源：中国平安保险公司《平安行销》。）

**思考题：**

1. 以上材料中介绍的释解压力的方法哪些比较适合你？
2. 你准备采用以上材料中介绍的哪些有意控制压力的办法？

## 同步练习

1. 保险销售人员应该具备哪些职业道德？
2. 保险销售人员应该具备哪些基本素质？
3. 保险销售人员应该具备哪些职业能力？
4. 请阐述保险公司对保险销售人员的培训体系。
5. 保险销售人员的形象塑造包括哪些内容？
6. 保险销售人员的活动管理的目的是什么？主要包括哪些内容？
7. 保险销售人员应如何对自己进行目标管理？
8. 保险销售人员可怎样进行时间管理？

9. 保险销售人员应如何进行客户管理？

10. 保险销售人员应如何进行情绪管理？

## 典型案例分析

### 聚焦客户需求点
### ——中国人寿漠河支公司吴凤莲自述

我是漠河中国人寿保险公司的吴凤莲，以前从事财务工作，是一名会计师，由于单位不景气，找不到合适的工作，我陷入了困境，一次偶然的机会通过同学介绍于 2005 年 1 月加入了中国人寿保险公司，入司后我真正的认识到保险的真实内涵，认识到工作的价值，于是我全身心投入保险事业，从开始的一窍不通，到现在成为处经理，这其中的酸甜苦辣是常人难以承受的。

我为人真诚，非常乐意帮助别人，努力为我的每一位客户提供最优质、最专业的服务，看到自己的客户因我的帮助而露出笑容，说声“谢谢”的那一刻，自己那份快乐是无法用言语来表达的，那也是对我的工作与服务的最好回报。

这些年我在工作中取得了无数的成绩和荣誉，2013—2014 年连续两年获得大兴安岭地区分公司个险销售前三名，漠河公司第一名，大兴安岭销售精英副会长。2015 年获得大兴安岭地区分公司个险销售第二名，漠河公司第一名，大兴安岭销售精英副会长。2016 年晋升为处经理，2017 年任漠河公司职场经理。这得益于领导的关心和培养，得益于同仁的支持和帮助，更得益于公司优秀的团队气氛和企业文化。我认为自己取得的成绩，离不开以下几点。

第一，只有认真学习，刻苦钻研业务，才能在工作上实现突破。

万事开头难，刚开始从事保险工作时，对业务不熟悉，同客户讲解险种也不够详细，从而导致每开一单都很难。但我始终认为，有付出，就会有回报，付出越多，得到的回报就越多。缺乏专业知识，我就默默勤奋学习；没有相关经验，我就积极请教，不为别的，只为对得起自己的每一寸光阴，对得起公司付给我的每一分薪水。为了尽快打开局面，我经常加班到半夜，功夫不负有心人，很快业务上去了，我的收入也渐渐提高了。

第二，走出去，学习外地先进经验，使增员业务再创新高。

2015 年 4 月末，我到宝山公司学习，这里先进的管理经验和增员的好做法，使我受益匪浅。运用先进经验之后，成效明显，新增人员一举达到 70 多人。作为资深经理，我发扬团队精神，积极开辟市场。为了挖掘每名属员的积极性，我采取经常沟通交流的办法，每逢节假日，大家都聚到一起，互相交流，增进感情，哪位属员家里有事情，我都走在前面，使属员感到保险大家庭的温暖。

第三，为客户着想，积极理赔，促进社会和谐。

家住漠河市西林吉镇的客户黄某给妻子投保一份康宁终身保险，已经交费多年。黄某认为保险没用，中途要求退保。我得知情况后，利用业余时间，来到他家，耐心做思想工作。但是，黄某顽固地认为保险年年搭钱没用。我继续与他沟通，使他打消了退保的念头。第二年，黄某的妻子因重病去世，保险公司雪中送炭，将3万元的理赔金交到黄某手里，令黄某非常感动，对保险有了新的认识。如今，黄某不但自己有保险，还为儿子买了保险。

第四，视客户为亲人，全身心地为客户服务。

一个保险销售人员，销售的不仅仅是一张保单，背后还要有良好的售后服务。

我的一个客户家庭贫困，在上山打火时，由于过度劳累，突发心脏病，第一时间就给我打电话。当时我在哈尔滨培训学习，马上联系医生进行手术，手术特别顺利，客户办理的保险保障起了很大的作用，解决了医疗费用问题。因为客户拥有保险，内心有了依靠，在经济上没有负担，而在售后服务中，我全身心地为客户服务，送上最贴心的保护，挽救了客户的生命。

在销售过程中，要特别注意与客户的沟通，不要把客户的需求点分化或削弱，只需要注意客户的一个需求即可，从而把需求点聚焦，使它变得更加强烈，从而达到最终的销售目的。

（资料来源：节选自中国保险报网2019年9月12日的文章"聚焦客户需求点——中国人寿漠河支公司吴凤莲自述"，http://yx.sinoins.com/2019/09/12/content_304611.htm，节选时有删改。）

**思考题：**

1. 吴凤莲作为一名保险销售人员具备哪些可贵品质？
2. 吴凤莲主要通过哪些途径和方式成功打造了其个人品牌？
3. 如果你是一名保险销售人员，你会学习借鉴吴凤莲哪些品质和方法？

## 销售工具

1. 个人生活需求表

**个人生活需求表**

| 未来12个月支出项目 | | 每　月 | 全　年 |
|---|---|---|---|
| 一、固定支出和投资 | 租金或房屋按揭 | | |
| | 保险费（寿险+产险） | | |
| | 债务偿还（消费品分期付款） | | |
| | 银行定期存款及投资 | | |
| | 父母赡养费 | | |
| | 子女教育费 | | |
| | 其他 | | |
| | 全年小计 | | |

续表

| 未来 12 个月支出项目 | | 每　月 | 全　年 |
|---|---|---|---|
| 二、生活费用 | 膳食费 | | |
| | 服装费 | | |
| | 电话费、水电费 | | |
| | 嗜好（香烟、化妆品等） | | |
| | 其他 | | |
| | 全年小计 | | |
| 三、业务开支 | 交通费 | | |
| | 业务应酬 | | |
| | 文具、杂志费用 | | |
| | 其他 | | |
| | 全年小计 | | |
| 四、其他杂项 | 学习、培养费 | | |
| | 旅游费 | | |
| | 俱乐部及会员会费 | | |
| | 其他 | | |
| | 全年小计 | | |
| （1）未来 12 个月个人的总支出=上述四项全年小计之和<br>（2）未来 12 个月个人的其他收入（如续佣、利息等）之和<br>（3）未来 12 个月必要的总收入（首年佣金 FYC）=（1）-（2）<br>（4）进行适当调整后的总收入（根据各地税率和个人情况定）<br>（5）每个月必须的收入=（4）÷12 个月 | | | |

## 2. 个人发展计划表

| 个人发展计划 | |
|---|---|
| 个人的目标<br>（在下一年/下五年要实现的目标）<br>1.<br>2.<br>3. | 目前在知识/技能上存在的不足<br>（哪些是我的薄弱环节）<br>1.<br>2.<br>3. |
| 发展计划<br>（我该采取哪些方法来弥补不足）<br>1.<br>2.<br>3. | 发展目标<br>（运用这些方法我将获得哪些能力）<br>1.<br>2.<br>3. |
| 谁做我的导师或教练<br>1.<br>2.<br>3. | 我想从他那里得到哪方面的帮助<br>1.<br>2.<br>3. |

3. 销售活动目标及达成情况表

| 项　目 | 本月目标 | | 本月达成 | | 第一周 | | | | 第二周 | | | |
|---|---|---|---|---|---|---|---|---|---|---|---|---|
| | | | | | 目标 | | 达成 | | 目标 | | 达成 | |
| | 次数 | 分数 | 次数 | 分数 | 次数 | 分数 | 次数 | 分数 | 次数 | 分数 | 次数 | 分数 |
| 索取转介绍(1 分/次) | | | | | | | | | | | | |
| 客户经营(1 分/次) | | | | | | | | | | | | |
| 销售约访(1 分/次) | | | | | | | | | | | | |
| 销售面谈(2 分/次) | | | | | | | | | | | | |
| 递送计划书(3 分/次) | | | | | | | | | | | | |
| 签投保单(4 分/次) | | | | | | | | | | | | |
| 收取保费(5 分/次) | | | | | | | | | | | | |
| 合计 | | | | | | | | | | | | |
| 保费 | | | | | | | | | | | | |
| 件数 | | | | | | | | | | | | |
| | | | | | | | | | | | | |

4. 月行事历

| 时　间 | 星期一 | 星期二 | 星期三 | 星期四 | 星期五 | 星期六 | 星期日 |
|---|---|---|---|---|---|---|---|
| 第一周 | 拜访杨过，面谈张三丰，张无忌签单 | 9：30 创说会，带新人面试，面谈 3 人 | | | | | |
| 第二周 | | | | | | | |
| 第三周 | | | | | | | |
| 第四周 | | | | | | | |

5. 本月计划拜访客户

| 本月计划拜访客户 | | | |
|---|---|---|---|
| 序　号 | 客户姓名 | 计划拜访内容 | 实际拜访情况 |
| 1 | 张三丰 | 销售面谈 | 面谈成功 28 日递送计划书 |
| 2 | 张无忌 | 签投保书 | 签单成功，未收费 |
| 3 | 小龙女 | 客户经营 | |
| | | | |
| | | | |

6. 每日活动管理

| 每日活动管理 | | |
|---|---|---|
| | 计划拜访内容 | 实际拜访情况和结果 |
| 张三丰 | 销售面谈 | 沟通保险理念，8 月 28 日递送保险计划书 |
| | | |
| | | |

7. 主管辅导记录

____年____月主管辅导记录（第一周）

自我诊断分析：

---

主管辅导记录：

---

8. 客户服务备忘录

**客户服务备忘录**

| 受理日期 | 保单号码 | 姓名 | 联系电话 | 受理事项（√） | | | | | | | 受理内容（金额） | 受理台交还日期 | 转送完成日期 | 备注 |
|---|---|---|---|---|---|---|---|---|---|---|---|---|---|---|
| | | | | 理赔 | 满期 | 年金 | 解约 | 复效 | 变更 | 其他 | | | | |
| 7.18 | ××××××× | ××× | ××××××× | √ | | | | | | | 3 200 元 | 7.18 | 7.19 | |
| 8.7 | ××××××× | ××× | ××××××× | | | | | | √ | | 受益人 | 8.9 | 8.10 | 8.9 补送资料 |
| 8.8 | ××××××× | ××× | ××××××× | √ | | | | | | | 4 500 元 | 8.8 | 8.9 | |

## 综合实训

1. 采用 SWOT 分析方法对自己进行全面的分析，从而提取出自己在保险职业发展方面的优势与劣势，今后要重点培养的素质与能力。

2. 讨论：如何给客户留下深刻的第一印象。

3. 假设你是一名销售主管，请拟定一份新进保险销售人员岗前训练计划。

4. 请以几名同学为模特，分别对其适合的色彩系和服饰款式风格进行诊断与设计。

5. 假如你是寿险公司的新进保险销售人员，请为自己拟定一份年度目标实施计划。

6. 假定你在保险公司实习，请为自己设计一份时间管理方案。

7. 如有条件，请参加一次野外拓展训练。

8. 进行若干次即兴演讲训练。

# 参考文献


[1] 孙祁祥．保险学（第六版）[M]．北京：北京大学出版社，2017．

[2] 郭颂平，赵春梅．保险营销学（第 4 版）[M]．北京：中国金融出版社，2018．

[3] 周灿，常伟．保险营销理论与实务[M]．北京：电子工业出版社，2014．

[4] 郑琦，孟超．保险销售从新手到高手[M]．北京：中国铁道出版社，2017．

[5] 庐航，鲁海洋. 保险销售从入门到精通[M]．北京：化学工业出版社，2019．

[6] 任学武. 销售陌生拜访训练手册（情景案例版）[M]．北京：中国铁道出版社，2019．

[7] 肖举萍，常伟．保险专业销售技术[M]．北京：电子工业出版社，2015．

[8] 中国保监会网站，http://www.circ.gov.cn/.

[9] 中国人寿保险股份有限公司网站，http://www.chinalife.com.cn/.

[10] 中国金融新闻网，http://www.financialnews.com.cn/.

[11] 新浪财经，http://finance.sina.com.cn/.

[12] 圈中人保险网站，http://www.qzr.cn/.

[13] 常识网，http://www.csai.cn/.

[14] 万一保险网，http://www.wanyiwang.com/.

[15] 向日葵保险网，http://www.xiangrikui.com/.

[16] 中保网，http://www.sinoins.com/.

[17] 百度文库，https://wenku.baidu.com/.

[18] 百度知道，https://zhidao.baidu.com/.

[19] 中国知网，http://www.cnki.net/.

[20] 中华文本库，http://www.chinadmd.com/.